经济学不是研究马尾巴功能的？

李文溥 著

北京大学出版社
PEKING UNIVERSITY PRESS

图书在版编目(CIP)数据

经济学不是研究马尾巴功能的？／李文溥著．
—北京：北京大学出版社，2012.1
ISBN 978-7-301-19958-9

Ⅰ.①经⋯　Ⅱ.①李⋯　Ⅲ.①经济学－文集　Ⅳ.①F0-53

中国版本图书馆CIP数据核字(2011)第265010号

书　　　　名：	经济学不是研究马尾巴功能的？
著作责任者：	李文溥　著
策 划 编 辑：	贾米娜
责 任 编 辑：	贾米娜
标 准 书 号：	ISBN 978-7-301-19958-9/F·3008
出 版 发 行：	北京大学出版社
地　　　　址：	北京市海淀区成府路205号　100871
网　　　　址：	http://www.pup.cn　电子邮箱：em@pup.pku.edu.cn
电　　　　话：	邮购部 62752015　发行部 62750672　编辑部 62752926
	出版部 62754962
印　　刷　者：	三河市博文印刷厂
经　　销　者：	新华书店
	720毫米×1020毫米　16开本　14.75印张　204千字
	2012年1月第1版　2012年1月第1次印刷
定　　　　价：	35.00元

未经许可，不得以任何方式复制或抄袭本书之部分或全部内容。
版权所有，侵权必究
举报电话：010-62752024　电子邮箱：fd@pup.pku.edu.cn

白城的贝壳（代序）

集子里的四十三篇文章，大部分是我住在白城时写的。

白城因一条蜿蜒于海滨小丘上的白色寨墙得名。那时的白城，既没有城也没有市，只是厦门岛西南角海边的一片荒郊野岭。寨墙据说是六百年前明江夏侯周德兴戍边福建时修建的海防工事。在厦门大学建南楼群背后的小山上，至今还有一小段残垣断壁，有人说是当年的遗迹。但我无从考证，也不敢请教历史系的教师。因为内心里很希望它是。厦门大学虽然已有近百年历史，但仍然短得很，有了它，会显得更为古色斑斓一点，因此多一份沧海桑田的感觉，这不坏。这些年来，中国不仅城市，而且多少大学都日新月异。到处是新修的大门、新建的大楼，玻璃幕墙耀眼得让人睁不开眼。轰鸣的推土机推走了多少梦中的城南旧事！弄得这一小段残垣断壁都越发显得珍贵起来。

走下白城，就是海湾了。茅海建先生考证，第一次鸦片战争时期，取代邓廷桢任闽浙总督的颜伯焘曾在这里集中力量办大事，耗费了数百万两白银，"用世界上最结实的材料构筑当时中国最坚固的线式永久性炮兵工事——石壁"[1]。攻占它的英军战后对其进行了认真考察，不得不承认："就凭所以使炮台坚固的方法，即使炮舰放炮到世界末日，对守卫炮台的人，也极可能没有实际的伤害。"[2]可是，闭关自守、自命不凡的天朝大国

---

[1] 茅海建：《天朝的崩溃》，三联书店1994年版，第335页。

[2] 宾汉：《英军在华作战记》，《鸦片战争》（第5册），第258页，转引自茅海建：《天朝的崩溃》，三联书店1994年版，第336页。但是，时过450年，石壁的军事工程思维仍与明初的白城一样，是线形的防御工事，大炮不是架在炮车上，而是直接固定在炮位上的，炮位没有扇面射角，只能等目标经过炮口时开上一炮。结果，英军绕过石壁登陆，从背后展开攻击，轻而易举地攻占了石壁。

经济学不是研究马尾巴功能的？

在走向世界的资本主义面前是如此的不堪一击：颜伯焘苦心经营的厦门海防体系在开战后不到3个小时就被攻陷。敌我伤亡比是：英军阵亡1人，伤16人，清军阵亡总兵、副将等军官8人，士兵324人。如今，白城海湾已不见当年石壁的一点痕迹。辟为旅游景点的胡里山炮台里，除号称世界炮王的克虏伯要塞炮之外，还陈列着几门锈迹斑斑的古炮，据说是半个世纪后（1891年）重修炮台时，从海里打捞上来的当年遗物。炮身上，被海水锈蚀的坑坑洼洼，记载着当年的耻辱。

白城曾是厦门最好的海滨浴场之一。直至20世纪90年代中期，一到夏日，这里泳者如潮，男女老少，弄潮踏浪，欢声笑语，不绝于耳。现在，清澈见底的海水已成明日黄花，每日的海滨浴场水质检测报告，此地都是令人遗憾的"不宜游泳"。它是我们为初级阶段的工业化和城市化付出的成本。我期盼着即将到来的现代化会还给白城往日的一泓清澈。①

自80年代起，厦门大学在这一带海边的小山丘上，先后盖起了几十栋教工宿舍。从此，清晨或傍晚在白城海边散步，就成了许多教师多年不变的日课。你很难说清楚，厦门大学每年发表的数千学术论著，有多少产生于海风轻拂中的冥思苦想，有多少来自海边落日余晖中的激烈争辩。

这本小集子也是这十年来笔者散步白城海边的副产品之一。当然，和那些殿堂中的皇皇巨著相比，这只能算是沙滩上的几个遗贝。即使对我而言，也只是一块利用工头工尾在田边山脚偷偷刨出来的"小自由"，收工之后的家庭副业。

主业是经济学。这些年来，它的门槛越来越高了。高到一些原先的门内人渐渐被边缘化甚至被挤出去，成了门外人了。于是有些原先在门内而且可能曾经身居高位的先生大为不满：经济学怎么可以弄到广大人民群众看不懂了呢？方向性、路线性错误！可我觉得这种义正词严好像有点滑稽：任何学问都有门槛，不经过长期专业学习，不能登堂入室，这是常识。自然科学

---

① 2011年9月，厦门市决定在这一带海岸线动工兴建截污处理工程，希望它以及随后的治理措施能逐步恢复白城海湾的当年风貌。

白城的贝壳（代序）

的论著在外行人看来，犹如天书者比比皆是，可是一直没有听说有什么人提出过类似的批评指责，相反，社会以至当局对之礼敬有加，越是看不懂，越是觉得人家有大学问，需要设立院士制度——而且由一院而两院——以示尊重知识尊重人才，客客气气地送上院士冠冕，恭恭敬敬地聆听他们在非专业领域的常人之见甚至天方夜谭。社会科学不也一直以科学自诩，期盼有朝一日在中国能与自然科学分庭抗礼吗？我以为，门外人看不懂，虽然不是唯一的但肯定是术业有专攻的一个重要参数。如果一个学科通俗到任何门外汉不经过严格的专业训练就可以长驱直入，与门内人大战三百回合，那这个学科似乎也不好意思自称为专业了吧？此时还要期望社会对它有所尊敬，真是痴人说梦。以此为业者不仅将因此饭碗堪忧，而且距离被人臭骂为"既不会做工，又不会种田，不读书不看报，什么学问也没有的……"赶到"五七"干校去接受再教育，学做工种田，甚至扫地出门的日子大概也就不远了。

关键在于这门学问是否研究了真问题，实事求是地揭示了纷繁的社会、自然现象之间的内在因果关系。门外人看得懂与否，并不重要。学术论文是同行之间的切磋，圈外人看不懂并不意味着它没有用。学问只要求真，终能经世致用。

但是，经济学家也是人。专业之余，茶余饭后，也喜欢与家人朋友谈天说地话桑麻。职业习惯使然，不免就关系到亿万老百姓柴米油盐酱醋茶的事，说点"姑妄言之姑听之，瓜棚豆架雨如丝"的闲话。报纸杂志也有需求，于是有了经济随笔这一说。不过，诚如A.C.本森（A.C. Benson）先生所言，对于随笔而言，说什么并不重要："随笔的妙处并不在题目（任何题目都可涉笔成趣），而在于个性的魅力，随笔自然要写出某种（像小学生常说的）'有意思的'东西，某种可供嗅察、听到、看到、感知、想象、思考的东西；但是最根本一点，作者必须有自己的看法，这看法又必须在他自己的心灵中自然形成，而随笔的魅力即依靠着酝酿和记录下这看法的心灵的魅力。由此可知：随笔不必有什么固定的内容，也不必有什么知识性、哲学性、宗教性的或什么滑稽性的目的——然而，对这种题目也并不一概排除。

经济学不是研究马尾巴功能的?

唯一不可缺少的东西却是那内容或思想必须经过活泼泼的理解,受到作者喜爱,对其妙味有所会心,并把它富有情趣地表达出来。"①

因此,这本文集里的文章虽然话题芜杂,却不难看出笔者日常的所思所想,现在把它们按照写作、发表的时间顺序编成集子——本书就是这么编出来的——也就可以大致看出笔者这十年来的心路轨迹。知堂先生说:"自己的书斋不可给人家看见,因为这是危险的事,怕被看去了自己的心思。这话是颇有几分道理的,一个人做文章,说好听话,都并不难,只一看他所读的书,至少便颠出一点斤两来了。"②在下以为,前者固然不错,后者未必尽然。尤其是随笔这种亟须抒发性情的领域,要掩藏起心思说好听话,怕是极难。记得前些年,自由主义还是一个比较忌讳的话题时,收入本集的一些文章刚在博客上挂出,不仅马上有目光如炬者一眼看出其中倾向,而且生怕当道不能及时注意,慨然仗义拔刀,匿名发帖,细心解读,一一索隐,指点迷津,用心可谓良苦。

其实大可不必。因为下笔伊始,笔者就没想刻意隐瞒自己的所思所想。这没有必要而且也不可能。笔者年少时节,曾经十年风雨。知道风雨袭来之际,无人可以幸免。知道"舆论一律"尽管一直是某些人的期望,但是实践证明这是永远做不到的。而生物多样性,却是自然界亘古不变的常态,世世代代生生不息的前提。社会也是一样。即使疾风骤雨如无产阶级"文化大革命"中最为疯狂的那些日子,做到了人人每日早请示晚汇报,仍不免腹诽之议,诛心之论;天天斗私批修,还是割不尽"资本主义尾巴"。风雨过后,留下的是一地泥水,圣像破坏。既然如此,人生在世,何必要日日揣摩圣意于心,天天最高指示在口?固然时至今日,以圣人之心为心,以圣人之是为是,行不逾矩,言必述圣,还是更为安全可靠,物质上也许还可以分得些许残羹,但是,心为形役,岂不累煞?陶渊明先生说得多好啊:饥冻虽切,违

---

① 本森:《随笔作家的艺术》,约瑟夫·阿狄生等,《伦敦的叫卖声》,三联书店 1997 年版,第 268 页。

② 周作人:《书房一角》,河北教育出版社 2002 年版,第 2 页。

白城的贝壳(代序)

己交病。既自以心为形役,曷不委心任去留?归去来兮,登东皋以舒啸,临清流而赋诗。聊乘化以归尽,乐夫天命复奚疑!

令人庆幸的是,这些我手写我心,有些却被那些目光如炬者认为其心可诛的文字居然都被接受并发表了——而且似乎还颇有些读者。尤其令人欣慰的是,笔者曾经不止一次在颇为偏僻的县城或乡间遇到过热心的读者;一些报纸杂志也愿意转载,只是过于精打细算了点,往往既不知会一声,也不奉送样刊,更不用说支付或许应该支付的转载稿费——当然,这首先要感谢《经济学家茶座》等杂志的宽容,詹小洪等诸位先生不拘一格的雅量和宅心仁厚。但是归根结底,还是要归功于时代的进步。然而,时代的进步,源于众人的努力,"希望是无所谓有,无所谓无的。这正如地上的路;其实地上本没有路,走的人多了,也便成了路"①。

这也是在下不揣冒昧,希望将这些杂感结集出版的原因之一。感谢北京大学出版社以及林君秀、贾米娜等同志,她们的努力使笔者的希望成为现实。

李文溥记于厦大北村听风阁
2011年9月10日

---

① 鲁迅:《故乡》,《鲁迅全集》(第一卷),人民文学出版社1981年版,第485页。

目录

001 / 经济学家不是研究马尾巴功能的？

004 / 经济学家：是天然贵族还是知本家？

006 / 大学的衙门化与教师的边缘化——三讲对学校班子的一点意见

011 / 经济学家的资源配置与中国的市场化程度

017 / 理解规则背后的真实世界
——读《世界贸易体制的政治经济学——从关贸总协定到世界贸易组织》

022 / 签字、公章及组织便车

028 / 题《经济学家茶座》第8辑"茶客风采"

029 / 浮士德、贴现率、恒产与恒心

034 / 芙蓉三变经济学

040 / 医生、木匠与托儿

045 / 错误的故事

050 / 被"殖民化"的"经济学帝国主义"

054 / 腥风血雨《教科书》

061 / 艺术精品、市场与政府——经济学视角的一曲乱弹

066 / 形似与神似

067 / 公园断想

073 / 旧文新刊

079 / 王亚南碑铭

080 /《斯大林〈政治经济学教科书〉的政治经济学研究》网络版笔者附记

082 / 天堂与人间

090 / 开场锣鼓——写在《厦门大学宏观经济研究丛书》出版之际

093 /《产业组织经济学手册》译者后记

096 / 过客的新血统论——兼论翻译

100 / 从分庭抗礼到杀师灭祖

106 / 芥　菜

110 /《论海峡西岸中心城市建设》后记

114 / 老　店

119 / 鼓浪屿散步遐思

127 / 山高水长路漫漫——我看"三高热"

136 / 佐佐木教授的最后讲义·祝贺会

142 / 革命家项南

149 / 满城尽是"新加坡"

155 / 一个运交华盖经济学家的党校生活——读《顾准日记》（党校篇）札记

163 / 从"下海"到"参公"

168 / 开平碉楼

174 / 主雅客来勤

180 / 增长的悖论

188 / 我的学术之路

192 / 我看"中国模式论"

199 /《海峡西岸发展研究论集》（二）后记

201/ 老百姓的学术狂欢节

207 / 家住十字街头象牙塔——读姚洋的两本书

216 / 海参崴：新砖与旧瓦

经济学家不是研究马尾巴功能的？[1]

电影《决裂》还是我当知识青年时看的，一晃近三十年前的事了，许多情节已经淡忘，但是葛存壮老先生扮演的那位只会在课堂上讲马尾巴功能却不会给牛看病的教授还是令人印象深刻。当时实际只有小学文化程度的我对《决裂》佩服极了：两个镜头就如此深刻地揭露了旧教育制度的无能！幸好后来进了大学，才渐渐懂得并不是所有的兽医系教授都应当会给牛看病，不懂得治牲口的兽医系教授也未见得学术水平就低了。相反，如果兽医系的教授都只会给牛看病倒是有些麻烦。试想想整个机床厂就只有钳工的情况！业内事不足为外人道也。"文革"中陈景润先生被整得几乎跳楼，一个极具煽动性的罪名就是数学研究所的居然研究1+2！多少善良的业外人因此义愤填膺，觉得是该整整了。

且按下兽医系教授不会看牛病的公案暂不表，回过头来理理久违的马尾巴。因为近日又有人提起它。这回说的是"经济学家不是研究马尾巴功能的"。[2]他们广阔天地大有作为，"玉泉山上雕文字，人大会堂审议案，中南海里开讲座，皇城根下出思路，三里河边做规划，勤政殿群儒舌战，内部资料转奏折，直接上疏陈己见"。整一批兽医系教授看牛病的风光案例。此说一出，想必赞成者不少，就连大名鼎鼎的《光明日报》也首肯转载。更有人登高振臂疾呼"社会科学家的贡献不亚于'两弹一星'专家"[3]。

---

[1] 此文初次发表于《经济学家茶座》2001年第1辑，总第3辑。发表时，编辑改题为《也谈经济学家与"马尾巴功能"》。

[2] 詹小洪：《经济学家不是研究马尾巴功能的》，《经济学家茶座》2000年第2辑，总第2辑。

[3] 于祖尧：《社会科学家的贡献不亚于"两弹一星"专家》，《经济学家茶座》2000年第1辑，总第1辑。两文《光明日报》同日摘要转载。

经济学不是研究马尾巴功能的？

大学经济系里坐了20年冷板凳，突然间有人说吾辈（虽然不是自己）的贡献不亚于"两弹一星"专家——此说若被采纳，大有望评第三院院士，终身津贴，出有车而食有鱼。尽管自己轮不上，也实在是件大长本门志气的事——岂不载欣载奔？欣喜之余，不免有点失落：倘若吾辈中无人活跃于玉泉山上中南海里皇城根下三里河边勤政殿中，能有今日之说、明日之望吗？不过，好像也还没听说过数学、化学、物理学、生物学的学术地位和社会影响是靠理科教授们进进出出这些地方搞定的啊，怎么经济学就要靠这些了？当然，经济学是社会科学。经济学家咨询政策，犹如兽医看牛病，有些兽医系教授有时不妨也做一做，无论是基于社会服务还是创收疗饥的动机。对此在下好有一比，就像当年爱因斯坦写信建议罗斯福总统研制原子弹，虽说不是不务正业，但一定不是主业。爱因斯坦能靠那挣诺贝尔物理学奖吗？

经济学家主业何在？看来，还是得捡起马尾巴理论理论。依稀记得《决裂》里的那位倒霉教授在讲马尾巴功能之前，还讲了马的其他部分的构造和功能。如果记忆不错的话，所谓研究马尾巴功能，动物解剖学之类的学科也。其在兽医系中的地位，基础学科也。科学昌明的今天，不知动物生理学、解剖学等要给牛马治病，不学这些学科要做兽医，就像不懂物理学要搞两弹一星，常人见识也知道是痴人说梦。因此，卫星上天两弹爆炸，根底却是马尾巴功能研究。

然而，似乎文理不同理。经济学家却不必揪住马尾巴不放了。经济学家不以研究经济运动的内在事理为本职，而以上条陈得批示为能事。大概也就是中国经济学界的特色。国外经济学在下懂得不多。可是，科斯的《企业的性质》、《社会成本问题》，怎么看也觉得就是马尾巴功能之类。最近译R.施马兰西和R. D.威利格主编的《产业组织经济学手册》，看那里翻来覆去说的，按照时下国内标准，十之八九也就是些马尾巴功能之类的玩意。外国经济学家乐此不疲、视为正业的东西怎么到了中国就成了被嗤之以鼻、毫无意义的玩意儿了？是不是中国经济学已经如此发达，可以不要理会马尾巴了？尽管业内有人已经在考虑中国经济学家何时拿诺贝尔奖了，在下却没有

经济学家不是研究马尾巴功能的？

如此乐观。君若不信，不妨看看住在皇城根下三里河边出入玉泉山上中南海里的顶级经济学家们手中的诊箱里，有几味药是正宗国货有自主知识产权吃了不吐不泻的？

前些天看《兰学事始》①，说日本德川幕府时代实行锁国，学荷兰文犯法。衫田玄白、前野良泽等靠700荷兰文单词基础、一本字书，经四年冒风险历艰辛译出《解剖图志》，用汉文出版，一半意在也给中国人看看，但却没有中国人要看。知堂老人叹到，从这里看来中国在学问上求智识的活动上早已经战败了，直在乾嘉时代，不必等到光绪甲午才知道。乾嘉至今已是二百余年，知堂先生写《兰学事始》也已过了67年。中国经济学的国际收支平衡表至今还是一片赤字。究其根源，当今中国经济学界有多少人能耐寂寞守清贫忍讥讽孜孜于马尾巴功能研究？又有几人真有研究马尾巴功能的学力——说来惭愧，这定力与学力，在下虽然佩服得紧，实不相瞒，也还是缺乏得很。因此，责人当先自责也——当此之时，业内人士却还以"经济学家不是研究马尾巴功能的"自诩，有道是秦人不暇自哀，而后人哀之；后人哀之而不鉴之，亦使后人而复哀后人也。

---

① 周作人：《兰学事始》，周作人自编文集，《夜读抄》，河北教育出版社2002年版，第45—49页。

经济学不是研究马尾巴功能的?

经济学家：是天然贵族还是知本家？①

恢复高考时，文史哲经四科中，经济学可能是最不被学子们青睐的老四。多少老小考生甚至连经济学为何物都不甚了然。20世纪80年代初，就连出身名牌大学经济系的张洁在描写经济体制改革的长篇小说《沉重的翅膀》中都不留情面地讥讽中国的经济学是只会寻章摘句的屠龙术。

谁知造化弄人，时势造英雄。不过短短二十余年，当年吴下阿蒙的经济学如今竟成了社会科学中炙手可热的龙头老大。不仅开疆拓土殖民，而且携带一批经济学家脱贫致富登龙门，成了百万富翁。借助翰林院的"资源位"优势，成功地实践了"三次高成长性理论"的经济学家酒酣耳热，以金钱论学问之余，不经意间竟把本该传子不传女的新版登龙术抖搂了出来，句句真言出自肺腑，让看客们大开了一回眼界。借用一句老话，以当今中国经济学界而论，童生秀才们要真是学全了这一套，若不被当做骗子，弄不好真要成就一代经济学名家，甚至封相拜将哩。

然而，登龙术不是学术，戏法更不是科学。登龙术可以造就致富的"经济学家"，戏法可以搅起金光灿烂的经济学泡沫，却无法改变中国经济学积贫积弱的现状。不知道"著名经济学家"如过江之鲫的中国经济学界这20年里会有几本经济学名著传世，眼下可是连经济学教科书都要成套进口了，更别提有多少宏观成名微观赚钱已经成为百万富翁的"著名经济学家"甚至连宏微观经济学高级教程也没看懂过！

致富的经济学家衣食无忧之余，在安身立命之地植树种草，清污水治废气，尽快使至今仍挣扎在贫困线下的中国经济学脱贫解困，实现可持续发

---

① 本文初次发表于《经济学家茶座》2001年第2辑，总第4辑。本文原题为：《是天然贵族还是知本家？》。

展，而不是继续掠夺性经营，搅动经济学泡沫，举债消费，制造虚假繁荣，乃至最后信誉破产。即使是从经济人假定出发，也不失为理性选择吧？

真正的知识分子从来都是一个民族智慧和良知的代表。杰弗逊称之为"天然贵族"，"是大自然赋予人类用来指导、治理和取信于社会的最宝贵的礼物"[①]。因此，要求身为知识分子的经济学家在脱贫，步入小康，甚至成为百万富翁之后，稍微超越一点经济人局限，用自己的言行向社会表明自己是有社会责任感、值得信赖的天然贵族，而不仅仅是些信奉有多大权力就有多高学问，有多少金钱就有多高学问，有多少女人就有多高学问，有多少关系就有多高学问之类秘诀，跟着名人上蹿下跳，吆喝"太医院茶汤，翰林院文章"，弄神画鬼唬人，"资本经营"赚钱，关注热点符合主流，上下通吃的知本家，应该不是过分的要求。

---

① 托马斯·杰弗逊：《论天然贵族——致约翰·亚当斯》，《我有一个梦想》，中国社会科学出版社1993年版，第47—50页。

> 经济学不是研究马尾巴功能的?

大学的衙门化与教师的边缘化
——三讲对学校班子的一点意见①

给学校领导班子提意见,对普通教师而言,是件难事。教师的活动范围基本上是教室、实验室、图书馆和书斋。学校领导的工作,对教师来说,相当遥远。根本不了解学校的这项决策那项决策是怎么做出的,谁在这项决策那项决策中的作用。信息不足,从何提意见?更何况对其中的成员提意见呢?

其实,一个地区、一个部门、一个单位的领导有中平资质,常人品德,奉公守法足矣。要求领导干部的素质高于常人的平均水平,甚至高大全,这是一个过去的神话,不可能,也没必要。

关键是体制。一个设计较好、规范明确的体制下,中平之才就足以胜任领导职责,相反,即使是天才也可能累死而于事无补,甚至可能正因为是天才而导致了常人难以造成的损失。过分地要求领导的才能、素质和品德,是不是正说明了现有体制太不完善,因此需要高素质的人才来弥补体制的疏漏呢?而这可能吗?

厦大的管理体制,这些年改革不少。但我的感觉是,越来越像是行政机关。余生也晚,见少识寡,不知道这是厦大特有的问题还是全国各大学不同程度的通病,也不知道是不是中国的大学就应当这么办。但直观上觉得既然叫学校,就应该与部委厅局有所区别。

说厦大像行政机关,主要问题是资源支配权向行政而非教师倾斜。学校是教学科研单位,按理资源的配置主体或者实际支配主体应当是从事教学科研的教师。教师履行其职责的工作条件、可以支配的资源,在制度上应当

---
① 此文写于 2000 年年底,副标题是原文标题。

得到明确的规范。可实际情况是,每个教师应当拥有的工作条件、从事教学科研的资源,从来说不清,更不用说制度规范了。因此,行政人员实际支配着本应该归教师支配的用于教学科研的资源。教师要使用这些资源,就得找行政人员。由于资源支配权没有明确规定,给不给,就得看相关行政人员高兴不高兴了。结果本来是配角的行政人员却成了学校办学资源的实际支配主体。教师成了行政的附属,找不到主人的感觉。这当然不是1992年以来的新现象了。我当讲师时,系办公室主任就告诉我,讲师不如系办公室主任。一个系有多少讲师,有几个系办公室主任?说来也是。系办公室主任不高兴,讲师连瓶墨水也领不到。讲师不高兴,能把系办公室主任怎么了?别说讲师,就是教授也未必比得上系办公室主任。举一个简单的例子。在厦大,有多少系的教授多年来都是自掏腰包(有申请来的课题费就用课题费,没有课题费就用自己的工资收入)去参加学术会议的,可是至今没有听说过厦大哪个行政人员自掏腰包出差。在大学,行政出差是公事,而且非去不可,参加学术会议却成了教师的私事,去不去与学校水米无干?大概没有一个大学校长敢说一个只有行政人员出差而无教师参加学术研讨会的大学还算是大学,可现实呢?学校经费紧张不假,可是,作为资源,经费永远是紧张的。不重视教育的政府永远没钱搞教育,重视教育的政府总能给教育拨出款来。经费多少与经费的分配比例是两码事。关于这一点,只要算一算全校每年花掉的招待费,看看行政人员与教师不同的实际出差报销标准就行了。普通行政干部出差要报销双飞,不同意就不去;50岁以下的教授、副教授即使是用自己的课题费,出差也只能报单飞,不同意就别去,多年来如此;这些年来,学校一些行政部门也要"学术研讨"了,组织了这个"学会"那个"研究会",也年年在各地开"学术研讨会"了。教师参加学术会议是自掏腰包,学校行政部门的"学术研讨会"呢?至于行政方面有些实际上是福利性质的出差就更别说了。

  不仅经费,而且在其他资源的使用上,也存在类似情况。学校各部处,办事员一个电话就能把教授从家里拎到办公室来,而要求提供的材料可能就

经济学不是研究马尾巴功能的？

在邻处的抽屉里；财务处里，报销会计训孩子似的训来报销的教授，让他们为了一点小手续来回跑上几趟，是常年上演的剧目。这些实际上是在浪费教师从而也是学校最宝贵的资源。在行政人员与教师之比远高于国外大学的中国大学里，教师们何时能有幸获得行政人员的上门服务呢？有人可能觉得这太过分了，可是，这只是一个资源分配问题。如果认识到教师的教学科研时间是学校最宝贵的资源，这样做不就是优化资源配置吗？有什么过分的呢？在军队里，不都是后勤部门负责把武器弹药乃至给养送到前线部队吗？

因此，恕我言重，教师在学校资源支配上的劣势，不过是大学主政者心目中教师是大学里最不值钱资源的现实反映而已。

系里也一样。作为教学科研骨干的教授们，如果只是普通教师，其在学科发展、师资队伍建设、教学科研经费使用上的发言权——更别说参与决策了——甚至不如系办公室主任。因为后者是系办公会议的当然参加者，而前者只有出席全系教工大会听决定的份。结果出现了根本不懂专业的系办公室主任有权参与决定博士硕士的留校任教人选安排，而带博士硕士的教授却没有发言权的咄咄怪事。需要指出的是，在现有体制构架里，这种怪现象是符合制度规定的。

资源支配权向行政倾斜，不仅表现在教师与行政人员之间的关系上，而且在教师之间也是如此。担任行政职务的教师和不担任行政职务的教师之间，资源支配权大不相同。固然，学校拨给的经费有限，但是，由于创收，各院系多少都有一笔自有资金。这笔资金的使用基本掌握在有"一支笔"权的院长、系主任手中。由于创收资金多少、使用去向，大多是各系的最高机密之一，因此，鲜有向创造了这笔资金的教工公布资金来往账目的。这笔资金的使用基本上脱离了本院系教工的监督，其中弊病，不难想见。且不必谈可能产生的问题，就是全部按照学校规定的比例合法地使用，也完全可能出现资金使用不当甚至是以权谋私的情况。这些年来，这可以说是司空见惯寻常事了。而在现有的体制下，这些可能是巨大的不公正，却连决策失当都说不上。是不是只有这种管理方法呢？未必。在国外，系学术委员会或者教授委员会决定本系经费的分配，各研究方向拥有多少资金，每个教师本学年可以支配多少经费，都在学术委员会或教授委员会上讨论决定，系主任大抵只是个召集人而已。而我们的现有体制却将一个系的经费的使用决定权基本上集中在个别人手中。而且近来的改革大有强化它的趋势。院系管理体制改革之后，各系大多只设一个副系主任，而且由系主任提名任命。结果往往提名学生辈的青年教师担任，其职责基本上是处理日常事务甚至跑腿。系办公会议形成了一头独大的局面，尤其是在教学科研的发展资源使用决策上。系学术委员会则形同虚设，根本没有决策权和资源配置权。两种资源分配方式，哪种更好，更公正，更民主，更有利于调动广大教师的教学科研积极性，更有利于各学科、各研究方向的均衡发展，甚至重点发展方向的正确选择和投入保障？利弊相较，结论是明显的。

无论是个人还是学科的发展，都需要一定的资源投入。因此，现有的学校资源分配体制是有意无意地鼓励教师的行政官员化，即通过担任行政职务来获得资源分配权。所谓做官方能发展，才能行道。这样的效果如何？可想而知。

第一，职位少而人多，有职位的才有资源分配权，势必导致教师向官不向学。长此以往，学校将更加行政化。

第二，职位少而人多，有职位的才有资源分配权，势必在调动少数人积极性的同时，抑制了多数教师的积极性。即使假定选任的系主任都是学术水平很强的教师，其所长不过两三门课、一两个研究方向而已。而一个系要撑得起来，至少要有十来门课、三四个研究方向。资源分配权过分集中，不但普通教师的积极性大受抑制，而且可能出现一个系的学术发展系于一人见识判断能力的危险情况，更不用说为了形成和维持学术垄断地位而武大郎开店全系遭殃之类的事了。

第三，由于大学行政化，也由于过于集权，当官的教师往往行政事务繁多，开会吃饭批条子，迎来送往拉关系。日日穷于应付，天天疲于奔命。长此以往，势必影响其教学科研业务水平。为了维系其学术地位，可

经济学不是研究马尾巴功能的？

能出现利用手中权力谋求虚假的学术评价和成果，在不同研究方向之间搞不正当竞争等不良倾向。前些日子各院系拟定重要岗位聘任标准，有的院系就出现了拟定标准者按照自身条件量身定做标准的事。这些教师是官，有较大的资源支配权，对（尤其校内）学术评价规则和结果实际上有较大影响力，其负面影响大小也就可想而知。

如果把这些现象从体制上总结一下，可以发现，形成今天这种局面，有历史的积淀，长期"左"的思潮的影响，因此至今不敢为教授治校正名。不是说知识分子是工人阶级的一部分吗？由政治上是无产阶级同时业务上又是内行的教授治校有什么不对呢？不错，这些年来也强调由教授来担任各部处以至校级领导了，但这不是真正意义上的教授治校。真正意义上的教授治校，是作为学校生产力主体的教师拥有对办学资源的实际支配权，而不是少数教师通过做官而分享资源支配权。后者还是行政支配办学资源，只不过少数教师成了行政官员而已。它在治校思想上仍然不脱计划经济的选贤集权思路，而近年来的学校体制改革则更强化了资源支配权向行政职务倾斜的趋势。这显然是与市场经济分散资源配置权、公平竞争的方向背道而驰的。权力集中，自然就不会有民主。普通教师能否正常工作都取决于行政部门、官员的资源分配，普通教师只能和行政部门、官员们搞好关系才能获得必要的生存条件、发展空间，如此还谈什么民主？民主的物质基础是资源支配权的分散而不是领导的礼贤下士，让人讲话。权力集中，自然对领导人的素质有太高的要求。历史证明，选贤大抵靠不住，集权也就成为危险的选择。尤其是在大学这种需要最大限度地发挥广大教师的创新思维、开拓精神的地方。

当然，不能说校领导们不重视激励教师的积极性，近来也采取了一些措施，比如重要岗位聘任等。且不论其评聘标准在一定程度上是向有行政职务的教师倾斜的，就其出发点而言，也是值得讨论的。因为它基本上是收入刺激。而教师，其安身立命之地是教学科研，生命的主要内容是工作。如果教师觉得安身立命所在尚不能做主，工作条件没有制度保证，即使收入有所改善，又焉能有多大的工作热情、创新的积极性？

经济学家的资源配置与中国的市场化程度[①]

我读大学的时候,读书做学问是大学生的向往——其实那也不是出自献身学术的远大志向,当时留校当助教和进机关到企业当干部,经济收益基本相当,留校至少还多了个有朝一日能在学术上搞出点什么的盼头——一如现在的大学生向往着考公务员进公司。那时,学子们读书之余,常常聊到的一个话题是今后的研究方向。一天,我问一个内定留校的同学,是否把中国的经济体制改革作为研究方向。他思索片刻,断然说不。原因很简单,改革至多也就是三五年的事,怎么能作为藏之名山的事业?我听了点头称是,暗暗佩服他想得远。

转眼20年,当年的"太学生"——此"太学生"非国子监之太学生,而是"太老的大学生"的缩写——如今已是知天命之年,可是原来满打满算三五年就功德圆满的事,至今还是"革命尚未成功,同志仍须努力"。心里不禁因此有点急起来:终不成放翁先生的遗憾还要重演?于是颇为关心中国的市场化程度。打听的结果是,国内近年有好几个专门的研究,各说不一,虽然悲观的估计也有,但还是乐观的居多,有的认为已经化了一半多,有的说是六七成以上,算"准市场经济"了。[②] 我居住的城市经过当局研究,认为已经基本建成。据说此项研究还得到了北京有关部门很高的评价。得知消息后,心中踏实不少。看来不至于"但悲不见九州同"了。欢喜之余,翻看报纸,见报载某国最近大力发展"土豆经济"。忽然想起数年前该国领导人接见外国记者,不是宣布已经基本建成发达国家了吗?老领导仙逝不久,

---

① 本文初次发表于《经济学家茶座》2001年第4辑,总第6辑。
② 王耀东:《市场化程度与发展趋势》,程恩富主编,《当代中国经济理论探索》,上海财经大学出版社2000年版,第363—402页。

经济学不是研究马尾巴功能的？

儿子继任，当局立即转而提出当前的首要任务是在今后的数年内使百姓住上瓦房，吃上米饭，喝上肉汤——听该国人士说，他们的名菜是烤肉啊——当时就纳闷了一回，怎么最近竟发展起"土豆经济"来了？真叫人大跌眼镜。由彼及此，不由得心里犯嘀咕：咱们这六七成到底实也不实？俗话说，兼听则明。于是又想找点国外的研究看看。找来找去，只找到两个类似的国际比较研究。一个是 J. D. 格沃特尼和 R. A. 劳森主持的《世界经济自由度年度报告》，另一个是美国的传统基金会（The Heritage Foundation）发表的《经济自由度指数》。经济自由度衡量一个国家或地区经济活动受政府干预的程度，似乎与经济市场化程度不大相干，但是结论却大致相近。根据传统基金会的报告，1997年世界上经济自由度最高的国家和地区是中国香港（1.25）、新加坡（1.3）、巴林（1.6）、新西兰（1.75）、瑞士（1.9）、美国（1.9）和英国（1.95），经济自由度最低的5个国家是朝鲜（5.0）、老挝（5.0）、古巴（5.0）、伊拉克（4.9）和越南（4.7）。巴林和伊拉克的经济情况不太熟悉，姑且存而不论。中国香港、新加坡、新西兰、瑞士、美国和英国都是熟知的市场经济国家或地区，朝鲜、老挝、古巴和越南，也大致可以肯定是实行高度集中的计划经济或刚刚开始经济改革的国家。因此，经济自由度不妨看做市场化程度的近似估计。根据报告，1997年中国内地的经济自由度在148个国家和地区中名列第125位，指数3.8。按照传统基金会的分类，指数1.00—1.99是经济自由（Free），2.00—2.99是经济相当自由（Mostly Free），3.00—3.99是经济相当不自由（Mostly Unfree），4.00—5.00是经济自由受压制（Repressed）。在 J. D. 格沃特尼和 R. A. 劳森的报告中，中国内地在115个国家和地区中排名第81位。[①]

[①] Kim R. Holmes, Bryan T. Johnson and Melanie Kirkpatrick ed., *1997 Index of Economic Freedom*, The Heritage Foundation and Dow Jones and Company, Inc. 1997; James D. Gwartney and Robert A. Lawson ed., *Economic Freedom of the World: 1997 Annual Report*, The Fraser Institute. 在传统基金会的报告中，1996年、1995年，中国内地的经济自由度指数均为 3.8。

这真是兜头一瓢凉水！且不说行百里者半九十，就是按绝对值算，这20年也不过是化了三四成。按此速度预测，在下岂不是行年八十方有望九州大同？

传统基金会是出了名的保守。记得前几年在华盛顿与该会的一位先生有过一面之缘，当时就觉得这老兄傲气逼人，一副眉毛不是眉毛、鼻子不是鼻子的样子。他们的话未必可信。J. D. 格沃特尼和 R. A. 劳森主持的研究，据说是M. 弗里德曼倡议，G. 贝克尔、D. 诺思等参与其间，看来也好不到哪里去。洋和尚的经，不信也罢。

怎么办呢？看来只能宁信足，毋信度了。都说经济学家是研究资源配置最优化的，想必最有个人理性。他们的人才资源配置取向，或许可以折射出中国的市场化程度？

手头没有中国经济学家就业分布的统计，但是，詹小洪先生在《京城十类经济学人》一文中对经济学家资源配置有过精彩描述。十类经济学人，"决策圈经济学人"、"'议会'经济学人"、"方案经济学人""'诸侯'经济学人"等近半。他们因为在"玉泉山上雕文字"，"人大会堂审议案"，"中南海里开讲座"，"皇城根下出思路"，"三里河边做规划"，"勤政殿群儒舌战"，"内部资料转奏折"，"直接上疏陈己见"，从而是中国经济学界最最声名显赫的人物，应是不争的事实。至于"讲坛经济学人"虽执鞭于大学，以桃李满天下自慰，但欣欣然的也还是"某某党和国家领导人是吾校吾系哪届毕业生，某某部长/司长、某某公司总裁是我带的硕士、博士研究生"，而"个别教授还曾有过进中南海给中央领导讲读经济学课的经历"，更是值得大书特书的荣光。不少"讲坛经济学人"，身在江海，心系魏阙，随时准备兼济天下，也是公开的秘密。京城如此，地方上也是大同小异。一位朋友是很有才华的中青年教授，曾不无遗憾地对我说过，这辈子大概只能是地方经济学家了。因为他任教的大学虽说是中国最好的大学之一，却不幸位于外省。因此，尽管他才高八斗，满腹经纶，至多也只有参与省级经济政策咨询的机会。经济学家的"品级"根据其参与决策咨询的

经济学不是研究马尾巴功能的？

政府级别而定。颇有当年计划经济时期的国有企业分中央、省、地、县属的味道。难怪其资源配置取向如星拱北斗。

存量资本如此，增量资本如何？罗仲伟先生最近的调查表明①，虽然人文社科类博士已经把大学作为择业第一选择，但是经济学和管理学专业的博士们还是不屑一顾。在下所在的研究所，多年培养博士，近十年毕业不下数十人。他们择业，第一是政府部门，尤其是中央各部委，第二是金融证券公司，大学从教者，除了原来就是教师，合同规定必须"社来社去"之外，寥若晨星。②就连那"社来社去"的也常有宁可赔偿巨额违约金而跳槽的。按说，时至今日，大学教师的工资收入不低甚至略高于相近资历的政府官员了③，为何博士们还如渴马饮水，直奔政府大院？朋友笑骂我是呆鸟：名义工资算什么？三五年后，这些博士混上个处长、司长什么的，八面威风，官产学一体，上下通吃，走到哪里不比你风光？实际经济收入不用说，就是那学问凭空也要比你高出一截！

但是，成熟市场经济国家中的经济学家资源配置，似乎并非如此。如果没记错，自有诺贝尔经济学奖以来，得主基本上是大学教授。政府经济学家中，名家大腕好像不多。至于增量资本，记得前些年看过B.雷诺兹的一篇文章。文中写到，在美国，刚毕业的经济学博士，在大学任教的收入最低，到政府的居中，最高的是任职于公司的。但是，博士们的择业排序与收入排序

---

① 罗仲伟：《人文社会科学精英的择业取向和收入预测》，《经济学家茶座》2001年第2辑，总第4辑。

② "社来社去"："文革"后期，中国大学开始接受有关部门、单位、农村推荐工农兵学员入学，这些学员毕业之后，按照政策规定，大多必须回原基层单位工作。如原先是来自农村人民公社的农民或下乡知识青年，毕业后必须再回原来的公社、生产大队继续当农民，不得因上了大学而跃龙门，转为有城市户口的国家干部。此所谓"社来社去"也。

③ 这是2001年写作本文时的情况。笔者当年何曾料到会有今日。今非昔比，鸟枪换炮。在据说市场经济不断深化的今日，公务员已经被称为高于金领、白领，更不用说蓝领的红领阶层。机关如此多娇，引无数英雄竞参公——关于参公，请参阅笔者2009年所写，收入本书的《"下海"与"参公"》一文。

恰恰相反。他们首选大学，其次是政府，最后才是公司。在德国，博士们为了能在大学里谋一教职，不惜再花五年时间做一篇教授资格论文（其篇幅必须大于博士论文），通过国家考试，取得教授任职资格后，如果一时没有教授岗位空缺，无法受聘，也要一直待在大学里干编外讲师（privat dozent）这种迹近临时工的活，苦熬苦等教授岗位出缺。德国朋友告诉我，按规定，取得教授任职资格者，如果两年不在大学任教，就要取消资格。因此，为了保住资格，有些候补教授甚至连那种白讲课无报酬的编外讲师的工作也肯屈就，上完课径直上联邦劳动局领失业救济金的大有人在。怪不得有人说，在德国，要想熬成教授，非得娶个富家千金做后援不可。即便如此，人家还是锲而不舍，到今天我也没闹明白是怎么回事。

择业之外，经济学家的研究资源配置取向也是个参照系。20世纪90年代初，一个留学加拿大的学生回国探亲，和我聊起中加经济学界之不同，说当时加拿大经济很不景气，但是大学教授们竟然毫不关心，一如既往地埋头于自己的研究。他十分不理解，问道："作为经济学家，你们怎么能对眼前的宏观经济形势无动于衷？"教授们耸耸肩膀回答说："那是政府的事。"学生对我说，"你看咱中国就不一样，同样是经济不景气，全国经济学界，不论专业是什么，岗位在哪里，上上下下的劲往一处使，都在那为政府献计献策，多好哇"。转眼十年，动人风景依旧。知识经济、新经济、全球化、WTO、国企脱困、扩大内需、西部开发、走出去……甭问是什么，只要是当局关注了，就一定成为研究热点。不出三个月，这方面的论文甚至著作也就臭了街，更别提那观点口径的相似程度！

若说经济学家的资源配置取向是中国市场化程度的一个映射，想必有人要问：为什么按照有关指标计算，市场化已经六七成的中国，经济学家的资源配置取向与其他市场经济国家却大相径庭？最近公布的有关调查或许可以提供一点启示。有调查显示，至90年代末，中国企业的经营自主权已经基本落实。1997年，国有企业的生产经营权已经落实了98.3%，产品定价权落实了92%，销售权落实了96.8%，物资采购权落实了98.8%，留利支配权落实

经济学不是研究马尾巴功能的？

了97.3%，人事管理权落实了90.3%。以此论之，中国的市场化水平何止六七成而已。然而，调查也揭示：与此同时，中国的企业经营者至今仍有69.3%是由政府任命的，其中，国有企业经营者由政府任命的占81.8%，上市公司经营者由政府任命的占80.3%，即使是非国有企业的经营者，由政府任命的也占41.3%。① 85.7%的国有企业和79.1%的集体企业的业绩是由政府部门考核的，被免职的国有企业经营者中，有1/4强仅仅是因为上级领导不满意。② 读到这里，不禁想起一位政府官员的酒后真言：企业改革，抓大放小，抓住老总任命，其他全可放掉。嘿，这"准市场经济"里的奥妙，哪里是书生们的指标可以衡量的！

---

① 见《经济日报》，2001年5月17日。
② 中国企业家调查系统：《中国企业经营者队伍制度化建设的现状与发展——2000年中国企业经营者成长与发展专题调查报告》，《经济研究参考》2000年第76期。

理解规则背后的真实世界
——读《世界贸易体制的政治经济学——从关贸总协定到世界贸易组织》[①]

长达16年入世谈判的一个副产品,是WTO这三个洋文字母在中国百姓中获得了空前的知名度。当年经济学界中人也不甚了然的东西,今天已经成为百姓茶余饭后闲聊的话题。然而,WTO号称是规则和例外的迷宫,据说是以此为业的经济和法律专家之外,大多数人很难理清楚其中的弯弯绕。关于这一点,只要看看从GATT到WTO的54年历史就是一部不断的多边贸易谈判史,龙永图先生将一生中最有作为的时光都贡献给了入世谈判就够了。

因此,当我们即将进入这样一个耳熟但实际陌生的世界时,总不免产生几分了解它的欲望。

即使连同其前身GATT,WTO也只有54年的历史,但是,它实际上是人类对此前一个多世纪经济全球化曲折历史反思的结果。1860年的《科布登·薛瓦利尔条约》(*Cobden Chevalier Treaty*)使英法以至整个欧洲开始了贸易自由化,促成了1870年至1913年的第一次经济全球化浪潮,使世界经济朝一体化方向迈出了一大步。然而随之而来的是一场大倒退:面对战后的经济萧条,美国以邻为壑,通过了臭名昭著的《斯穆特-赫利关税法案》(*Smoot-Hawley Tariff Act*),使其平均关税从38%上升到52%,引发了20世纪30年代世界范围的关税壁垒战,进一步加剧了世界经济大萧条,在某种程

[①] 本文应《21世纪经济报道》约稿而写,先发表于《写字楼》2001年第11期,后发表于《21世纪经济报道》2002年1月14日第36版。《世界贸易体制的政治经济学——从关贸总协定到世界贸易组织》,伯钠德·霍克曼、迈克尔·考斯泰基著,刘平、洪晓东、许明德等译,法律出版社1999年版。

度上引发了第二次世界大战。因此，GATT可以说是战后各国政府痛定思痛的产物。从经济上说，是通过各国多边合作创造贸易自由化的制度环境，更深层的含义是各国之间经济上互相依存有助于减少战争的危险。

为什么要促进贸易自由化？根本好处就是各国可以专业化生产具有比较优势的商品和服务，通过自由交换，提高本国从而世界范围的资源配置效率。研究显示，过去的八十多年里，世界的消费水平（实际收入）增长了近四倍，很大程度上是依靠专业化生产和国际贸易。

如此说来，在世界范围内建立自由贸易体制岂不是大好事，为什么WTO（以及GATT）半个世纪以来在推进国际贸易自由化的进程中是如此步履艰难，一轮轮的谈判比马拉松还马拉松？

一个重要的原因是消费者与生产者之间的利益冲突。消费者无疑是自由贸易的最大受益者。贸易自由化使消费者获得更丰富多样的商品、更良好的服务、更低廉的价格、更多的选择空间，因此，各国消费者无不举双手欢迎它。但是生产者与贸易自由化的关系可就有点微妙了。不错，贸易自由化扩大了市场准入范围，企业家们可以获得更大的市场空间，但是却增加了竞争对手。因此，贸易自由化是对生产者竞争实力的考验。实力强的因此攻城略地，扩大市场占有率，实力弱的没准儿连自己原有的地盘也让人端了去。

人皆有手有口，是生产者也是消费者。作为消费者他不假思索地赞成贸易自由化，作为生产者他就得好好掂量掂量：在打通的市场中他还能是龙头老大吗？人不消费洋货也能过日子，可是，一旦赖以为生的营生由于贸易自由化让人抢了去，这日子还能过得下去吗？因此，生产者永远比消费者愿意花更多的资源而且事实上也更有力地影响着各国政府参与多边贸易谈判的立场。手比口有力得多，这也许就是世界范围贸易自由化谈判如此艰难的原因所在。

好在生产者也不是铁板一块。他们对待贸易自由化的态度与其竞争实力密切相连。竞争实力强的希望因此扩大市场空间，而竞争实力弱的则害怕因此危及生存。作为利益集团，前者支持市场开放而后者寻求保护。由于任何国家都不可能在所有生产部门同时占有绝对优势,因此,无论是加入WTO的谈判还是WTO成员方之间的多边贸易谈判(MTN),实际上同时也是国内各种利益的权衡过程。"MTN是一个市场,在某种程度上也就是各个国家在互惠的基础上进行的市场准入承诺的交换。它是一个易货市场,与人们生活中的市场相反,各个国家并没有交换的媒介:他们既没有钱买,也没有钱卖贸易政策。代替的办法是他们要用苹果交换橙子,用钢铁的关税减让来换取纺织品国外市场的准入。"(第17页)

GATT是对20世纪30年代关税壁垒战反思的结果,因此,前五个回合的谈判对象全是关税。到了乌拉圭回合之后,以贸易量加权的工业国家的平均关税税率降到了4.0%,相比1947年GATT建立时的35%的关税税率,GATT多边贸易谈判的成效卓著。但是,只要生产者和消费者的利益冲突还存在,只要前者对政府决策的影响力仍然大于后者,即使关税降到无可再降,贸易壁垒依然可以存在:反倾销、反补贴、海关估价、政府采购、进口许可证程序、产品标准、保障条款、装船前检验、与贸易有关的投资措施、原产地规则,甚至环保和劳工标准。你不能不佩服,在利益驱动下,人类的聪明才智可以发挥到何等极致!然而,另一方面,同样的驱动,也促使企图扩大市场的生产者利益集团(不是消费者利益集团!)推动政府把多边贸易谈判的焦点转移到非关税贸易壁垒上来。

毋庸讳言,MTN作为各国政治经济实力较量的场所之一,国际政治中通行的丛林法则仍在其中起支配作用。尽管WTO把非歧视、互惠、市场准入和公平竞争作为它的四项基本原则,把建立世界范围的可竞争的市场作为其目标,但是,把什么列入实行非歧视、互惠、市场准入和公平竞争原则的管辖范围,却大有文章可做。竞争实力强大的,不妨"公平竞争"。发达国家的服务贸易出口占世界的80%以上,因此"影响服务市场准入的政策被坚决地列入多边贸易政策的谈判议程"(第137页)。关于TRIPs(《与贸易有关的知识产权协议》),则"所有的证据和论点……指向一个结论,即TRIPs首先近似于一个重新分配的问题:不管市场结构或动态反应方面所

经济学不是研究马尾巴功能的？

作的假定如何，提高保护IP（知识产权）的影响效应……将是财富从（发展中国家）消费者和公司转移至外国且大多是工业化国家的公司"（第154页）。反过来，如果公平竞争没有好处，互惠不上算，什么非歧视、市场准入也就一概免谈。农产品和纺织品贸易占全球贸易的近20%。虽然农业"因贸易自由化而获得的潜在经济收益大大超过其成本，但是受到负面影响的集团（农业游说集团）能够施加很大的（政治）压力以便维持甚至增加政府的扶持"（第198页）。结果，多年来一直是"特殊"问题而不适用WTO的基本原则，"GATT有关农产品规则的制定在部分上还是为了适应美国当时的农业政策"（第202页）而制定的。"发展中国家因为美国、欧盟和日本的农业保护而蒙受了巨大的出口损失。仅食糖和牛肉两项，其损失就相当于所有国际发展援助的一半左右。"（第200页）而纺织品和服装，由于发展中国家的出口对发达国家国内产业构成巨大压力，因此，后者"成功地游说要求实行贸易限制"。尽管它使发达国家的低收入消费者增加了沉重的经济负担。幸亏在乌拉圭回合上，"美国和欧盟要讨论新议题，诸如GATs和TRIPs，而发展中国家希望看到对他们的制造业出口尤其是服装出口的市场准入状况的改善，两者之间建立了一种隐含的联系"，纺织品和服装贸易才"将被纳入GATT，并用10年时间（1995—2004）实现自由化"（第211页）。给发达国家低收入消费者带来福音的竟是发展中国家的生产者利益集团，这就是MTN的政治经济学！

在很长一段时间里，GATT基本上是与OECD国家有关的俱乐部。发展中国家没有充分参加，中国更是被排除在外。难免对它的规则以及规则后面的真实世界不熟悉。入世在即，不熟悉，显然是要吃亏的。因此，龙永图先生指出："在参与多边贸易体制时，掌握WTO的规则本身是重要的，但更重要的是要在对外经贸关系中自觉地遵守和运用这些规则，这就有必要理解造就这些规则的全球经济和政治力量，以及各国遵守这些规则的动力和动力的来源。"龙永图先生推荐说："《世界贸易体制的政治经济学——从关贸总协定到世界贸易组织》就是这样一本书，它全面和通俗地介绍了体现在

理解规则背后的真实世界

WTO中的经济学和政治学,并采取政治经济学的方法解释了规则背后'真实世界'的各个基础方面,为我们理解多边贸易体制提供了一个崭新的视角。"龙先生以我国入世首席谈判代表身份郑重推荐这本书,我想,仅此就值得关心这个世界的人一读。

> 经济学不是研究马尾巴功能的？

签字、公章及组织便车①

《申根协定》生效之后，在欧盟大陆国家之间旅行顿时方便了许多。在欧盟国家的中国访问学者，只要口袋里还能剩下几个闲钱，大都设法把爱人、子女接出来住上一阵子，到巴黎、柏林、维也纳、罗马、威尼斯、佛罗伦萨等地看看。平时冷清的访问学者公寓顿时热闹起来，直叫我看得眼热心动，终于忍不住，去找我的合作研究伙伴W.芬尼博士（Dr. W. Pfennig）想办法。芬尼博士是个爽快人，二话不说，马上吩咐秘书卡婷小姐为他打印了一纸便函：

德国驻华大使馆：

　　李文溥教授现在是本研究所的访问学者，如有未明事项，请与柏林自由大学W.芬尼博士联系。

柏林自由大学××研究所

　　芬尼博士接过便函，龙飞凤舞地签上他的大名，递给我说："Prof. Li，请把这封证明信和你的邀请信连同为你夫人和孩子买的医疗保险单一起寄给德国驻华大使馆申请签证，祝你好运。"

　　我看着他那潇洒的签字，惊讶不已：就这，寄给德国驻华大使馆？犹豫了一下，试探地问道："也许我们还需要盖个公章？"

　　"盖公章？"这下轮到芬尼博士不明白了。

　　"公章就是……"我费了好一番口舌解释公章是为何物。它在中国代表着组织。任何官方文件，都要加盖该机构的公章。即使是私人证明材料，也

---

① 本文初次发表于《经济学家茶座》2002年第1辑，总第7辑。

要加盖你所在单位的公章,就是没有单位的居民,也要请所在居委会盖章。不盖章,就表示没有得到官方的认可,也就没有效力。

芬尼博士总算弄明白了,"可是,我们研究所没有你说的那个公章。只有……只有这个。"他随手拿起放在卡婷小姐办公桌上那个黝黑的长方形木头戳子。那是个落款章。我见过卡婷小姐寄大批公函信时用它在信封上盖落款,免得一一打印地址。它平时就丢在卡婷小姐的办公桌上,谁要用,都可以拿起来盖上一气。有时为了图省事,我也用它给信封盖落款。"可是它的用途你知道。"芬尼博士习惯地耸耸肩膀摊开了双手。

"也许我们可以请学校外事处盖个章?"出于自小形成的公章崇拜,我还是不放心,也不死心。

"外事处?那里也没有公章。你也只能让外事处长给你签字。可是,他的签字还不如我的呢!他只是个职员。"芬尼博士不无骄傲地说。他笑着拍拍我的肩膀:"寄去吧,到时候我请你全家吃饭。"

我只好将他的便函连同满肚子的狐疑一起寄出去。

一切顺利!一个月后,芬尼博士果然在柏林为我全家接风洗尘。烛光摇曳中,我看着谈笑风生的芬尼博士,心中不禁暗暗叹服:别看是微不足道的芬尼①,却是实实在在的硬通货!

之后,当然不免和在德国待了多年的中国朋友聊起心中的疑问。朋友大笑不已,问道:"当初芬尼先生给你的邀请信上盖有公章吗?"

"没有。"

"中欧高等教育合作项目办公室的项目通知书呢?"

"只有中欧双方项目主任的签字。"

"你从中国到欧洲的旅程安排通知呢?"

"也只有项目秘书的签字!"

朋友接着告诉我,在德国,签字是更为普遍的形式。不仅私人文件用个人签字,就是不少机构的文件也是由机构的负责人签字生效的,即使是在需

---

① 芬尼(pfennig)也是德国最小辅币的名称,100 芬尼 =1 马克。

经济学不是研究马尾巴功能的？

要加盖公章的场合，经办人也签上自己的名字，以表示这个文件是他经手办理的。在德国，签字是一件十分认真严肃的事情。它表示签字人同意所签署的文件并负相应责任，因此，如果伪造他人签字或是未经同意修改其签署的文件，那可是非常严重的事件，必定被追究。德国是非移民国家，芬尼先生签字同意邀请你和你的家人到德国来，是以他的个人信誉担保你们将如期离开德国。如果你们没有按时回国，那么，他就要负相应责任。说到这，我恍然大悟：难怪芬尼虽小，却是硬通货，道理就在这里！朋友反过来问我：我知道，与德国相反，中国是重公章轻签字的。有机构必有公章，没有公章不成公函。这也许体现了一种文化差异，但是，经济学是如何看待这个差异的呢？

朋友的问题引起了我的沉思。

确实，中国是一个印章文化悠久的国度。秦铃汉印，蔚为大观。治印可以成家，大约唯我中华。公章又称为印信。那可是个开不得玩笑的圣物。《三国演义》中的大战泛水关的孙坚不就是因为想昧掉那颗从井里捞上来的玉玺，闹得各路诸侯群起攻之，最后死在刘表的乱箭之下吗？《大清律》之《吏律》赫然写道："若遗失制书、圣旨、印信者，杖九十，徒二年半。……失印信以昏聩不职参揭者，虽限内获印，只免其徒罪，仍行革职。"难怪史湘云要取笑贾宝玉："明日倘或把印也丢了，难道也就罢了不成？"依稀记得有部武侠小说里，说某青天大老爷被偷去大印，不仅案子断不成，而且惶惶不可终日。一向威风凛凛专打别人屁股的青天大老爷这会儿可要因此被打屁股了。幸亏某大侠挺身而出盗回印信，这才雨过天晴，全身而退。延至现代，丢掉印信要打屁股的事是没有了，但是公章崇拜似乎依旧。当年下乡插队，外出时总要到生产大队开证明。没有那张盖上大红公章的小纸片，就住不上店，买不到车票，即使是回城住在自己家里，也有人上门来赶你！20世纪80年代中期，我还曾见到有人给学术杂志投稿，个人学术论文上加盖了作者单位鲜红的大印，也不知是证明该单位实有其人还是文章经过组织政审，总之，让编辑一百个放心。就是如今，到哪个单位办事，没

签字、公章及组织便车

有介绍信多半还是不成。

不知道欧美国家是不是历史上就是只重签字不重公章的，但是，重签字和重公章确实是两种不同的文化。重签字而轻公章，可以说是一种崇尚个人的文化。私人文件个人签字生效，无须加盖任何公章，意味着个人决策，个人负责。它体现了个人权利与责任的对称关系，体现了个人决策的边际私人成本与边际私人收益相等（从而其边际社会成本等于边际社会收益）的原则，体现了个人在社会中的独立主体地位。有关机构的文件，由机构的法定代表签字生效，不是盖上个毫无个性的公章了事。看上去好像有点错位，可是细想一下，似乎也有它的道理：机构由人组成，机构的决策实际上是机构负责人进行的，因此不能不由它的负责人承担相应责任。你在文件上签了字，就意味着同意这项决策，那么就要为之承担一份责任。这个责任不轻，有时甚至令人难以承受。各种新闻媒体上，常常听到看到有关国家政要、政府官员因不同意执行某项政策而声明辞去任职的消息。如今想来，也许就是因为要他们在有关文件上签字表态，而他们害怕到头来负不起这个责任或是因此有损清名，宁可挂冠归隐？

反之，重公章而轻签字，是一种崇尚组织的文化。私人文件需要加盖单位公章才能算数，是个人权利被剥夺殆尽的那个时代的一个写照。它给我们留下多少不堪回首的往事！所幸它已经渐行渐远。然而，机构文件上，仍然是只见公章不见签字。这也许是出于集体领导集体负责的考虑。但是，常言说得好，"九个保姆的孩子没眼睛"。在下一位朋友的父亲"文革"初期不幸罹祸被抄家。幸好主持抄家的是本单位，因此相当文明，只是将他家中"四旧"之物收归单位保存，临走时还开了清单加盖公章。"文革"结束，落实政策予以平反。不识时务的老头居然拿着清单请求归还被抄走之物，单位领导当然拒绝为此负责——经过"十年动乱"，这些东西不知转了几手，谁还能说出它们的下落？虽说收条上盖了公章，可那是当时的领导干的，怎么好叫现在的领导负责？还是一切向前看吧。老头一脸苦笑，只好不了了之。任何机构都是人组成的，机构的决策实际上是由机构负责人进行的。所

经济学不是研究马尾巴功能的?

谓"家有千口，主事一人"。这里面的规矩，老百姓清楚得很。"张书记号召种菜，王书记命令栽果，刘书记来了叫咱拔掉果树挖鱼塘。"来了新领导多半是要出新思路的，前后任一个规划接着往下干，萧规曹随，那还有什么新班子新气象，新人开创新局面？就算是前仆后继把事干成了，可这到底该算成谁的账啊？因此，不少领导都喜欢一展个人风采，留下百年德政碑。但是，这些个性鲜明的新思路，从来又都是通过组织决策的形式出现的，动员了组织资源予以贯彻落实。尽管大伙儿心里都清楚，这是谁的主意，可是红头文件上毫无个性的鲜红公章使你决不能说这个决策是谁提议的，谁拍板决定的。因此，当决策失误造成重大损失时，有关上级部门往往挥起板子却找不到屁股！唉，不是说集体领导集体负责吗，怎么这会儿就找上我了？闹到最后多半只能算是培养干部交了学费。可是冤就冤在这学费交完了，到底谁是那个不及格的学生还说不清！如果决策正确成绩显著，那可就不一样了。尽管也可以记集体功，但是职务晋升永远是要落实到个人头上的。在下与官员接触不多，但是茶余饭后也常常听到一些官员夸耀某某工程是在他手里建成的，某某项目是他的得意之笔，某地的某某支柱产业是他一手扶持起来的。娓娓道来，如数家珍，神采飞扬，满脸得意之色。谁能说那不是他的政绩呢？

    这是典型的搭组织便车行为。崇拜公章的文化忽略了过分强调集体决策集体负责反而可能导致组织决策的边际私人成本收益与边际组织成本收益的严重不对称。微观经济学里说，决策行为的边际私人成本收益与边际社会成本收益不对称，必定造成资源的非优化配置，从而降低资源的利用效率和社会福利水平。环境污染就是最明显的例证。公共选择理论告诉我们，决策最优化是建立在决策的边际私人成本收益与边际社会成本收益相等基础上的，市场决策如此，非市场决策也不例外。人皆有自利之心，所以，公章崇拜势必导致组织决策的外在性，产生搭组织便车的动机。因此，还是让我们的生活中多一些个人签字吧，在能够用个性鲜明的签字代替毫无个性的公章的地方，请用签字吧，即使是需要加盖公章的地方，也给签字留个位置吧。好让老百姓知道，这个主意是谁提出的，谁赞成，谁反对，谁投了弃权票。立此存照。"后之人将历指其名而议之曰，某也忠，某也诈，某也直，某也曲。呜呼，不可惧哉。"① 阳光之下，组织便车将如雪人消弭于无形。组织决策的边际私人成本收益将因此而逼近其边际社会成本收益，因此决策将更出自于公心，更加谨慎小心，也就更有利于优化资源配置，提高资源利用效率和社会福利水平。退一步说，即使万一不幸交了学费，咱老百姓也能落得个心里明白：这学生到底是谁呀，您说是不？

---

① 司马光：《谏院题名记》，四川大学中文系古典文学教研室选注，《宋文选》（上），人民文学出版社 1997 年版，第 175 页。

经济学不是研究马尾巴功能的?

题《经济学家茶座》第8辑 "茶客风采" [1]

李文溥,1953年生,先后遭遇三年大荒"十年内乱",先天不足后天失调。幸好1978年春考入厦门大学,因而今仍在岗,自己也觉得侥幸。二十余年来,一直在厦门大学读书、教书、编杂志,间或写点言志不载道的文字补贴家用。多年半工半读,断断续续地完成了硕士、博士学业。现在是福建省政府专家咨询组成员[2],厦门大学经济研究所教授,博士生导师。兴趣庞杂,读书每每不求甚解,研究常常问题导向,年逾不惑,尚不能专治一经,惭愧之余,唯漫曰之兴趣经济政策理论与经济政策分析。

据说"经济学"乃鄙同乡严复译《国富论》时起的名。严老先生想来是韩昌黎文以载道一脉,故而赋Economics"经世济民"大任,开经济学皇皇庙堂气象先河,垂则百年,黔首百姓唯有敬而远之。或曰,载道何妨言志。志,言者心中之道也。如此,载圣人之道未若言一己之志,陶朱术不必不如庙堂策。《茶座》者,茶馆也,无门户,无门槛,炉烧七星,茶烹四海,天下茶客,来来往往,谈国是,说民情,观世间万象,论学界百态,化玄理为通俗,寓载道于言志。孔子曰:诗三百,一言以蔽之,思无邪。

---

[1] 本文初次发表于《经济学家茶座》2002年第2辑,总第8辑。
[2] 现在改名为"福建省人民政府顾问团"了。

浮士德、贴现率、恒产与恒心①

在键盘上敲出这几个词，自己看了也哑然失笑。浮士德、贴现率、恒产与恒心，这算是哪儿跟哪儿呀。书房太小，各种书杂乱地堆在一起。日日目之所及，不知不觉窜入脑海，谁知道今天它竟然跳上了电脑屏幕！

听说，如今有一门学问，专门研究文本阅读，认为误读误解是一种创造性阐释，学术创新的重要方法。近年来，经济学大行其道，凭着船坚炮利，频频游弋于其他学科领地。如此说来，把浮士德弄到经济学大堂上过一回堂，也未尝不可。谁让咱是"帝国主义"呀，没准儿在别人的一亩三分地里还真能闯出点名堂来？

话说浮士德待在哥特式的狭隘居室里，唉声叹气："唉！我到而今已把哲学，医学和法律，可惜还有神学，都彻底地发奋攻读。……夸称什么硕士，更叫什么博士，差不多已经有了十年。"②可是继续待在大学里做学问，"我既无财产和金钱，又无尘世盛名和威权；就是狗也不愿意这样苟延残喘！"实在是厌恶至极。"唉，我还要在这监牢里坐待？可诅咒的幽暗墙穴，连可爱的天光透过有色玻璃也暗无光彩！更有这重重叠叠的书堆，尘封虫蠹已败坏，一直高齐到屋顶，用烟熏的旧纸遮盖；周围瓶罐满排，充斥着器械，还有祖传的家具堵塞内外——这便是你的世界！这也算是一个世界！"浮士德渴望着逃出去，尽情地享受人间的欢乐。这时，魔鬼靡非斯陀出现了。它引诱浮士德与它订约：在阳世，它愿意做浮士德的仆人，听凭指使，满足他的一切愿望，可是一旦浮士德感到满足，靡非斯陀就要永久地奴

---

① 本文初次发表于《经济学家茶座》2002 年第 2 辑，总第 8 辑。
② 引自歌德著，董问樵译：《浮士德》，复旦大学大学出版社 1983 年版，下同。哲、医、法、神是德国中世纪大学的四个学部。

经济学不是研究马尾巴功能的？

役他的灵魂。浮士德不愧是精通哲、医、法、神的饱学之士，深知生活享受的辩证法，自觉胜券在握，毅然决然地和靡非斯陀击掌盟誓，血书画押，把灵魂抵押了出去，获得了人世间种种享受，但却始终不能满足。他最后总算觉悟："人必须每天每日去争取生活和自由，才配有自由与生活的享受！"天使们因此从天而降，从靡非斯陀手里救出了浮士德被攫取的灵魂。

浮士德与靡非斯陀的较量，可以说是人生的亘古之谜。虽说立言为三不朽之一，但是，立言从来不敌事功。班超书吏为生，投笔从戎也就罢了，李白、杜甫，尽管一代文豪，还是不能甘于寂寞，或拍马干谒于韩荆州门前，或献《三大礼赋》于丹墀，以求一官半职，就连号称万世师表的孔夫子，也挡不住财富的诱惑，感叹说，只要有钱赚，他老人家宁愿辞掉教职，去当个小吏。① 古往今来的文人都知道名山事业比过眼的财产、金钱、尘世盛名和威权更永久，可为什么一个个都耐不住寂寞？

200年来，文学家、哲学家们对浮士德现象争论不休。从我等"经济学帝国主义者"的眼光看来，这显然是一个经济学问题。名山事业固然诱人，但它是远期收益，财产和金钱、尘世盛名和威权却是现期收益。从理性经济人的假定出发，它们全都可以用贴现率表精确换算，统一比较。假定贴现率为5%，20年后的收益，就等于现期同量收益的37.69%，30年后的就剩下23.14%，50年后的不过是8.72%，也即50年后的1元收益，不过值今天的9分钱而已。这些都还是建立在未来收益确定无疑、毫无风险的基础上的，如果远期收益的风险概率是50%，那么还要打个对折！有道是期限越长，不确定因素越多，风险也越大。如果50年后收益的期望值是0.1，打个比方说，书有读者就算成功，那么，0.1的期望值也就意味着：今天出版的书中，每10本中就有1本50年后还有人读，如此说来，这个比例也不算低了。就是如此，著书立说这事从现值的角度看，也还是不值一文钱。难怪

---

① "子曰：'富而可求也，虽执鞭之士，吾亦为之，如不可求，从吾所好。'"《论语·述而篇第七》，《论语·孟子·孝经·尔雅》，辽宁教育出版社1997年版，第27页。

浮士德、贴现率、恒产与恒心

李白击缶而歌：五花马，千金裘，呼儿将出换美酒。① 太白先生真是深谙贴现之学的大经济学家啊！

现实中，各人偏好不同，贴现率也就高低不一。抽象掉其他因素，它可以视为各人现期经济状况的函数。俗话说，吃不了了才晒干。"一箪食，一瓢饮，在陋巷，人不堪其忧"，自然对本期收益评价就高，反之亦反。同样是文豪，福楼拜生活优裕，无须卖文为活，自然重视身前身后名，把写作当做名山事业，一本《包法利夫人》，译成中文不过二十余万字，居然可以磨它七年，不到完美不肯出手——他没有职称、聘任问题！巴尔扎克日日债主临门，赶得他鬼急忙慌，闹得连文法错误也无暇修正就把稿子卖出去，临了只好把它栽在誊写人头上。② 为尊者讳的后人只好用"大师们有权为所欲为"为之开脱。③ 自古文人多穷匮，"朝扣富儿门，暮随肥马尘，残杯与冷炙，到处潜悲辛"④。锅冷灶凉，有靡非斯陀上门，哪管是要抵押灵魂，穷急了的读书人也只当做是造化来了！

灵魂一经抵押，思路自然大开，走出象牙塔，顿时天地宽。说来咱也是高智商一群，真要放下脸来敛钱，还真说不准谁输谁赢呢。说什么"文章千古事，得失寸心知"，天下文章本来就是一大抄，闹哄哄你抄我来我抄他，抄洋人，抄古人，抄完了他人抄自己，一万不够抄十万，凑够了字数咱升教授。说什么学术自由，人格独立，咱好汉还是不吃眼前亏，有了题材不放过，抓住概念赶紧炒，紧跟着主流凭借好风上青云。说什么君子固穷，自古来人皆笑贫不笑娼，且看我无本做生意，空手套白狼！怕什么收入少，咱有教无类多办班，本科大专高中生，统统都上研究生，收完了学费就发文凭。愁什么奖金低，咱广发请帖编文集，卖完了文集再开研讨会，连带着周边国家游一回，只要您老出大价，咱服务周到还管开发票。别看你老板倒卖官员

---

① 李白：《将进酒》，《李太白全集》（上），中华书局1977年版，第180页。
② 巴尔扎克：《邦斯舅舅》，人民文学出版社1982年版，第539页。
③ 莫洛亚：《巴尔扎克传》，人民文学出版社1993年版，第508页。
④ 杜甫：《奉赠韦左丞丈二十二韵》，《杜诗详注》（一），中华书局1979年版，第75页。

经济学不是研究马尾巴功能的？

收礼身家过百万，咱办班办会抄书编文集，自己动手足食也丰衣，没准收入还能和你比一比！

可是，将来该如何面对儿孙们呢？难道告诉他们，因为……我们把一切都拿到靡非斯陀那去贴现了？于是有经济学家提出救世良方：有恒产者有恒心。说来也是，贴现率取决于不同时期收益的边际效用。当期收益越高，边际效用也就越低。如能大幅度提高当期收益，必定会有效地降低贴现率，提高远期收益的边际效用。重赏出死士，何愁没有传世之作！从理性经济人假定出发，绝对可以证明这是个好主意。

旱天里盼来了及时雨。国家重点扶持一批大学，各地政府紧紧跟上。苦熬多年，大学终于时来运转，行情一路看涨。虽说钱分三亿、六亿、九亿，资助有所差别，但是旱情总算有所缓解。重教先重师，重币安人心。先是实行了部分骨干教师的岗位津贴，或是三、四、五，或是二、三、四，教授们的收入少说也翻了一番。诸江学者①，更是水涨船高，津贴超过十万、二十万，还只是初步展现先进生产力的魅力。一时间，大学如此多娇，引无数英雄竞折腰，多少当年一叶扁舟下海者，闻风相悦，浪子回头，纷纷弃舟登岸申请重执教鞭。紧接着热风吹雨洒江天，推广全员岗位津贴制，助教、科员每月也能加上个大几百。一片下岗裁员声中，教书匠虽不敢说是有恒产，大约也是中人之家了。可是恒心如何？在下冷眼向洋看世界，那些获得三、六、九资助，实行全员岗位津贴的大学，不少单位创收热情依然不减！我疑惑地问一位当"系头"的朋友：前些年你说这办班创收实在是被人逼良为娼，后来实行骨干教师岗位津贴了，你说非骨干教师也要吃饭，咱自己有了津贴就更要组织创收，如今实行全员岗位津贴了，怎么还……朋友不屑一顾：迂腐。钱还怕多了？难道系里就不需要点其他费用开支？这年头，一年到头不搞点活动，发些福利，吃几回饭，这单位还有凝聚力吗？再说，来个客人怎么办？正说着，一封信函从某一流大学飘然而至，先是恭喜我大作发

---

① 诸江学者，长江学者、珠江学者、闽江学者等也。

表（其实是某三流杂志上不起眼的豆腐块），而后告曰，经专家认真评审，认为该文具有重大理论创新价值和实践指导意义，决定入选某某大人物领衔主编（都是些大报上常有的名字，至少是部级或前部级要人！）、他们主持、权威出版社出版的《21世纪党政领导必读文集》，随文配发照片小传，届时开会评奖，发给烫金证书，可用于评定职称，等等。文章入选别无条件，仅需购买文集若干，每本只收工本费688元，多买欢迎，八折优惠，批量订购，价格从优。我不由地喃喃自语：看来，尽管实行了三、六、九，这些老兄还是与靡非斯陀旧约未断，旧情未了。朋友哈哈大笑，起身而去。

　　有恒产者未必有恒心！看来，学术这玩意还真有点邪门：家无薄产固然不成，老祖宗告诉过我们，人们首先必须吃、喝、住、穿，然后才能从事政治、科学、艺术、宗教，等等[①]，可是没有点明其义不计其利的恒心却也是万万不能的。远点说，梅里美便是前车[②]，近处看，国内多少当年的学术新锐，拼命三郎，如今也算是有职有位有头衔，有房有车有存款的了，可是不知怎地，文章却渐渐没有了！这不是不吃经济学这一套吗？都说理性经济人假定是无往不利，凭着它加上需求曲线向右下倾斜这两招就能打遍天下无敌手，谁料想今天竟栽在浮士德和靡非斯陀手里！这是怎么回事？我急忙回过头去翻文献，结果一身冷汗。原来，对五十年后方能获益的投资是无法用贴现率进行成本—效益分析的！远期收益评价，至今还是经济学中无法解决的难题。如此说来，别说是马克思，就连咱老老祖宗亚当·斯密当年辞去格拉斯哥大学教职，回卡科尔迪，面壁十年写《国富论》的动机，也难用理性经济人假说解释。"经济学帝国主义"到处游弋，东家长西家短地管人家闲事，一不留神居然被人家给端了老窝，你说这能不叫我从心窝里直凉到后脊梁？！

---

① 恩格斯：《在马克思墓前的讲话》，《马克思恩格斯选集》（第4卷），人民出版社1972年版，第574页。
② 梅里美才华出众，早期著述甚丰。1850年之后，生活优裕，在喜庆游乐、仪典盛会中浪费了自己的才华，最后江郎才尽。

经济学不是研究马尾巴功能的？

芙蓉三变经济学①

> 木芙蓉是厦大校园常见的一种木本花，丛生。秋天开花，花事极盛，且花色多变，初为粉色，中转浅红，后边淡紫。同一树丛，此起彼落，色彩缤纷。据说有种牡丹，花色早晚三变，因此也叫做"芙蓉三变"，想来一定也很美，但是南方却见不到。拜改革开放所赐，这二十多年来，中国的经济学研究范式亦如秋之芙蓉，一日而三变，逐步与世界接轨。
>
> ——题记

余生也晚，上大学更晚。接触经济学，已是要开十一届三中全会的那一年春天了。虽然图书馆藏书已经大半解禁，经济学专业的学子们还是觉得无书可读。中国经济学家的著作，多是"文革"前出版的，不仅数量少，而且与20世纪70年代末学子的关心所在，似乎距离远了点；苏联经济学译著，半是经典作家语录、苏共中央各种决议引文和当令政要讲话，半是对这种修正主义那种教条主义的批判，面孔严肃而刻板，叫人难以接近；西方经济学著作不仅出版得少，而且基本上是内部出版，译者照例在前言中狠狠地批一通作者的资产阶级反动立场。思想解放运动前，"拨乱反正"基本上还只限于"把四人帮颠倒的是非再颠倒过来"。马克思之后的西方经济学统统是庸俗资产阶级经济学，毫无科学价值的论断是多少年的铁案，显然不属于"拨乱反正"范围。大学里甚至私下流传着一种说法：西方经济学与马克思经济学是两个截然不同的体系，如果批判能力不行，看了西方经济学，闹不好就要引起概念混乱，连马克思经济学也学不好了。因此，我们这些脑袋还处于半冻土状态的凡夫俗子，自觉识别能力有限，还是离它们远点好。如此一来，

---

① 本文初次发表于《经济学家茶座》2002年第4辑，总第10辑。

可读之书也就剩下些经典著作了。那时,政治经济学各课程基本上以经典著作为教材。资本主义部分以《资本论》(第一卷)为蓝本,帝国主义部分用列宁的《帝国主义论》,社会主义部分是斯大林的《苏联社会主义经济问题》等。就连财政、金融、统计、会计等课程,老师们在黑板上也常常写满了一段又一段的经典作家语录。论文不引用几段经典著作,多半要被认为缺乏理论依据而退稿。论文通篇是经典著作引文,作者只有少数的联结语,甚至被认为是功力深厚的表现。有位老教授,据说终其一生,只读经典著作,积数十年之功,做了整整一橱的经典作家语录卡片。他老人家写文章,首要工作是找出所要卡片。当其时也,家中桌上、床上乃至地上,琳然满目地摆满了各种卡片。老先生手持放大镜,匍匐前进,找出卡片,顺序摆好,文章也就大致写好了。至于期刊上不同观点的论文各自引用不同经典著作——甚至同一作家同一著作同一论述的不同译文(光是《资本论》就有俄文版、德文版、法文版、英文版、编译局版和郭王版等区别!①)——来证明自己的观点,更是司空见惯寻常事。弄得我等初学者眼花缭乱,仿佛又回到"文革"当年的语录战。那时节,虽然诗人已经在歌颂"科学的春天",可社会科学还是"有雄文四卷,为民立极"。因此,你即使有自己的观点,最好也说是经典作家的观点。你小子算什么呀?

　　转眼到了20世纪80年代中期,思想解放运动使得被各种教条禁锢多年的头脑,如开春的大地,逐渐萌发思想的新芽,改革的现实需要,使经济学研究逐渐摆脱了以书证书的格局。个人观点渐渐代替了经典作家语录,成为经济学论文的新一道风景线。那时,我在天涯海角的一所大学当助教,消息自然闭塞,对这个转变还不太了然。一天,来了位京城知名青年经济学家。朋友请他介绍京城经济学研究动态。老兄如数家珍地谈起京城经济学界的新近名流,某行,有观点,某不行,没有观点,某也不行,别看他名气大,他那

---

① 编译局版:指中共中央马恩列斯著作编译局组织翻译的经典著作,编译局版一般被认为是经典著作的权威译本;郭王版:指郭大力、王亚南抗战前翻译的《资本论》,20世纪50年代曾重新校订出版。

经济学不是研究马尾巴功能的？

几个观点，哪一个是他最先提出的？没有几个自己的观点，算什么人物？聊了大半夜，在下醍醐灌顶，原来观点这玩意在经济学研究中竟有如许分量！像是汤里的盐。难怪最近论坛上频频见到《影响中国八十年代经济发展的十大因素》、《发展国际大循环的十大对策》、《中国经济学发展的十大趋势》等只见观点不见论证的宏论。据说有位仁兄凭一篇这样的文字，不要托福就弄到了美国名牌大学的全额奖学金！

不久，一位海外学者来讲学，顺便想了解国内经济学研究动态。我借了一些国内知名经济学杂志送去。还书那天，自然问起对国内经济学的看法。不料他却摇了摇头："这不是经济学研究！"我大吃一惊："不是有许多新观点吗？""观点？没有证明的观点至多只是猜想而已，猜想不等于科学！你看看这些论文，别说模型，就连起码的统计分析也没有，怎么证明它符合客观事实呢？"我张口结舌：原来，仅有观点不过如此而已！

近年来，西学东渐，国内主流经济学杂志的风景又是一变。模型、公式、图表、数据逐渐多起来了。不同的议论也渐有耳闻。赞之者曰，经济学就应该是这个样子，要不怎么与国际接轨？更有甚者，索性把经济学研究划分为三等：只用初等代数几何图形，初级；运用微积分线代数概率论，中级；以集合拓扑博弈等为工具，高级。责之者曰：这些文章数据图表公式模型一大堆，推导来证明去，也不见得有几个新观点嘛，纯粹是故弄玄虚，成心不让人看懂。多年编辑，眼见得看不懂的来稿越来越多，也说不清这是也非也，只觉得离退休还有些年月，怎么就要被提前淘汰出局了？心中真不是个滋味。不由得自怨自艾：当初怎么就糊里糊涂地入了经济学这行当？它日新月异风头出尽，可弄得咱临老临了，想口安稳饭食都不成！

改行已晚，退休还早。怎么办呢？只好老大再当小学生。弄点书来看看吧。手中正在翻译《产业组织经济学手册》①，第18章是《创新与市场结构的实证研究》，其中一些话颇有点意思。因此，不妨做回文抄公。

搞经济学的，大抵都知道著名的熊彼特假说：完全竞争市场上的原子式

---

① 《产业组织经济学手册》（第一、第二卷）2002年译竣，经济科学出版社2009年出版。

企业是无法实现技术进步的，只有集中的市场上具有垄断势力的大企业才能实现创新，因而是进步和总产出长期扩张的引擎。也即，（1）随着企业规模的增加，创新相应增长；（2）创新随着市场的集中而增加。熊彼特假说的经济学含义是革命性的，如果它成立，正统的微观经济学以及产业组织理论的相当部分就要改写，反垄断法也就没有存在的意义了。因此，验证熊彼特假说是否成立，就成为半个多世纪产业组织研究的一个重要部分。

  首先值得研究的是测量。如何测量创新？当然，第一，专利可以作为衡量创新产出的一个指标。但是，专利未必都有经济价值。大部分专利实际上从未被商业性利用过。第二，专利和专利不一样。例如，美国的发明者一般把各项权利捆绑申请专利，而日本的发明者则倾向于将各项权利注册成独立的专利。在不同的产业中，专利的意义也不同。有的产业，例如电子产业，有重要价值的创新通常不能被专利化。在同一产业中，不同企业对注册专利的心态也不同。小企业为了显示技术能力，倾向于将创新注册为专利，而大企业却更喜欢把创新留做商业秘密。创新产出难以衡量。创新投入的衡量也遇到类似的一系列问题。因此，时至今日，创新的衡量还是一个值得研究的问题。

  其次是企业规模与创新之间的关系。从20世纪60年代到80年代后期，至少进行了数十个有关研究。最初，一些研究曾发现了企业规模与研发之间存在着正的单调关系，但是，在采用了新的数据及更精致的计量技术之后，就只剩下20%的产业样本可以支持熊彼特假说了，随后的更多研究，由于数据采集、计量技术以及所研究的产业部门和时期的差异，结论则各不相同。这个问题至今仍未取得确定的结果。

  最后是市场集中与创新的关系。这个领域也存在各种结论，其中，F.M.谢勒（F.M.Scherer）在1967年发现了研发强度和集中之间的非线性"倒U"形关系：研发雇员在全体雇员中的份额随着产业集中度的上升而增长，一直到四企业的集中比率上升到50%至55%为止，之后，随着产业集中度的上升而下降。这个发现一度令经济学家们兴奋不已，可是，谢勒自己随

经济学不是研究马尾巴功能的?

后的研究却发现,集中度对研发的影响显著依赖于其他产业变量。其他学者的许多研究更证明了,集中度只能解释很小的研发强度变化。

因此,历半个多世纪的研究,对于企业规模和市场结构与创新的关系的实证结论只有两个字:脆弱。经济学家的研究兴趣则从证伪熊彼特假说逐渐拓展到广泛地考虑决定产业技术变化的基本因素,例如,需求、技术机会、专用性条件等各种产业特征对创新的影响,方法也从不同的计量分析发展到了博弈模型、模拟分析以及案例研究等。

熊彼特是大权威,熊彼特假说不能不说是天才的猜想,但是,能否仅凭着是权威的天才猜想,就论定,就接受,甚至付诸政策实践呢?好像还不行。和自然科学一样,经济学也需要验证,而且,由于学科性质特点,经济学命题的验证,似乎比自然科学更难取得确定性结果。熊彼特假说的验证,就是个很好的例子。因此,验证不能不成为经济学研究的主要内容。

如何验证呢?作者的话也是耐人寻味的:"我们对创新的大多数经验性知识并不是从经济计量模型的估计中得来的,而是来自其他实证研究方法的运用。……案例研究文献提供了丰富的见识和真实的信息。更惊人的是,许多已经建立的最可靠的经验性规则,不是通过用公布的数据和检验复杂的最优化模型而得到的,而是通过对原始数据的艰苦收集而得来的,通常是以回答相对简单问题的方式获得的。即使随着经济计量方法的进步和公布数据质量的提高,在经验性技巧的使用上保持宽容仍然很重要。案例研究仍是有价值的信息来源以及更严密方法的灵感来源。……最后,给定可获得数据的有限性,我们对创新和市场结构理解力的提高,将严重地依赖于新数据来源的开发。"[①] 作者是这个领域的专家,又专门研究了这个领域的数十年研究进展,这些话,应该是老马之言。

由彼及此,国内经济学研究风气的变化,也可以看出点门道来了。论文

---

① 韦斯利·M.科恩、理查德·C.莱文:《创新与市场结构的实证研究》,理查德·施马兰西、罗伯特·D.威利格主编,李文溥等译,《产业组织经济学手册》(第2卷),第十八章,经济科学出版社2009年版,第138—139页。

风景的变化，一定程度上反映了这二十余年来中国经济学研究的进步。引经据典，不敢越雷池一步，是死人统治活人的时代；说自己的观点，是思想解放运动的产物。乍暖还寒时，敢说自己的话，是要点勇气的，自然仅此也就为人所重；如今禁区已破，阳光明媚，研究也就不再满足于只有观点了，因为有观点未必都是学术研究。科学需要证明（证实或者证伪）。逻辑推理需要数学使之精密，实践检验需要规范的实证分析便于重复验证。因此，论文里模型、公式、数据、图表自然也就多起来了。至于说到各种方法手段与研究水平的关系，我觉得倒不必勉强画上等号。有位老人说得好：不管黑猫白猫，抓住老鼠，就是好猫。这句名言，似乎连洋人也是认账的呢。

经济学不是研究马尾巴功能的？

医生、木匠与托儿①

朱绍文先生的《经济学家应该是社会的医生》发表之后②，常在我脑海里徘徊不去的一个疑问是：为什么"社会医生"的职业声誉总是不如悬壶济世的医生？

说实在的，历史上医生的社会地位并不高。虽有"不为良相，便为良医"之说，但是，远古时代，医巫同源。医者，一向被视为是文史星历之亚流，近乎卜祝之间，主上戏弄，倡优蓄之，流俗之所轻的职业。废科举之前，从医是读书人的末流出路，无奈选择。在这个行当里，即使混到头，当上供奉御医，也不过是六品服色而已。③ 中世纪欧洲，外科医生原先只是理发匠的副业。直到16世纪，英国的外科医生和理发匠还在一个学会里切磋技艺呢。

然而，经济学家却不然。诞生之日，社会地位就不低。且不说威廉·配第、弗朗索瓦·魁奈二位经济学先祖都是由医生而经济学家，从医人之疾到诊国之脉，你只要看严复先生翻译《国富论》时，竟把源于古希腊文的"家政"或"家计"的Economics译成了"经济"④，就知道他老人家当初是如何看重这个行当的。

尽管如此，一般社会舆论对医生的尊重却远远超过了对经济学家的尊重。对医生，最平常的说法是白衣天使。天使！想想看，经济学家什么时候

---

① 本文初次发表于《经济学家茶座》2003年第2辑，总第12辑。
② 见《经济学家茶座》2001年第3辑，总第5辑。
③ 见《红楼梦》第四十二回。
④ Economics一词源于Oecnomicus，原意仅指"管理家庭的实际智慧"，见熊彼特：《经济分析史》（一），商务印书馆1996年版，第87页，"经济"一词源于《晋书·殷浩传》，原意是"经国济民"。

有过这等美誉？经济学家的社会声誉不如医生，不独是经济学家的苦恼。一般而言，所有以社会科学为业的，都不同程度地感到：都说是社会科学，可是社会上有多少人——包括社会科学家在内——把社会科学当真视为科学，把社会科学家当真视为科学家呢？

也许有人认为这是因为自然科学比社会科学更复杂，更精确，更有科学预见性，对社会的贡献更大。事实并非如此。仍以医生与经济学家为例进行比较：就社会效果而论，医生医治的不过是个别病人，而经济学家诊治社会之疾，如果疗效一样，显然后者对社会大众的贡献更大；以学问高深程度而论，如今的经济学，据说仅仅数学的运用程度就已经让物理学家们为之咋舌；若说医生救死扶伤，疗效优于经济学家，古今中外，又曾有过多少胡庸医乱用虎狼药，杀人无数。"五四"时期，中医竟被一些新文化人士称为从肉体上消灭封建遗老遗少的一剂救世良方！①

经济学家应该是社会的医生，也就是科学家。这是经济学家自己的愿望。可是，不久前，一位朋友说了个故事，我才知道经济学家这职业原来还有另一说——木匠。

这位朋友多年来一直在某外省大学静悄悄地做他的经济学。一天，小城突然来了新市委书记。新官上任自然要有新的规划，于是城中好一阵忙乱。忙乱中不知是谁突然想起，我这位朋友是书记的老相识，据说又搞了多年经济学，何不请他出来参与呢？朋友觉得经济学家既然号称社会的医生，有人来请看病，不是坏事，何况又是帮老相识的忙。于是奋然出山，带领一帮学生到处调研，前后忙了数月，兴冲冲提交了一份研究报告。不料，市里对其报告却摇头称否。朋友以为是实地调查不够，理论与事实脱节。谁知对方说：非也。报告所述事实俱在，问题出在理论。关键是没有正确领会市委意图，因此理论分析的结论也就不能接受。一定要他加入一些诸如"人类社会已经步入继农业经济、工业经济之后产业经济发展的第三种形态——眼球经济时代"，"流量经济是一种全新的经济发展模式"，"必须大力发展注意

---

① 见周作人：《知堂回想录》，河北教育出版社2002年版，第561—562页。

经济学不是研究马尾巴功能的?

力经济"等说法。朋友觉得这些玩意在经济学上说不通,且与当地经济现实不合,不肯遵旨胡开药方。对方情急之下,脱口而出:老兄,请来的木匠找来的工,我们定做的是大衣柜,你怎么可以打个五斗橱?叫我们如何交账?百般劝说不成,对方只好自己重起炉灶,新写了份研究报告,却一定要署上朋友的大名提交。朋友书呆子气大发,断然拒绝。双方不欢而散。也许是作为对不肯配合的一种惩罚,对方赖掉了答应支付的数万课题费。

朋友百思不得其解:先有结论后调查,先定调子后论证,政策咨询能这么做吗?不久,谜底揭开:原来,书记履新不久,有过一个内部施政演说。对方其实不过是要这位朋友以经济学家的身份从理论上论证一下书记大政方针的英明正确,借名意在包装。所谓政策咨询,其实是木匠订货,图样人家早有了。

朋友至今气不平,问:不都说经济学家是社会的医生吗?怎么就成了木匠了?经济学家能做木匠吗?

我沉吟良久。是啊,医生和木匠,就其本身职能而言,都为社会提供有用的产品或服务,原本没有高低贵贱之分,但是套到经济学家身上,似乎就不一样。经济学家按照医生的原则工作,也免不了有时开错药方,即便如此,仍不因此失去应有的社会尊重。不说别人,孙冶方先生便是极好的前例。而按照木匠的原则工作,即便是技艺娴熟,活儿漂亮,就连经济学家自己也看不起,贬之曰御用经济学家,枪手喉舌。可是,技艺精湛的良工巧匠,不是也应当得到社会的尊重吗?为什么经济学家像木匠那样顾客至上,需求第一,照图出活,就不能被社会承认?两种不同的工作方式,差别到底在哪里?

我想,原因在于:经济学是一门科学。社会要求经济学家是科学家和思想家。作为科学家,经济学家应该是本学科知识最权威的鉴定者。经济学知识的真伪与否,只能由经济学家自己以及经济学家群体根据科学研究的实际结果进行鉴别,无须屈从于任何其他权威。经济学理论也好,经济政策咨询也好,作为科学家的思想产品,都是对未知世界的科学探索,绝不能允许先有样子后打造。无论是事先规定结论而后按图索骥,还是领导定调专家论证,都是对科学研究原则的亵渎,是欺世盗名的伪科学。因此,如果经济学家希望世人把经济学视为科学,尊自己为科学家,那么,自己首先应当抛弃对所从事职业的犬儒式自嘲态度,保持一份科学的工作精神,一份科学家应有的自尊与自爱。为此,必须坚持这样的原则:经济学家进行政策咨询,与医生看病的性质是一样的,因此,可以允许开错药方,可以允许手术失败,但是绝对不能允许木匠式的工作态度。

然而,木匠式的经济研究、政策咨询,近年来多矣。看风向违反逻辑立新说者有之;抱残守缺以祖宗是非为是非者有之;揣摩上意递条陈盼批示者有之;政策出台,注家蜂起,未经实践检验,便论证其理论合理性及深远意义者有之;名曰政策咨询,实则为王前驱,自充权要笔杆喉舌者有之;名曰模式探讨,现象研究,实则老板出钱,秀才造势,意在创收者有之。形形色色,光怪陆离,不一而足。一言蔽之:木匠手法,托儿心术是也。

木匠或托儿经济学家的存在,自然是因为存在着相应的供给与需求。这个供需,各朝各代,计划经济和市场经济,都不曾灭绝过。远的不说,延安时代,不就有个整日追着田家英探问主席最近在看什么书的陈伯达吗?大千世界,无奇不有。一个社会存在着一些对木匠或托儿经济学家的需求和供给,不是好事,但也不足为奇。问题在于,这些木匠或托儿经济学家的供给和需求总是不肯"计划单列",老是要混迹于医生经济学家的供给和需求之中,更有甚者,还要指鹿为马,硬说木匠或托儿经济学家才是经济学家的正宗,问题还在于,存在着这样那样的需求方,在种种说不清道不明的利益驱动下,费尽心机,变着法儿,必欲医生经济学家为木匠或托儿经济学家而后快。

在经济学家市场上,医生经济学家与木匠或托儿经济学家长期混同,两类供给与需求的信号无法自我显示,从而实现区分均衡的后果是什么?信息经济学指出:一个医生经济学家和木匠或托儿经济学家混同均衡的经济学家市场,对于前者来说,必然是一个低效市场。当此之时,你还能指望什么对

经济学不是研究马尾巴功能的?

经济学家的口碑?!

　　张宇燕先生最近说起过有关经济学家的笑话,中有造就低效市场的七条捷径:甲,仅考虑短期;乙,足够贪婪;丙,相信更愚蠢的家伙;丁,随大流;戊,高度抽象;己,赶时髦;庚,拿别人的钱来玩。[①] 不知为什么,听了这个笑话,我却一点儿也笑不起来;相反,心底却感到一股深深的悲哀。

[①] 张宇燕:《经济学(家)笑话集锦》(上),《经济学家茶座》2003年第1辑,总第11辑。

错误的故事[1]

王小波先生说过一个"错误的故事"[2]：在他留学的那个大学里，一位哲学教授醉心于物理科学的发现，冥思苦想，终有所得，欣喜若狂，于是发海报，开讲座，请了不少物理系的师生来听他的伟大发现。哲学教授在台上滔滔不绝，口沫四溅。台下听众开始面带宽容而不失讥讽的微笑，后来渐渐面面相觑。最后，一个物理学教授再也忍不住，拔出嘴里的烟斗，抛下一句评语"a wrong story"！扬长而去，听众也随之一哄而散。报告厅里只留下呆立台上满脸赧颜的哲学教授。

哲学教授开物理学讲座，不成功倒也无所谓，回过头来再教他的哲学就是了。然而，使我感兴趣的问题是：为什么哲学教授冥思苦想，企图进入物理学领域，却讲了一个"错误的故事"？当然可以有多种解释。我的一个解释是：两个学科的研究方法差距太大。哲学至今还是一门思辨学科，而物理学则基本上是实证科学。前者的观点和结论固然也需要验证，但基本上靠其他学科的研究结论间接进行；后者也有思辨，但是思辨结果如果没有得到观察和实验的验证，至多只是个天才的猜想而已。哲学教授习惯于思辨，不免将哲学研究方法带入物理学研究，没有进行实验验证就匆忙宣布发现，物理学教授发现它连天才的猜想都算不上，当然就只能是个错误的故事了。

经济学也主要是实证科学。[3] 经济学家们经常以其成功地揭示了社会经济规律或准确地预测出经济运行趋势而自豪不已，反之，社会大众也常常抱

---

[1] 本文初次发表于《经济学家茶座》2003年第3辑，总第13辑。

[2] 见王小波：《有关"错误的故事"》，《沉默的大多数》，中国青年出版社1997年版，第196页。

[3] 说经济学也主要而不完全是实证科学，是因为它还包含着规范分析或价值判断，如福利经济学、社会选择理论等。

经济学不是研究马尾巴功能的？

怨经济学家的预言和分析比蹩脚的天气预报更差劲。两个极端的评价从相反的方向说明了同一事实：经济学研究需要实证支持。

当然，也曾有过经济学不需要实证，研究结论正确与否取决于与圣人之说是否相符的年代——其实这种"研究"今天也未绝种。手头一本新刊，两位资深经济学教授正在上面大打笔墨官司。原因是资深教授甲对某圣人之说"新探""重温"了一番，资深教授乙觉得这个"新探""重温"完全违背了圣人有关理论原意的解释，是想用某理论取代圣人之说，其心可诛，于是奋起捍卫，大事挞伐。虽然是闹哄哄你方唱罢我登场，热闹非凡，细想一下，却是一点劲也没有。对于实证科学来说，理论的唯一作用是解释现实预测未来，它违背不违背圣人之说有什么打紧！值得辩护正名一番吗？——那时的经济学是玄学，无可验证，也就无所谓实证方法。那时节，你豆棚闲话说鬼神，不过是姑妄言之姑妄听的玩意儿，连错误的故事都算不上。

如今经济学的实证方法据说大致有那么几种：讲故事、案例研究、统计计量分析。[①]

讲故事这个方法不难，我在幼儿园时就学会了。老师讲了一通道理，和颜悦色地启发："哪个小朋友可以告诉老师，大灰狼为什么坏？""大灰狼咬小白兔！""对！"于是命题得证。何曾想到，我在幼儿园学到的方法至今在经济学中仍然大有用途。大名鼎鼎的科斯和张五常先生在新制度经济学研究中就常常用到这样的方法，毗邻而居的医生与铁匠之间的噪音产权归属、川江纤夫头的藤条与剩余索取权，不过是成人版的幼儿园故事而已。讲故事这个词是外来的，方法却不是引进的。咱们的老祖宗，春秋战国的诸子百家就用过它，20世纪80年代之前的经济学论文中也见过这种写法。只是没人郑重其事地把它当做一种研究方法而已。讲故事往往是先有结论后编故事，因此很不可靠，完全可能讲一个错误的故事。比方说，大灰狼因为咬小白兔因此是坏东西，就是一个典型的错误的故事。

---

① 最近实验经济学开始传入我国，据说可以用实验方法验证经济学原理，这可是个新式武器，大有划时代意义，可惜尚未见到实际应用，因此不敢妄加评论。

案例研究法是新词,过去的习惯说法是典型调查法。典型调查法和案例研究法的区别,我总觉得可能更多是出于"政治正确"的考虑。我读大学的时候,统计学中把典型调查列为重点方法介绍,地位远在普查、抽样调查之上。在统计调查的各种方法中,从原理上说,它最无推断置信度。就连提倡它的毛泽东也认为这是在落后的半封建半殖民地国家不得已而为之的方法①,可是就因为他老人家土地革命时期在山沟沟里进行过几次这样的调查,典型调查居然成了统计学教科书中优先介绍的最重要的研究方法之一!可见经过多年运动洗礼的资产阶级统计学教授也学会了从政治正确角度考虑问题。可惜那时我刚从烂泥田里拔出腿来,榆木脑袋一个,怎么想也没想到这一层,还虔诚地思考了半天它对统计学的伟大意义,却一点感觉也找不到!斗转星移,物是人非。如今,典型调查法不吃香了,可是,新方法还是没有,不妨旧酒装新瓶,典型调查一摇身都变成了案例研究。看来是咸与维新,大家都是"柿油党"了。

平心而论,案例研究或者典型调查比起讲故事要好一点,因为它毕竟是研究者实地调查研究的结果,可是,也还是常常会出现错误的故事。因为案例研究或者典型调查中的"典型"或者案例大多是研究者任意选择的。据我所知,在现今中国,普通研究者限于财力或者权力,一般只能是能找到什么"典型"或案例就研究什么"典型"和案例,全无选择余地;有权力的研究者是有权选择研究对象了,可往往又碰上成天揣摩上意的下属,投其所好地替他选择样本,因此实际上也没有什么选择自由。

典型调查和案例研究,如果只用其来说明样本本身,那倒没什么问题。问题在于在经济学上所有典型调查和案例研究的意义都在于说明社会一般。用个别说明一般,就必须证明样本与总体之间的关系是可以控制、可以估计的。典型调查和案例研究的问题在于样本选择的主观随意性,因此,样本与

---

① 见毛泽东:《〈农村调查〉的序言和跋》,《毛泽东著作选读》(下),人民出版社1986年版,第467页。

经济学不是研究马尾巴功能的？

总体之间的关系不可控制，无法估计。① 用它说明社会一般，全凭研究者的经验判断或主观偏好，没有什么可检验的客观标准。因此，我们在论坛上常见到这样的场面：论者甲举例论证其观点，论者乙立马举出反例反驳甲的论点，论者甲毫不示弱，再举出更多的例子维护自己的观点……于是大家混战一场，最后毫无结果。大千世界，无奇不有，谁不能举出几个例子证明自己的观点呢？可是，用有限的事例——即使它是真的——代表社会一般，恰恰就是方法论上著名的错误的故事。

看到这，心急的读者定然要叫了出来：噢，我知道了，你一定是统计学出身的，因此变着法儿替统计学做广告。难道统计分析就不会讲错误的故事？

您说对了一半。不错，在下正是统计学出身，但决不认为统计学不会讲错误的故事。读大学时，统计学老师曾指定我们读《俄国资本主义的发展》，看列宁如何揭露资产阶级统计学家滥用平均数来掩盖阶级分化；我知道，利用不同时距的移动平均，可以把剧烈波动的经济周期平滑成稳定增长；我知道，只要将解释变量和被解释变量悄悄地掉个个，就能"科学"地用计量经济学方程证明瘾君子每天的吸烟量影响着天气变化，而且保证相关系数R^2是0.999；我还知道，在GDP的国际比较中，只要将换算方法从汇率法改成ICP法（国际购买力比较法），就能鸭蛋变成老母鸡，魔术师般地将中国的人均GDP凭空增加二到三倍；我也知道"官出数字，数字出官"的把戏，每年总有些地方的统计核查要像拧湿衣服一样挤出多少统计水分，而且往往发生在新书记上任之时。一句话，只要你想，统计学甚至能帮助你讲更"科学"的错误的故事！

可是，如果你不想呢？如果你还真想认识一下社会经济运动的总体情况、一般趋势，还想了解大量社会现象之间的因果关系，还想从社会范围验

---

① 案例研究也有要求建立在严格抽样的基础上的，这种案例研究是可以根据一定的统计原理计算样本与总体之间的关系，但是，现实中，至少目前中国的实践中，建立在这样的基础上的案例研究和问卷调查还非常之少。

证一下你的假说、你的猜想、你的逻辑推理呢？这时，我得说句公道话。统计虽然是面模糊的铜镜，但是毕竟给了你一个机会：一个大致反映社会一般水平的平均数及其代表性大小的方差，一个可以控制样本与总体之间关系的方法，一个使你知道推论的误差范围和出错的概率，一个万一讲了错误的故事还可以回头找到出错原因的机会。

经济学不是研究马尾巴功能的?

被"殖民化"的"经济学帝国主义"[①]

近年来,"经济学帝国主义"一说好像颇有些搞经济学的提起。说经济学近来风光,不仅其概念、范畴和方法常为其他社会科学引用,什么计量历史学之类,而且一些经济学家跨出传统的学科领域,用经济分析方法分析非经济问题,也是频频得手。颇有点像是当年的大英帝国,工业革命,国势鼎盛,派人到海外殖民,到处开疆拓土,满世界地挂米字旗。其中,最让人露脸的例子当然要算是加里·贝克尔对婚姻家庭问题的研究,詹姆斯·布坎南创立公共选择理论分析立宪民主、政治过程、政府行为。二者都运用了经济人假定,在非经济学领域开辟出一块新领地,先后因此获得诺贝尔经济学奖。

毋庸讳言,数十年来,经济学在社会科学诸学科中进步较快,大有异军突起之势,在中国,更因改革开放,社会需求大增,几乎是一夜之间丑小鸭变白天鹅,出尽风头,成为显学。这当然是经济学人可以为之骄傲的事。尽管如此,我还是觉得这"经济学帝国主义"之说不大妥当,值得斟酌。

从逻辑上说,有"帝国主义"就得有"殖民地"。如果说经济学的概念、范畴和方法为其他社会科学引用,经济学家用经济分析方法研究非经济问题取得成绩是"经济学帝国主义",社会学、政治学等因此是"殖民地",那么,得说句煞风景的话:经济学不仅历史上曾经而且今天仍然是其他学科的"殖民地"哩。

哲学应该是最有资格称自己是"殖民"经济学的"帝国主义"学科之一。黑格尔哲学方法对马克思经济学的影响,是每一个读过《资本论》的人

[①] 本文初次发表于《经济学家茶座》2003年第4辑,总第14辑。

都熟知的。19世纪70年代,毕希纳、杜林等德国哲学名流们已经轻蔑地将黑格尔视为"死狗"而不顾,马克思却仍然骄傲地在《资本论》中写道:"我要公开承认我是这位大思想家的学生,并且在关于价值理论的一章中,有些地方我甚至卖弄起黑格尔特有的表达方式。"① 西方经济学从价值论向效用论转变,更是受到19世纪中后期以孔德为代表的实证主义哲学取代黑格尔的自然哲学成为西方主流哲学思潮的深刻影响。孔德认为,人们能够取得绝对知识和解释事物内在本质的想法不过是处于神学与形而上学阶段的未成熟人类的幻想。从实证主义哲学的角度看,科学研究的目的并不在于企图发现事物的内在本质,而是努力发现存在于现象之间的一致关系。因此,问题的提法不是"为什么",而是"怎么样"。在实证主义哲学思潮的影响下,19、20世纪之交,西方经济学不再研究以探索经济运动本质为己任的价值,而是转向了对效用、需求、价格等经济现象及其之间关系的实证研究。

或许有人要说,哲学是世界观、方法论的科学。任何学科当然都必须以一定的哲学为方法论基础,因此这个作数不得。

伦理学可以说是"殖民"经济学的另一个"帝国主义"学科。尽管时下国内一些经济学人坚持经济学是"无伦理"、"不讲道德"的,可是,从历史上看,经济学与伦理学却有着亲密的血缘关系。伦理学与经济学的联系,可以追溯到亚里士多德的《尼格马可伦理学》。直到近代,经济学还被视为是伦理学的一个分支。当年亚当·斯密任教于格拉斯哥大学,教职却是道德哲学教授而不是经济学教授。他的成名作《道德情操论》至今仍是伦理学的经典文献。边沁和穆勒既是著名的功利主义伦理学家,又是公认的经济学家。

伦理学对经济学的"殖民",在规范经济学领域表现得最为明显。熟悉福利经济学的读者都知道,常用的社会福利函数有②:

---

① 马克思:《资本论》(第一卷)第二版跋,人民出版社1975年版,第24页。
② 此外还有伯格森—萨缪尔森社会福利函数:$w=w(u_1, u_2, \Lambda, u_H)$,但它只是上述三种社会福利函数的通式。

经济学不是研究马尾巴功能的？

(1) 功利主义社会福利函数：$W(x) = \sum_{i=1}^{H} u_i(x)$

(2) 伯努利—纳什社会福利函数：$W = \prod_{i=1}^{H} u_i$

(3) 罗尔斯社会福利函数：$W = \min(u_i)$

这些社会福利函数都源于不同的伦理理论。功利主义社会福利函数和伯努利—纳什社会福利函数是功利主义伦理原则"最大多数人的最大幸福"的不同数学表现，建立在边沁提出的"社会利益是个人利益的量的累加"社会伦理思想基础上，区别是前者主张每个社会成员的效用是相等的，"每个人只算一个，谁也不比一个人更多一些"，因此，在平面直角坐标系中，它表现为斜率为-1的（也即向右下倾斜）45°社会无差异曲线（等福利直线），而后者主张边际效用递减，增加同样的收入，富人和穷人所获得的边际效用不同；因此，其图形表现为向右下倾斜的双曲等福利曲线。罗尔斯社会福利函数则表达了他的社会正义伦理思想：只有提高了社会最弱势群体的效用，才能提高社会福利水平，其图形是一簇从原点出发，沿45°射线扩散的等直角线。

可以这么说，如果没有伦理学，尤其是功利主义伦理学对经济学的"殖民"，一部福利经济学还真不知从何写起。因为，福利经济学的基本概念大多来自功利主义伦理学。"帕累托最优在福利经济学中的神圣地位是与功利主义在传统福利经济学中的神圣地位（在个人之间的效用可比性问题提出之前）密切地联系在一起的。"[①]

经济学号称是研究人类行为的科学。研究人类行为，必然对人类行为进行评价。经济学家如果不能以经济学家的身份对一个社会状态是否优于另一个社会状态做出规范性评价，显然其对社会状态实证研究的目的和意义也就难以得到说明。L. 罗宾斯尽管竭力想将伦理学从经济学中驱逐出去，但

---

① 阿马蒂亚·森：《伦理学与经济学》，商务印书馆2000年版，第41页。

是也不得不承认：经济学家如果不进入伦理学领域，就不能做出任何政策建议。①

伦理学对经济学的"殖民"痕迹，不仅见诸福利经济学、社会选择理论等规范经济学科，而且在实证经济学中也随处可见。效用是微观经济学的基本概念。在英文中，效用与功利是同一个词汇：utility，不仅如此，经济学中的效用概念就来源于边沁功利主义伦理学中的功利定义②；基数效用论建立在边沁的苦乐计算法基础上，而序数效用论的出现，则与穆勒、西季威克等后来的功利主义伦理学家区分了快乐的质与量，发现功利主义的个人幸福与社会公共幸福之间存在着的逻辑鸿沟有着密切联系；透过有关经济学原理，功利主义伦理原则甚至深入到具体的经济学分析方法中。在成本-效益分析中，判断被分析项目的效率水平，常常应用福利经济学中的补偿原则。补偿原则是以基数效用论、功利主义社会福利函数为基础的，而成本-效益分析中的社会成本效益分析，则是建立在伯努利-纳什社会福利函数基础上的。

在经济学中，是否还可以找出其他"帝国主义"学科"殖民"的痕迹？限于本人的知识范围，不敢妄言，但是，仅从上述几个学科之间的知识交融情况看，谁是"帝国主义"，谁是"殖民地"，还真是一笔算不清的糊涂账。如此说来，经济学人又何必以河伯自居沾沾自喜于本就虚无缥缈的"经济学帝国主义"而贻笑大方呢？

---

① 参见肯尼思·约瑟夫·阿罗：《社会选择：个性与多准则》，首都经贸大学出版社2000年版，第15页。
② 边沁的功利（utility）定义是："所谓功利，意即指一种外物给当事者求福避祸的那种特性，由于这种特性，该外物就趋于产生福泽、利益、快乐、善或幸福（所有这些，在目前情况下，都是一回事），或者防止对利益攸关之当事者的祸害：痛苦、恶或不幸（这些也都是一回事）。假如这里的当事者是泛指整个社会，那么幸福就是社会的幸福，假如是指某一个人，那么幸福就是那个人的幸福。" 见周辅成编：《西方伦理学名著选辑》（下卷），商务印书馆1996年版，第212页。

经济学不是研究马尾巴功能的？

腥风血雨《教科书》①

生活中常有这样的情况：看似熟悉的却是陌生的，看似陌生的却是熟悉的。在中国，但凡读过高中的，有几个不知道"社会主义基本经济规律"？上过大学的，有几个没有听老师讲过"社会主义经济规律体系"？但是，即使是在经济学界，今天60岁以下的学者中又有多少人通读过首次提出这些"规律"或"规律体系"的苏联1954年版《政治经济学教科书》（下）②？去年，我到国内一所著名大学演讲，曾问及听众，是否有读过此书的，举座哑然，面面相觑。其实，我也是不久前才读过的。说来，《教科书》也算是老朋友了。20世纪60年代末，我下乡插队，带去的几本书中就有它。带上它，不是因为兴趣和喜爱，而是经历了"文革"的风雨，见多了昨天还是"杰出的马克思主义理论家"今天就成了"什么学问也没有的大骗子"闹哄哄你方唱罢我登场的闹剧，懵懵懂懂地觉得要干革命还是要懂点革命理论。哲学、政治经济学、科学社会主义，虽不如《红楼梦》来得可亲可爱，毕竟是苦口良药啊。可是，当时的我如何看得懂！《教科书》随我下乡，回城，又进了大学。光阴似箭，我在大学经济系从助教混到了教授，《教科书》还是寂寞地躺在书架上。说实在的，这期间也曾有几次想会会这位社会主义政治经济学的老祖宗，可是那迎面扑来的说教嘴脸实在叫人难以忍受，于是退避三舍。

---

① 本文初次发表于《经济学家茶座》2004年第1辑，总第15辑。
② 苏联科学院经济研究所编的《政治经济学教科书》分上、下两册，上册为资本主义部分，下册为社会主义部分，上册以《资本论》、《帝国主义》为蓝本（当然也有不少错误的理解），下册则是斯大林的"创新"，此较传统的"社会主义政治经济学"基本以此为蓝本。本文所说，专指《政治经济学教科书》（下）（简称《教科书》）。在我看来，斯大林编《政治经济学教科书》，主要兴趣在下册。

终于下决心会会这位陪了我30来年的老朋友,缘起是一次讨论修订经济类专业课程计划的会议。不少教师反映:社会主义政治经济学这门课越来越难教,原有的理论体系几经调整,早已没有逻辑体系,经不起学问了。但是,学校当局却十分踌躇:社会主义大学的经济学专业怎么可以不开社会主义政治经济学呢?这不是把老祖宗给丢掉了?

我因此找出了这本尘封已久的老祖宗。①

真是经典不厌百回读。虽说是老朋友新会,一下子就读出了过去不曾注意到的一些问题。

问题一:《教科书》在结束语中总结了斯大林对社会主义政治经济学的一系列理论贡献。把它与《教科书》(下)的篇章对照一下,马上就可以发现传统社会主义政治经济学的理论体系不过是在解说斯大林对社会主义政治经济学的理论贡献而已。记得列昂节夫曾经说过:"把社会主义作为已经形成、正在运行和发展的经济制度进行马克思主义的分析,这一基本任务是由斯大林同志完成的。"斯大林"创立了社会主义政治经济学"②。如此看来,这位据说是苏联著名经济学家的老兄并不全是阿谀奉承。

问题二:斯大林对社会主义政治经济学的最重要理论贡献是"一国建成社会主义",《教科书》(下)的主线就是论证斯大林的"一国建成社会主义"理论。③

问题三:"一国建成社会主义"路线的对立面是"托洛茨基—布哈林之流的资本主义复辟者"所宣扬的"解除工人阶级武装的理论"。"托洛茨

---

① 都说社会主义政治经济学的老祖宗是马克思恩格斯,可老人家在世时就不认这个账(见《马克思致斐迪南·多梅拉·纽文胡斯》,《马克思恩格斯全集》(第35卷),人民出版社1976年版)。传统社会主义政治经济学的正宗老祖宗,应该是苏联1954年出版的《政治经济学教科书》(下)。

② Д.К.特里福诺夫、Л.Д.希罗科拉德编:《社会主义政治经济学史》,商务印书馆1994年版,第1章。

③ 苏联科学院经济研究所编:《政治经济学教科书》(下),人民出版社1955年版,第355—356页;《政治经济学教科书》(下),人民出版社1959年版,第679—680页。

经济学不是研究马尾巴功能的？

基—布哈林之流的资本主义复辟者被粉碎,是苏联顺利建成社会主义的必要条件。"① 苏联工业化成功是因为"共产党在反对社会主义的死敌——托洛茨基分子和布哈林分子的斗争中,坚持了国家工业化的方针"②。"集体农庄制度的胜利是同剥削阶级及其代理人托洛茨基分子和布哈林分子作坚决的斗争中取得的。"③ 看来,《教科书》的文字、观点都大有"文革"味:"一国建成社会主义"是党内路线斗争并且战胜了走资本主义道路当权派的结果。

可是,20世纪30年代莫斯科三次公开审判的被告:季诺维也夫、加米涅夫、拉狄克、布哈林、李可夫等,除了第一次公开审判的组织策划者之一的雅哥达之外,如今不是都平反了吗?他们作为马克思主义者、无产阶级革命家、十月革命领袖的名誉不都已经得到恢复,著作也重新出版并成为研究社会主义经济体制改革的重要思想来源之一了吗?既然如此,又该如何看待《教科书》呢?

于是又找了些书来读。

事情还得从十月革命讲起。众所周知,十月革命前,马克思主义理论家们的主要精力集中于分析资本主义生产方式,揭示其为更高级社会形态取代的历史必然性及其实现途径。至于未来社会主义社会的具体制度,则认为应由生活在其中的人们解决,因此只提出了一些极为粗略的设想。

十月革命提供了实践机会。此后数年,布尔什维克在政治、经济、军事等各个领域都进行了广泛的探索和实验。在国际上,成立共产国际,推动匈牙利、德国、波兰以及中国革命,希望实现世界革命;在国内,没收资本家工厂,由工人选举的工厂委员会管理,企图利用战时共产主义趋势取消商品经济,实行产品分配④,内战结束后,试行用民兵制取代常备军,党的领袖

---

① 苏联科学院经济研究所编:《政治经济学教科书》(下),人民出版社1955年版,第356页。
② 同上书,第376页。
③ 同上书,第389页。
④ 1917年苏俄以实物形式支付的工资占5%,1918年占48%,1919年占80%,1920年达93%。见《社会主义政治经济学史》,商务印书馆1994年版,第九章。

们在布列斯特和约,党、国家与工会的关系,社会主义原始积累等问题上展开激烈争论。一句话,激情燃烧的年代。

然而,严酷的社会经济现实使布尔什维克按照马克思主义理想建设社会主义的实验多数都失败了。俄国革命之后,世界无产阶级革命没有相继出现;内战虽然胜利了,苏俄却成为资本主义汪洋大海中的孤岛;战争摧毁了经济,内战结束时,"俄国国民收入仅仅等于1913年的1/3,工业生产不到战前的1/10,煤的产量不到战前的1/10,铸铁产量仅为正常产量的1/40,铁路遭到破坏,任何经济工作赖以开展的库存储备全部耗尽,城乡产品交换趋于停顿"①。1921年的大灾荒使俄国再次出现人吃人的惨相;施琅格塔得暴动使军事共产主义再也无法实行下去,只能退而实行新经济政策。

内战还彻底摧毁了俄国的社会结构,"社会各阶级在内战中疯狂地,毫不留情地彼此搏斗,如今除了农民之外,所有的阶级不是筋疲力尽,软弱无力,便是在搏斗中被碾成齑粉了"②。苏维埃政权的依靠力量——老一代产业工人阶级差不多消失了:原有的产业工人相当部分在内战中牺牲了,一部分则在各种政府机构担任要职,仍在工厂的不到战前的一半,不少是因逃避打仗而新进厂的人,他们阶级意志薄弱,因工厂停工、半停工,生活严重困难而意志消沉。工农群众中蕴涵着对当局的极大不满。

形势如此严峻,使维持并巩固布尔什维克政权成为第一要务,所有的政治经济社会理想都不得不向它让步。理想与现实之间的巨大矛盾使布尔什维克领导集体内部爆发了多次激烈的理论争论。1924年秋,作为对苏俄被围困、被孤立现实的回应,斯大林提出"一国建成社会主义",托洛茨基坚持的"不断革命论"受到严厉批判。③帝国主义包围中,国家不能消亡,相反,要大力强化国家机器;民兵制实验被取消了,恢复了常备军制度;由于国内经济严重困

---

① 伊·多伊彻:《先知三部曲》(第二卷),中央编译出版社1998年版,第一章。
② 同上。
③ 其实,十月革命前夕,斯大林也主张"不断革命论",见斯大林:《在俄国社会民主工党(布)第六次代表大会上的讲话》,《斯大林全集》(第3卷),人民出版社1958年版,第166页。

经济学不是研究马尾巴功能的?

难,工人阶级已经涣散并失去其阶级地位,意志沮丧,如果按照巴黎公社原则选举政府工作人员并根据工农群众意见随时撤换,势必难以维持布尔什维克政权。各级党政工作人员的委任制取代了选举制,逐渐形成了听命于上级,有着自身特殊利益的官僚系统[①];为了实现国家对经济的全面控制,在国有企业取消了工厂委员会管理,实行厂长经理委任制;在农业与商业领域恢复和鼓励私营经济发展;在处理工农、城乡关系上,布哈林倾向于向农民让步,发出了"发财吧"的著名呼吁,而普列奥布拉任斯基要求依靠剥夺农民实现"社会主义原始积累",几经摇摆之后,斯大林于1928年强制实行农业集体化。集体化之后,集体农庄领导人也由政府委派。最终形成了以生产资料国有制、准国有制为基础,党政官僚垄断控制全社会政治经济资源的集权体制。

这一过程伴随着激烈的党内政治斗争。到20世纪30年代中期,斯大林运用残酷斗争手段,先后击败并从肉体上消灭了党内各反对派别,确立了他对党和国家的绝对领导地位。武功毕则修文事,他开始构建自己的理论体系,树立其唯一理论权威地位。50年代,苏联著名哲学家德波林给赫鲁晓夫的信中披露了这一事实:"1930年年底,当时的宣传鼓动部主任向我宣布,从现在起,要在各个领域包括哲学领域在内确立一个权威。这个权威就是我们的领袖斯大林。"[②] 斯大林拟建立的理论体系包括党史、哲学和政治经济学。1936年秋,联共(布)中央通过了关于政治经济学教学大纲和教科书的决议。集权统治与政治恐怖之下,理论创新成为领袖专利,经济学家噤若寒蝉,唯唯诺诺,岂敢越雷池半步,经济学界一片凋零,万马齐喑。因此,虽然1938年斯大林发表了他的哲学著作《论辩证唯物主义和

---

① 曼德尔"将官僚集团定义为将原由群众自己行使的行政职权据为己有的一个新的社会阶层"。认为"官僚并不是组织、集中化、行使权威的同义语,它意味着权力**为一个脱离全社会并职业化的特殊的(专门化的)职能集团所篡夺**"。"它窃取权力的过程是以干部的逆向选择机制为媒介的。"见曼德尔:《权力与货币——马克思主义的官僚理论》,中央编译出版社2002年版,第8、259页,黑体字是原有的。

② 尼·尼马斯洛夫:《斯大林主义的意识形态:形成的历史及其实质》,见李宗禹编,《国外学者论斯大林模式》(下),中央编译出版社1995年版,第858页。

历史唯物主义》，同年，联共（布）中央特设委员会编的《联共（布）历史简明教程》经中央审定出版，但苏联科学院经济研究所于30年代后半期开始编写，计划1938年完成的政治经济学教科书，却没有完成。一直拖到战后，在斯大林亲自主持下才得以完成。①

这就是《教科书》形成的历史背景。《教科书》与20世纪20—30年代联共党内斗争纠缠在一起，其科学性也就在相当程度上取决于这一段历史的是与非。

从今天的眼光看，20—30年代联共党内的理论与路线争论，基本上是一个新生社会的领导者们对这个社会发展方向、实现道路、政策的探索。探索未知世界，难免意见分歧。但是，在不正常的政治环境下，理论争论与党内权力斗争搅在一起，无法形成正常的理论探讨氛围，最后出现了悲剧性的相反结果：党内权力斗争的胜负结果成为判别理论是非的标准，甚至……

弄清楚了《教科书》形成的历史背景，对《教科书》的评价也就大致有了。

这是一部伪造、歪曲历史，为斯大林的错误政治经济实践进行肯定性图解的《教科书》。经历过"文革"的人都知道，在这样一个连大作家阿·托尔斯泰也匍匐在斯大林面前讴歌："您，各民族的灿烂的太阳，我们时代的不落的太阳，太阳也比不上您，因为太阳没有智慧……"的时代，在这样一个连电报局职员也知道，如果打给斯大林的电报，不称他为人民的父亲，或伟大的导师，或天才，他们就不能接发这个电报的时代②，所产生的经济学理论会有多少的科学性。

这是一部为斯大林的"一国建成社会主义"理论正名的《教科书》。由此而来的传统社会主义政治经济学理论体系实际上是斯大林体系。今天，当历史逐渐恢复其本来面目时，继续把斯大林模式及其理论不加分析

---

① 《社会主义政治经济学史》，商务印书馆1994年版，第1章。
② 安德烈·纪德：《访苏联归来》，《纪德文集·游记卷》，花城出版社2001年版，第34—35页。

经济学不是研究马尾巴功能的？

地视为马克思主义的唯一正宗,显然不是实事求是的态度,从实践角度看,它已经失败了。

这是一部服务于20世纪20—30年代联共党内斗争政治需要的《教科书》。只要想一想"1936—1939年间因政治原因进行的清洗涉及400万—500万人,其中10%的人被枪决"①,就连号称"胜利者的代表大会"的"联共(布)第17次代表大会的代表也约有80%被镇压,这次代表大会选出的139名中央委员和候补中央委员中,在1939年举行的第十八次代表大会上重新当选的仅有27人。大多数中央委员被逮捕和从肉体上消灭,只有7人是自然死亡,有3人早在'大恐怖'到来之前就已自杀身亡"②,你在发黄的书页里,也就不难依稀看见大清洗牺牲者的鲜血……

幸好,苏联历史上的这一页,终于翻过去了。然而,我知道,即使今天,在中国,也还有些学者仍然认为《教科书》的观点基本上是马克思主义的,因此,由此而来的传统社会主义政治经济学的理论基点、逻辑体系还必须维持。我想,当了解了《教科书》背后的腥风血雨,对于《教科书》的这种历史误会,对于《教科书》附加在马克思主义名下的错误观点,或许我们应该做点什么?

---

① 贝拉迪·拉斯洛、克劳斯·塔乌沙:《斯大林——历史概述》,载李宗禹编,《国外学者论斯大林模式》(下),中央编译出版社1995年版,第608页。吴恩远的考证数字是:1937—1938年被枪杀的政治犯人数是68.1692万人,见《廓清一个历史真相——苏联三十年代大清洗人数考》,载《读书》2003年第11期。

② 贝拉迪·拉斯洛、克劳斯·塔乌沙:《斯大林——历史概述》,载李宗禹编,《国外学者论斯大林模式》(下),中央编译出版社1995年版,第608页。

艺术精品、市场与政府
——经济学视角的一曲乱弹[1]

夫人下班回来，拿出两张系里发的戏票，说是某著名舞剧团来厦演出。新编剧目，演周文雍和陈铁军的故事，只在厦门演出三场哩。恰好刚看到《厦门日报》的有关报道："红色风暴震撼厦门"，加之很久没有上剧院看戏了，难得有此机会，便欣然前往。

演出之前，报幕员首先致词感谢某公司的赞助，使演出得到经费支持，并欣然宣布，为了答谢观众对高雅艺术的支持，公司还慷慨地提供了抽奖机会。当场抽出了幸运观众。掌声中，一个小姑娘兴高采烈地走上台去，抱走了一台彩电。接着，演出开始。

但是，随着演出的进行，欣然而来的我却渐渐失望了。

戏太粗糙。风起云涌的大革命，在舞台上仅仅表现为一群年轻的革命者和工农兵群众集会、散发传单，蹦来跳去地高举拳头；"四·一二"反革命政变，舞台上只见一群穿着褐色军大衣的白军射杀工农群众。大革命失败了，转入地下的周文雍和陈铁军，假扮夫妻从事地下工作。但是，地下工作，也不过是几个革命者在小屋秘密集会，没有具体的故事情节，一笔带过。接下来的是周文雍和陈铁军两人围着一张床的大段舞蹈，想必编导是想借此表现两人在工作中产生了爱情但却十分纯洁吧，然而却叫我提心吊胆：不知道演员下一步将要演出点什么！广州起义和最后的刑场婚礼、就义，也基本上是概念的演绎，显得苍白无力。

一位坐在旁边的同事不胜遗憾地摇了摇头："一张票380元啊（还只是

---

[1] 本文初次发表于《经济学家茶座》2005年第2辑，总第20辑。

经济学不是研究马尾巴功能的?

二等座哦),要让自己掏钱,我是不会买的。"

年轻的革命者周文雍和陈铁军烈士在刑场上从容面对屠刀,毅然宣布婚礼,用敌人的枪声作为他们的结婚礼炮,是中国革命史上永远令人为之热血沸腾的故事。尽管历史本身已经如此感人,套用恩格斯的一句话,可谓典型环境中的典型人物,但是,令人遗憾,舞剧却如此苍白,缺乏引人入胜的戏剧情节。俗话说,没有戏,又怎么能叫熟知这段史实或对此一无所知的观众走进剧场坐到终场,甚至再来呢?难道仅仅依靠对先烈的景仰吗?

带着遗憾走出剧场,不由得想起了一些老戏。这些经典名作,至今还常在舞台上上演。尽管观众早已熟知戏剧情节,甚至演员的一招一式、唱腔流派,可是仍然不厌其烦地欣赏。沉醉其中的观众时而闭目击节,低声唱和,时而高声叫好,赞不绝口。台上台下,水乳交融,共同把演出推向高潮。君不见,《三岔口》、《空城计》、《四小天鹅舞曲》、《今夜无人入睡》……多少名段,至今仍是各个晚会上掌声不绝的节目。然而,我们的文华奖剧目,一阵热闹过去,却似乎少有成为舞台上盛演不衰、卖座叫好的保留剧目,晚会上搬演的小段。振兴京剧,光大国粹,还是靠那些上演了几十甚至上百年的老剧目撑台面,乃至每逢晚会,必是打不完的《三岔口》,唱不完的《空城计》,岂不叫人丧气!

戏是磨出来的。有道是初生之子,其形必丑。人如此,戏也如此。一个戏刚刚创作出来,必定有许多不完善之处,只有不断地修改,才能使它日臻完善,成为精品,百年盛演不衰。已故著名京剧艺术家姜妙香老先生是梅兰芳先生的老搭档。他在回忆梅兰芳的文章中,就曾记述了许多梅兰芳先生根据观众的批评意见,自己演出体会,不断琢磨,边演边改,使之成为精品的动人故事。①

但是,戏要磨,重要前提之一是戏能常演。只有不断地重复上演,才能在观众的批评与演员、编导的不断自省中修改,逐渐出戏,使每个细节都引

---

① 姜妙香:《追怀往事——悼兰芳弟》,《戏剧报》,1961 年第 15—16 期。

艺术精品、市场与政府

人入胜，令人欲罢不能。久而久之，无数闪光的戏剧情节、动作、唱腔、音乐和舞美逐渐有机地融为一体，戏也就成为精品和经典。

戏要常演，前提是戏有观众，人民群众有着对戏剧的巨大而稳定的市场需求。因为，自己掏钱买票进戏院看戏的观众，必定是最挑剔的观众。他们自己掏钱买票，自然希望得到最好的服务。他们的批评，是尖锐的，但也是最真诚的，因为他们希望付出的钱能得到最大的艺术享受。自己掏腰包买票看戏的观众才是艺术真正的欣赏者、真诚的批评者、艺术家真正的良师益友、艺术创作最伟大的合作者。他们对艺术的市场需求是剧目重复上演的坚实物质基础。他们的尖锐批评逼迫艺术家在重复上演中不断地修改剧目，提高演出水平。拒绝者将毫不留情地被淘汰。他们的市场选择是对艺术的最好选票。观众批评，犹如大浪淘沙，冲掉黄沙，留下真金；犹如琢玉之器，琢玉成器，磨砺出耀眼的艺术光芒。

戏要常有观众，前提是戏票不能太贵。一张戏票动辄数百元，一家三口看回戏，几乎要耗尽一个月的伙食费。寻常百姓纵然有心看戏，可又如何能常进剧场？失去了自己掏腰包买票看戏的观众，戏剧艺术也就没有了市场需求，艺术家也就失去了衣食父母。衣食尚且不继，还谈什么十年磨一戏？

或问，没有观众对戏剧艺术的市场需求，政府不是也可以动用财政资金资助高雅艺术吗？在政府的财政支持下，没有市场需求，艺术家们不是也可以年年创作出一台台的新戏吗？有政府的资助而无市场需求，难道就不能出艺术精品吗？我的答案是：有政府资助而无市场需求，要年年有新戏，不难，但是，要创作出艺术精品、传世之作，获得观众认可、市场承认，因此传之久远，难。因为，政府对艺术的财政资助方式无非两种。一种是对艺术团体的常年财政拨款，另一种是对创作新剧目的一次性财政补助。前者是计划经济时代的通常做法。艺术团体吃皇粮，演不演戏，与员工收入无关。有了皇粮，剧场里没有观众，尽可以少演甚至不演，少演还少受累呢。当然，政府也可以像管理国有企业一样，制定考核指标：一年要创作多少新戏，演出多少场次，等等，但是，当观众不是上帝，而是教育的对象、恩赐的对象

063

经济学不是研究马尾巴功能的？

时，你能指望什么？给你演一回就不错了，你还要挑三拣四？乖乖地坐下来看！而短缺更进一步颠倒了观众与艺术家的关系。在这种机制下，艺术家们势必更多地考虑政府这一艺术赞助人的要求，对艺术的追求异化为对政府官员对剧目的种种非艺术考虑的迎合。盯住政府钱包的艺术团体，犹如传统的国有企业，观众的需求、批评并不构成它们改进艺术的市场压力。君不见，计划经济时代，出过多少服务于一时的中心任务，经不起历史考验的短平快，到如今，时过境迁，大浪淘沙，又曾留下了几部传世之作？政府对艺术财政资助的另一种方式是对创作新剧目进行一次性财政补助。这种情况我们在计划经济时代甚至今天仍然可以看到。大凡政府对创作新剧目给予一次性财政补助，往往缘起于上级政府部门要举行文艺汇演或是评奖，有关主管部门因此拨给艺术团体一笔创作新剧目参加汇演评奖的财政拨款。于是，在既定时间内，急急忙忙地选题材，编剧本，排练，为汇演和评奖而演出。汇演、评奖完了，虽然获奖但艺术上仍显粗糙需要精工雕琢的新剧目却少有观众买账，于是，为了保障票房收入起见，还是先将新戏收进戏箱里，重新搬演多年叫座的老剧目吧，这是最保险的做法。第二年，有关部门又要汇演、评奖了。怎么办呢？你总不能再拿去年编的剧目去应付吧，那样，评奖肯定没戏，而且这又怎么好张口向主管部门要钱呢？还是再造计划，重新编它一个吧。这样做，虽然师出有名，容易获得资助，但结果却不能不是：狗熊闯进了苞米地，折腾了半天，还是只剩一个没熟的青玉米夹在胳肢窝下。

没有自己掏腰包买票进戏院看戏的观众，艺术也就失去了它最挑剔的批评者同时也是最伟大的合作者，艺术家也就失去了检验自己作品艺术魅力的机会。没有市场的支持，剧目也就失去重复上演，从而十年磨一戏的可能。由于不能经常重复上演，演出成本自然越来越高。数百元一张的戏票，平民百姓即使有心看戏，也只能摸摸腰包，敬谢不敏。恶性循环之下，"高雅艺术"也只能是越来越"高雅"起来，阳春白雪，曲高和寡，因此不能不越来越仰仗财政补贴，公司赞助，公款买票，甚至抽奖奖励！固然，剧场里因此来了观众，可是，俗话说得好：赠马不问岁口，你能指望拿着赠票期望中大奖偶然进一回剧场的观众对"高雅艺术"的真诚批评吗？

结论：失去了经常自掏腰包买票看戏的平民观众，艺术也就失去了自我生存的市场基础，政府的补贴固然可以使剧团年年推出新戏，但是，我们期待的真正艺术精品却因为市场萎缩，日益成为可望而不可即的海上仙山、海市蜃楼。或许有人说，这不过是不懂艺术却杞人忧天的经济学家的一曲乱弹，但在下却认为它未必就是危言耸听哩。

经济学不是研究马尾巴功能的？

形似与神似①

翁方纲和刘石庵是乾嘉年间的两个书法家。翁方纲一生研究书法，讲究"笔笔有来历"，刘石庵却是转益多师，自成一派。翁的女婿正好是刘的学生。一日，女婿与岳翁谈起老师的书法，翁方纲不屑地揶揄道：回去问问令尊师，他的字哪一笔是古人的？学生老实，向老师转达了岳父的问题，石庵笑曰：令岳翁的字又哪一笔是他自己的？

笔笔有来历、字字是古人与我手写我心、字字是自己，这种追求形似与追求神似的分歧似乎比比皆是。共运史上，列宁的建党原则，就与马克思第一国际、恩格斯第二国际的不同；十月革命，一国革命首先胜利论，也不见诸于《马克思恩格斯全集》；毛泽东的农村包围城市，好久都被认为是异端，当时的正宗倒是"海归派"王明。结果如何呢？

经济学虽是舶来品，但却有过乾嘉学风浓厚的时代。做研究写文章，讲究的是笔笔有来历，字字是古人，句句有出处，篇篇有依据，至于与实践合不合，解决不解决现实问题，倒在其次。以我之愚见，如此"坚持"，形似而已。相反，《论十大关系》、《关于正确处理人民内部矛盾的问题》、小平同志的诸多文章和讲话，通篇反倒不见有多少引文，承袭多少现成结论。历史上，这种研究常被视为离经叛道，实践证明却是应用马克思主义立场观点方法解决当代重大现实问题的神品，真正坚持和发展了马克思主义。

"效《楚辞》者必不如《楚辞》，效《七发》者必不如《七发》。"翁方纲的字不如刘墉，但还不失艺术价值，也不妨看看。可是，胶柱鼓瑟、刻舟求剑的经济学，不但毫无用处，而且是要误国害民的呀。唐代改革家兼诗人刘禹锡曰：劝君莫奏前朝曲，请听新翻杨柳枝！身处日新月异的历史变革时代，难道我们不该有此气魄吗？

---

① 本文发表于《经济学家茶座》2005年第3辑，总第21辑。

公园断想①

都说厦门大学美。我以为，厦门大学之美，一大半应归功于它的创建者陈嘉庚先生。先生可谓慧眼独具，建校之初就为厦大挑了这么一个校址：厦门岛西南岸，明初江夏侯周德兴筑城御敌之所，明末国姓爷郑成功扎营练兵之地。青石红瓦或是红砖绿瓦的嘉庚式建筑群坐北朝南，依山伴海地一字迤逶摆开，校园背后，是厦门岛的主峰——五老峰，校园前面，是白城海滨浴场，东边紧挨着胡里山炮台。两次鸦片战争的遗址，洋务运动留下的世界最大的克虏伯大炮，至今还在向人们述说着中国近代史的百年沧桑。西边则与闽南名刹南普陀寺相接，寺内及周围，太虚、弘一法师等诸多名僧雅士的遗迹随处可见，供人登临凭吊。

当年在厦门大学工作、学习的学子是有福的：春末至初秋，一出校门就可以纵身大海，弄潮击水；一年四季都可以登山远足，眺望山海。

记得当学生时，傍晚散步的一个好去处是南普陀。当年的学生多是无神论者，对破败寺院里那些造型呆板的泥菩萨没有多大兴趣。令我们流连忘返的是寺后山上的怪石、老树、小径和石塔（其实是些大和尚墓）。曲径通幽处，成就了几多良缘！但是，好景不长。不久，南普陀去不成了。因为落实宗教政策，南普陀寺又住进了一伙和尚。和尚也是人，要吃饭，就不能白白地普度众生嘛。充分利用一切可以利用的资源创收，这一市场经济法则在社会主义市场经济条件下的佛门净土也是一体适用的。于是，寺院门口派上了两个门子，不论是来烧香拜佛还是来瞻仰寺景的，一律买票入内。② 大学

---

① 本文发表于《经济学家茶座》2006 年第 1 辑，总第 23 辑。
② 2010 年起，南普陀寺不再收门票，而且免费赠送进香者每人一炷香。南普陀取消门票，对于旅行社来说，等于凭空增添了一处免费景点，因此纷纷将此地纳入厦门旅游线路，游人香客因此更增。可以想见，众多游客捐赠的香油灯烛钱等有可能远远超过免收门票而减少的收入，而且由于这是布施不是营业收入，也就不必纳税。

经济学不是研究马尾巴功能的？

生虽然向有"丘九"的恶名，但也还知书达理，一般不随便闹事，不让进，至多口中骂上一句："这厮贼秃好生无礼，竟敢问爷要门票。"脚还是向后转，回去了。

还有后山可以爬。厦大后山直通五老峰，沿着一条据说是当年日本鬼子占领厦门时修建的破败盘山公路走不远，经过"情人谷"上的"卡桑德拉大桥"[①]，长满台湾相思树的五老峰就在眼前了。相思树是厦门绿化的当家树种，平时很不起眼，但是每年初夏，树上就长满了绒球般的小黄花。花虽小，但是多而密，挤在一起，就热闹了。花盛时节，能把树染黄了，把山染黄了。蒙蒙细雨中，满山鹅黄，真是他乡难得一见、足以让游子梦魂牵绕的厦门一景。五老峰北麓山脚下，是万石植物园，当年荒芜得很，印象深刻的是那个人迹稀少的水库。同学少年，常到水库附近野炊，吃饱喝足了，就躺在溪畔的浓荫下唱歌，同学们此起彼落，彼此应和，唱遍了心中所有的歌。

多年来，登五老峰一直是厦大工会活动的老项目。平时待在书斋、实验室里的教工们难得聚在一起，爬爬山，出身透汗，既锻炼身体，也叙友情，交流研究心得，真是项身心俱乐的活动。可是不知为什么，近三四年来，一年一度的工会活动却改成了沿环岛路散步。数千教工，扛着系旗，浩浩荡荡地在大马路上走，不知道的还以为是游行了呢。我原以为此举是照顾年老教工腿脚不便，可是一问，不是这么回事。原因是，当年自由出入的万石植物园，如今要收门票了，每人20元。[②] 对于有数千教工的厦大来说，这可是一笔不小的开支。节约起见，工会只好改走不要钱的环岛路了。

[①] 2011年，终于有发达了的好事之徒觉得"情人谷"在政治上不够正确，捐了一笔款，将周边环境整治了一番，改其名为"思源谷"。捐款建设，是行善，好事。但是，更名之举，却颇有股冬烘味。厦大师生至今不买账，仍称此地为"情人谷"，这也是可以料想而且更名者无可奈何的事。"情人谷"上的公路桥，据说是日军占领厦门时修的，多年失修，破败不堪，摇摇欲坠，当年曾被厦大师生戏称为"卡桑德拉大桥"。现已修葺一新，不复再有当年摇摇欲坠之感。

[②] 过了年，门票又涨了一倍，现在是每票40元了。

公园断想

园林部门这些年在万石植物园投了不少钱,划出一片人工景区,入内收钱,也未尝不可。可是五老峰是上帝的礼物,天地造化的自然景观,总可以随便走走吧。星期天,我和妻子起个大早,想爬五老峰去。谁知刚过"卡桑德拉大桥",山路就被一座大门拦住了。"售票处"三个大字赫然在目。我问妻子:"整个五老峰怎么都成了万石植物园了?"近来常去登山的她看了看手表,顾不上搭话,急忙忙拉我溜进了无人看守的大门,走出百十米,这才对我说:"7点半,看门的就来了,那时可就得掏40元了哩。"

山景与当年没有什么差别。山还是那个山,树还是那些树,草还是那些草,唯一有所改善是山路,稍微修整了一下。难道这就是把原先市民自由出入的五老峰一整片天然林划入植物园的根据吗?我正感叹着,妻拉了拉我的袖子。我才注意到,路旁林间草丛中拉起了不少铁丝网!原来,把一整座连绵数十里的群山用围墙围起来,对于管理处来说,是个力不能及的工程,只好在可以入山的地段或是入山后能够斜插入登山主道的地方都拉上铁丝网。看来,不论是在美国还是中国,铁丝网还都是保护公私产权的利器啊。可是,"小人喻于利",那些有经常登山锻炼嗜好的"小人"们,公然蔑视管理处的所有者(?)资格和管制者权威,在原来没有人迹的地方踩出了一条条向五老峰进发的小道①,于是管理处当局就到处亡羊补牢,这里拉上一段铁丝网,那里设上一个临时售票口,有些地方只是就近砍下三根树枝,搭个门形,就派上人卖票了,有人说,还有带着狗的流动哨,谢天谢地,那天我没有遇到!

类似的事情这些年见多了。多少山野无人之地,风景优美,空气清新,养在深闺人未知。有一天,突然来了位有商业头脑的官员,游览一回,感叹一番:这么好的资源,怎么就浪费了呢?完全可以大力开发旅游产业嘛。于是,修修道路,在路口砌起两个大水泥墩子,挂上块牌子:"×××风景区",就好发展"旅游业",坐地收钱了。经营城市之风是如此之盛,连多

---

① 近日看央视《马斌读报》,说有些网站上出现了"公园逃票地图"。看来这到处拦道收票的现象不是个别的。

经济学不是研究马尾巴功能的？

年的老"资源"也要重新掂量重新挖掘。前两年,不知是哪个好事之徒鼓吹鼓浪屿不仅是厦门的名片,而且是厦门的巨大资源,怎么就守着金饭碗讨饭呢?完全可以向每个上岛的游客收它百儿八十的,一年下来,那可就是数以亿计的收入啊。有关部门如梦初醒,立即兴致勃勃地设计方案,召开专家论证会。听说,与会专家的论证决议是:方案可行,利国利民,建议实施。一时间,闹得沸沸扬扬。不少市民,多年不上岛了,周末赶紧带着老婆孩子去一趟。过了年,可就得花上好几百了呢。① 以小人之心度君子之腹的家伙传说:这两年城市住宅涨价,与一些地方政府暗地里推波助澜有关,土地批租收入如今可是地方政府不小的一块财源啊。水不涨,船能高吗?

这些事情听多见多了,不免一番感叹:这是怎么了?能这么着吗?

如果没有记错的话,过去并不是这样的。20世纪80年代初,我在世界银行的一个讲习班学习,来授课的洋专家显然不怀好意地对我们说:在中国,做一个工程师要比做一个经济学家幸福多了。中国的企业,是工程师的天堂,经济学家的地狱。企业如此,作为国有企业大老板的政府又何尝不是如此?那时,书记们虽然不再讲"宁要社会主义的草,不要资本主义的苗"这样的混账话了,可是多年的计划经济习惯使然,还是政治第一,经济账是不大算的。可是,这才过去多少年,各级地方政府官员像是换了个脑袋似的,倒腾起买卖来,贼精贼精的。有一天,一位搞经济学的朋友突然问我:"你注意过这些年的政府工作报告没有?"我茫然地摇了摇头。朋友说:"我曾经比较过国内这些年来不少地方的政府工作报告和世界上一些大公司的董事会年度报告。一大发现是:除去开头结尾,这些政府报告的主要内容就像是份公司董事会的报告!过去一年本地的经济发展情况,下一年的经济发展目标,产业结构调整,地区发展布局,重大项目,预计收入增长及分配结构,主要政策措施。公司的董事会报告,不也大致这些内容吗?公司去年的经营状况,下一年的业务发展目标,主营业务结构,重点投资地区,重大项目,

---

① 幸好,鼓浪屿票改方案即将投入实施之时,传来了杭州西湖停止收票的消息。一片嘘声之中,票改方案悄然流产。我们因此今天还能享受免费上岛的福祉。

公园断想

预计收益及收益分配政策,主要政策措施,等等。"朋友戏称:这是政府职能公司化,官员形象企业家化。可是,这一切是从哪里开始的呢?答曰:始于1984年的地方财政包干。正是地方财政大包干,使多年关注政治账的书记们突然发现:政治只不过是经济的集中表现!是的,钱不是万能的,可是没有钱却绝对是万万不能的。没有钱,你能干什么?你啥也不能干,还能指望实现政治抱负、社会理想、个人进步吗?财政包干使地方经济增长、地方财政收入与书记们的社会宏图、政治前程紧紧地联系起来了。还有什么能比这有更强的激励?于是乎,几年下来,书记们都渐渐成了CEO。事关发展大局、个人前程,能不重商、亲商、爱商吗?不然拿什么提高经济增长率?不好好经营一下城市,地价上不去,地方财政靠什么?

有道是:吴王好剑客,百姓多创瘢;楚王好细腰,宫中多饿死。书记如此,局长主任们岂能不认真打量一下我这一亩三分地,有什么潜力可以好好挖掘一下。有钱的部门,啥事不好办?上缴财政,脸上有光;开展工作,政绩可嘉;迎来送往,渠道顺畅;发放福利,群众拥戴。谁不知道有钱真好?可钱从哪里来?得像南普陀的和尚一样,靠自己挣!于是,公安局开起了照相馆,统计局卖起了统计数据,园林部门打起了无主山野的主意……

渐渐地,老百姓发现:政府提供的服务,可以不花钱享用的好像越来越少了,公共产品渐渐变成了私人产品,卖它的却是以提供公共产品为己任的政府部门。连世世代代不要一文钱的明月清风,也变成了凭票入内的风景。①

不免问一句,政府是干什么的?市场经济中的政府职能,已经是经济学

---

① 这个观察似乎一定程度上得到印证:在最近召开的中欧政府管理高层论坛——"中国和欧洲国家公共服务创新"上,与会者指出:中国政府的公共服务职能还比较薄弱,还存在许多亟待解决的突出问题。政府直接用于经济建设服务的费用明显偏高,而用于社会服务的费用仍然偏低。2003年中央财政用于教育、卫生、科技、文化、体育事业的投入是855亿元,仅占当年中央财政总支出的5.46%左右。据世界银行统计,1994—1997年高收入国家公共教育支出占GNP的百分比约为5.4%,欧盟国家这一比重为5.3%,而中国同期的比重只有2.3%。1990—1998年,高收入国家的公共卫生保健支出占GNP的百分比为6.0%,欧盟国家这一比重为6.7%,而中国同期的比重只有2.0%,见《学习时报》,2006年3月15日。

经济学不是研究马尾巴功能的？

原理中的ABC，自不必在下饶舌。可是，在以经济建设为中心的目标设定＋财政大包干体制的制度设计下，政府的职能能够正常行使吗？各级政府都以经济建设为中心①，能不使"政府直接用于经济建设服务的费用明显偏高，而用于社会服务的费用仍然偏低"吗？以GDP为目标，在资本稀缺、劳力过剩的情况下，政府向投资者利益倾斜，忽视劳工利益，好像也是挡不住的诱惑；财政包干，能不刺激有关部门在提供公共产品、社会服务时精打细算，开源节流吗？

可是，政府能这么做吗？在确定政府公权与个人私权的范围方面，应当遵循什么原则？政府是否有权把所管辖的城市变成营利的资产，从而侵犯居民世代享有的权利？写到这里，不由得想起了诺齐克的名言："个人拥有权利。有些事情是任何他人或团体都不能对他们做的，做了就要侵犯他们的权利。这些权利如此强有力和广泛，乃至引出了国家及其官员能做些什么事情的问题（如果能做些事情的话）。"② 诺齐克认为，国家的权利来自个人，因此，国家的权利不大于个人权利。一国的百姓通过一定程序，把部分个人权利移交给国家，形成了国家权利。国家只能在百姓授权的范围内，行使公共权力，如果需要超出这个范围，必须得到百姓新的授权。套用承包制的一句老话：留足国家的，剩下的都是自己的。当然，倒过来的思路也是有的：全部权利属于国家，国家给个人活动留下有限的空间，剩下的全是国家的。就是那留给个人的，政府什么时候想再要一点，拿来就是了，整体利益优先嘛。哪一种思路更为合理一些呢？

在下愚昧，想了半天，觉得好像还是诺齐克的思路更合适一些。突然记起，有人说诺齐克是自由主义者，顿时吓出一身冷汗。如此，还是赶快打住吧。

---

① 笔者认为，从"阶级斗争为纲"到"以经济建设为中心"是巨大的历史进步，但是，市场经济中，是社会以发展经济为中心，而政府却不应当成为当地GDP增长率的最后责任人。

② 罗伯特·诺齐克：《无政府、国家与乌托邦》，中国社会科学出版社1991年版，第1页。

旧文新刊①

笔者弁言：来过本人主页的看官都知道，不仅这篇而且此前贴出去的十来篇都是隔夜冷饭，不少还隔了多夜——就这，还是把年算做夜的结果。如此下策，都是因为一不小心上了陈光副院长的当。那天，学院实验室的同志告知：为了鼓励大家参加个人网页大赛，学院规定了一个政策，只要教师注册了博客，建立了个人网页，无论好坏，都给予一定奖励。我是当过知青的，多年来一个工都只挣个三角五角的。穷惯了，也穷怕了。因此，至今仍把钱看得很大。想当年毛主席他老人家资助咱福建老乡李庆霖"聊补无米之炊"也不过是"寄上三百元"，可是据说一直到"四人帮"倒台，庆霖老叔都还没有用完呢。多年通货膨胀，如今钱当然不那么值钱了。可是，就冲这，咱们就更应该颗粒归仓了不是？一时爱小，兴冲冲地注了册。过了两天，才发现是被陈光同志哄上了套。博客这东西一点也不好玩：你有博客，总不能上面一点东西也没有吧？怎么办好呢？好歹得弄点东西来遮遮丑。新的一时没有，就只好翻箱倒柜地找点陈谷子烂芝麻的摆地摊，乘着夜黑糊弄人。渐渐地，历年的陈粮也有捣腾殆尽时，可是当年的新粮却还没下来！青黄不接，你还不能怠慢了列位看官——这可恶的博客哪里是博客一笑，简直就是个与客相搏的擂台——怎么办呢？只能退而求其次，弄点瓜菜代度日了：这回贴出去的是去年想卖而没有卖出去的玩意儿。

贴出之前再看了一遍，不胜感叹：文章好像写得还不算坏，怎么主编大人就看不上呢？总得给自己的失败找个说法呀，不然也太没面子了不是？想了半天，总算有了：别看这些年来经济学家看上去很风光——依我看，看上去不太风光的文史哲学者好像也是如此——其实还是文史星历。太史公曰：

---

① 此文写于2006年5月，2006年5月6日在厦门大学经济学院教师博客上贴出。

经济学不是研究马尾巴功能的？

"文史星历，近乎卜祝之间，固主上戏弄，倡优蓄之，流俗之所轻也。"①别看咱们平日里帮忙帮闲，忙里忙外，满头大汗的还顶不了什么事，可是，一旦有事，顶缸的还就是你。一些媒体，没事还要弄点花边新闻炒炒呢，如今假洋人发了话，那还不可着劲地跟着上？拿着学者开涮的感觉，可是比炒明星的绯闻强多了去。你若不识相，还要辩解两句，不理你算是轻的，若还要喋喋不休，扰人清梦，胶带可就等着了。如此说来，还做着天降大任、改造社会、舍我其谁的精英春梦，因此自我感觉良好的经济学家们（以及文学家、历史学家和哲学家们），说白了，其实不过是阮玲玉之辈，可怜的另类弱势群体而已。

如此说回来，咱还是得感谢陈光同志啊，固然他居心叵测，为挣点击率把咱们都哄上了套，自己躲在一边偷着乐，可咱们也因此弄个鼓敲敲，有冤的喊冤，有喜的报喜，您说是不？

附：

为《中国经济学家的奇谈怪论》一文
致《厦门日报》主编信

厦门日报社尊敬的主编先生：

我是贵报的老读者，也是一位从事经济学近三十年的教师。今天读了贵社主办的《厦门晚报》昨天发表的《中国经济学家的奇谈怪论》（2005年11月25日第19版）一文，觉得不甚妥当，写此信，敬请尊敬的主编先生注意一下此事。

首先，该文标题有严重失误。《中国经济学家的奇谈怪论》是对中国一

---

① 司马迁：《报任安书》，载吴楚材、吴调侯选，《古文观止》（上册），中华书局1959年版，第222页。

个学科领域的整个学者群体的否定性评价①，但是，文章中仅仅引用13个中国经济学家的部分语录②，就算这篇文章所引用的这13个经济学家的言论都是"奇谈怪论"，文章用这样的题目也是以偏概全，甚不合适。我想，即使某个学科有部分学者的观点不正确，也不应当殃及无辜，乃至对该学科领域的整个学者群体做出否定性评价。我认为，晚报刊登这样标题的文章，是很不合适的，不管是转载还是自撰。

其次，编辑给文章加的"核心提示"有严重失误。

第一，"中国真正意义上的经济学家最多不超过5个。"这个判断不知是编辑还是丁学良先生的判断。我想，编辑先生还不至于如此狂妄，就是丁学良先生也没有资格说这个话。中国真正意义上的经济学家是谁，有多少，不需要洋人或海外学者认定。1978年至今的中国经济所发生的根本性变化，固然不能全部归功于中国的经济学家，但其重大贡献是毋庸置疑的。从这个意义上说，世界上任何国家的经济学家包括海外华人经济学家都应当抱着谦虚的态度向数十年如一日在中国大地上为经济体制改革和经济现代化而辛勤耕耘——与此同时还不得不不断地排除来自左右两方面的干扰——并作出巨大贡献的本土经济学家们学习、致敬，而不是以钦差大臣的身份用自己的标准认定谁是"中国真正意义上的经济学家"。他们没有这个资格。

第二，"国内有的著名经济学家连在国际上最好的50个经济系里当研究生的资格都不够。"③这个说法也是不对的，是"文革"中血统论的翻版。

---

① "中国经济学家"，所指当然不是个别或部分的中国经济学家，"奇谈怪论"，贵刊编辑在核心提示中的解释是："所谓奇谈怪论，并不是单指错误，而是能让人吃惊的言论。"对于"奇谈怪论"，《现代汉语词典》和《汉语成语词典》的解释是"令人觉得奇怪的言论或见解"和"奇怪的不合事理的言论"。显然，"奇谈怪论"在这两个词典中都是贬义词。

② 其中还有两位是海外华人经济学家。称为语录而不是言论，是因为这些话都是摘取其中的一段。

③ 顺便说一句，如果不是同名同姓同校的两个人的话，我和这位丁学良先生倒是有过一面之缘。知道他自己就不是经济学家，而且没有在国际上最好的50个经济系里当过研究生。

经济学不是研究马尾巴功能的？

典型的洋奴哲学、买办语言。某人是不是经济学家，要看其做了什么，有什么学术贡献，不是看其受过什么教育，出身名门不是成就的先决条件。在国际上最好的50个经济系里当过研究生获得博士学位的，终其一生，对经济学理论和经济工作实践毫无贡献的难道还少吗？马克思是西方经济学界至今仍不得不认可的具有重要影响的经济学家，不是也没有上过大学的经济学系吗？国人公认中国最好的经济学家薛暮桥、孙冶方、顾准、王亚南等先生，或者连大学也没有上过，或者不是经济系毕业的。其实其他学科也一样，瓦特、富兰克林、爱迪生又在哪个最好的物理系当过学生呢？华罗庚先生连大学本科的文凭也没有！当然，我并不因此否认大学学习的重要性。

第三，"经济学家就是为利益集团服务的"。这句话本身也没什么错。最早明确指出经济学有阶级性的是马克思[①]，阶级也就是利益集团的一种，问题是为哪个利益集团服务，在研究时是否秉承实事求是的科学态度。不肯承认自己站在哪个利益集团的立场上进行研究的经济学家倒可能是有点问题的，就像小偷总要尽量避开他偷过东西的地方一样。

最后，文章的文风是不好的。断章取义地引用他人言语，无助于正确理解他人的思想。我不想在这里评论文章所引用的经济学家的言论和观点——顺便说一句，就文章所引的这些经济学家的言论而言，以我业内人的眼光看，未必都是"奇谈怪论"，其中相当部分常人看上去是"奇谈怪论"的，相当程度上是因为被断章取义了，有些则需要一定的专业背景才能正确理解——我要说的是：就是要正确地理解一般人的话，尚且需要完整准确，何况学术问题？"吗啡是毒品"和"吗啡是止痛良药"，一定前提条件下，这两个命题在医学上都是正确的，是否因其相互矛盾而我们的编辑就要发表一篇《医学家的奇谈怪论》？我一向认为，对于学术问题，业内人要自重，业外人要尊重。文章所引的一些经济学家的部分言论，有些可能不够慎重，缺乏科学所必要的谦虚，因此，经济学家需要自省，但是，就业外人而言，

[①] 见《资本论》（第一版）序言，《资本论》（第一卷，上），人民出版社1975年版，第12页。

《中国经济学家的奇谈怪论》的作者以及发稿的编辑似乎缺乏对科学必要的尊重,不但对这些经济学家的话断章取义,而且还加入了许多外行的评论,充分暴露了自己的无知和浅薄。我们即使举文中看来是最没有错的对经济学家预测失误的批评为例,也是有问题的。自然科学发展到如此发达的程度,尚不能准确地预报天气变化、地震等自然灾害。对于气象学家和地质学家的失误或无能——他们的失误或无能可能造成了数百甚至上万人的死亡——社会舆论尚且如此宽容,从不因此在报刊上专版刊登《气象学家的奇谈怪论》、《地质学家的奇谈怪论》,为什么就对经济学家们如此苛求呢?

在我国,长期以来,社会科学不被视为真正的科学。从事社会科学的学者从没有获得像从事自然科学的学者一样的尊重。这当然有社会科学工作者自身的责任。我们需要继续努力,提高社会科学的科学性,增强它对社会实践的预测和指导能力,但是,社会舆论对社会科学应当抱何种态度呢?我想,刊发这篇文章的编辑先生大概不会准备接下去连续刊发《中国化学家的奇谈怪论》、《中国物理学家的奇谈怪论》、《中国数学家的奇谈怪论》……并一一自以为是地对化学家、物理学家、数学家们的观点和言论断章取义并加注评价吧?为什么我们的编辑记者在谈到自然科学学者的言论和观点时总是谦虚地三缄其口,而对经济学等社会科学却是如此地自以为是呢?是否存在着这样的潜意识:自然科学是科学而社会科学不是科学,因此他不经过系统的学习和认真的研究就能轻而易举地成为经济学家,可以随随便便地到处插上一杠子呢?

从科学是认识世界的角度看,物理、化学、生物等自然科学与经济学等社会科学是差不多的。不少自然科学此前研究提出的假说被后来的科学发展否定了。眼下的"科学"认识,在业内也是有争议的,后来被否认的也不少,这些都是科学发展的必然。自然科学如此,经济学等社会科学也是如此。科学探索是对未知世界的研究,应当允许犯错误、说错话,不然就无法发展。从科学发展史的角度看,社会科学比自然科学发育得迟,而且研究对象的复杂性远远超过了自然科学,目前的科学研究条件也远不

经济学不是研究马尾巴功能的？

如自然科学，因此，现在，社会科学研究犯错误的几率要远远大于自然科学。从爱护科学、促进科学发展的角度看，社会对经济学等社会科学在发展过程中必然出现的不成熟应当持何种态度呢？作为社会舆论工具的报刊尤其是党报，在评价一个学科的学者群体时，应当如何作为呢？我想是值得新闻工作者们深思的。

不多写，敬颂

编安！

厦门大学经济学院
厦门大学宏观经济研究中心
李文溥
2005年11月26日

王亚南碑铭[1]

王公讳亚南（1901—1969），字渔邨，黄冈人，经济学家、教育家。曾任厦门大学校长，中国科学院学部委员、常委，第一、二、三届全国人大代表。

公少怀壮志，砥砺于学。大学毕业，投身北伐。革命失败，流寓杭州。遇郭大力，共思救国真谛、治世良方。呕沥十年心血，通力合译刊行《资本论》、《国富论》、《赋税原理》等。其于马克思经济学说之系统传播中国，与有力焉。上世纪三十年代以还，公以马克思学说精粹，厘中国历史脉络，究封建制度根源，考社会现实流弊，论经济方略得失，胜义如云，妙解纷披，一时洛阳为之纸贵。至如《中国经济原论》、《中国地主经济封建制度论纲》、《中国官僚政治研究》等著，亦皆誉为中国经济学开山之作。

公执教厦大廿年又五，春风化雨，润物无声，弟子何止三千，贤人更多七十！景润成才，尤称学林佳话，然厚德载物，泽及岂止陈氏；公长厦大廿年，运筹校政，锐意改革，设立经济研究所，创办《厦门大学学报》、《中国经济问题》，开一代学术研究风气，奠厦大经济学科百年基业。所撰教育、人才、教学诸论，亦启迪当世，惠及后人。至若严于律己，平等待人，深入基层，体恤下情，先师生之忧而忧，后师生之乐而乐，则人人称道，有口皆碑矣。

铭曰：

巍哉王公，山高水长。德学双馨，奠我南强。

---

[1] 2005年，厦门大学经济学院院务委员会为纪念前校长王亚南先生95岁诞辰，决议在经济学院大楼前的王亚南先生铜像前立一石碑，院务委员会决定由我在经济学院秘书张兴祥撰写的初稿基础上重写此文，经厦门大学中文系吴在庆教授润色后刊刻，当年4月6日立碑。2011年4月，此碑被移走。

经济学不是研究马尾巴功能的?

《斯大林〈政治经济学教科书〉的政治经济学研究》网络版笔者附记[①]

这是一篇命运坎坷的论文。本文写于2003年秋,当年投稿复旦大学新政治经济学研究中心召开的"走向新的政治经济学"国际学术研讨会,被接受并在大会上宣读,引起与会代表的关注。根据本文部分内容撰写的经济学随笔《腥风血雨〈教科书〉》很快发表于《经济学家茶座》2004年第2辑(总第15辑),随后陆续为《文汇读书周刊》(2005年7月15日第12版)、光明网、《老年时报》等多家媒体所转载。[②] 但是,论文的命运却相当坎坷,真可谓吟罢低眉无写处,一直到2006年年初,才有上海社科院的《社会科学》杂志肯接受它,发表于当年第3期,但是随后的一篇《"社会主义基本经济规律"批判》却再也无人胆敢问津,尽管它在一次中日马克思主义经济学理论研讨会上宣读,曾引起了与会日本马克思主义经济学家的高度兴趣,有人数年后还曾问及。

敝帚自珍,人之常情。现在为止,我仍认为《斯大林〈政治经济学教

---

① 本文写于2006年5月,2006年5月2日在厦门大学经济学院教师博客上贴出。
② 值得一提的是:其中就只有《文汇读书周刊》寄来了样刊,其余各家至今尚未有通知我的。这在我,已经是司空见惯的寻常事了,也就不似江州司马,因此泪湿青衫。在如今,有不少杂志已在向作者要版面费,甚至一些很著名、我向来尊重、以在上面发表论文为荣的杂志居然向一些有公款支配权者——大学里的校长、院长、系主任等(在下不幸,近年有了个类似生产队长性质的小职务,已经多次受到此种骚扰)——伸手要各种名目的赞助费如合办费、理事单位费、派登广告等的情况下,我倒是甚为感谢这些媒体的,因为,尽管没有从他们那里得到我想要也许也应得的转载稿费,但是他们也免费地替我做了宣传呀。如此说来,尽管他们侵犯了我的著作权,可我也并非一无所得,算来也可以说是媒体与在下之间的双赢呢,尽管我的赢面好像略小点,该赢的没有都赢回来。

科书〉的政治经济学研究》是我这二十多年来所写得最好的政治经济学论文之一。然而，似乎也成为一种定例，但凡我认为讲了点新话的政治经济学论文，发表都有点困难。此文其一，此前发表于《经济研究》（1996年第12期）的《论经济分析中的效率评价标准和价值评价标准》也是如此。它原先是为当年的全国高校社会主义经济理论与实践研讨会准备的论文，但是却不幸地被审稿者视为有政治倾向性问题而断然拒绝了，走投无路，情急之下，只好投稿《经济研究》。居然幸运地刊出了——事后一位前辈告知：这是当年提交全国高校社会主义经济理论与实践研讨会所有论文中唯一一篇在《经济研究》上发表的论文——此外，《论经济学分析的两种理论逻辑前提》（发表于《经济学家》1998年第4期）等，也曾遭遇类似的命运。原因是文章提出：把马克思主义仅仅理解为集体主义是不正确的，至少是不全面的，马克思主义就其本质而言，实际上是个人主义的，只不过不是个人占有主义，而是个人发展主义的。我想，在下的文章不行，这是不必怀疑的，但从另一个侧面看，似乎也说明了，在走向社会主义市场经济的过程中，破除旧的，甚至可能比引进新的更难；在建设中国特色的现代经济学理论体系过程中，批判多年习以为常、视为当然的传统理论也许比引进某些惊世骇俗的新的理论要克服更多的阻力。然而，在盖新大楼前，总是要先行拆除旧的，因为，实践已经证明：旧的地基是无法承受新的大楼结构的。然而，不幸的是——或许是出于其他考虑——我国不少经济学家（当然，至今仍然认为传统社会主义政治经济学理论体系基本正确的不在此列）却视潜移默化地影响了——必须一提的是：至今仍在影响——我国几代经济学人和广大青年学子的传统社会主义政治经济学理论体系为不屑一顾的死狗。

事情果真如此简单吗？

经济学不是研究马尾巴功能的？

天堂与人间[1]

若要评2005年的学界牛人，丁学良先生大概要算一个，如果不说是唯一的一个的话。不过，遗憾的是，这个"牛"，却是与丁先生本行的学术贡献无关的，只因为他讲了一句"2005年最为经典的语句"，从而成了《时代人物周报》追捧的明星——"2005年十大敢讲真话者"。这年头——其实历来如此——搞人文社会科学的要想凭自己的学术贡献，成为当年的学界牛人，几乎是不可能的，因此，时不时总有人要在学术之外弄出点响动来，这也是人之常情。

丁学良先生那句"2005年最为经典的语句"，是他以海外社会学家的身份，主动请缨，当国内经济学家主考官时的判词："中国合格的经济学家最多不超过5个"，据说，就这"还是比较客观和宽容的"。

这碗饭吃了二十多年了，觉得还算敬业，大致对得起这份工资。突然有一天，有人愣说你不合格，隐隐然是撺唆当局下你的岗，给人家让路腾地方的意思，听了当然有点郁闷。恰逢此时，在下所在城市的媒体也在那架秧起哄，不惜贡献整版宝贵篇幅给一篇题为《中国经济学家的奇谈怪论》的"绝妙"好文。虽然说的是一船人的事，而且按说也没我什么事——当时我不在船上！——但是在下时不时会冒点傻气。那天和现在一样，正值冒傻气时，居然鬼迷心窍，给主编大人写了封信打抱不平。谁知主编大人不予理睬。没辙，只好将文章贴在网上，以示并非失语，而是被人嘴上贴了胶带。谁知却被一位青年才俊当头棒喝：伪命题也值得争论！？

后生果然可畏。丁学良先生"2005年最为经典的语句"确实是一个伪命题。因为，他自己后来也就世故地把"真话"收回去了："这个讲法并不包

---

[1] 本文初次发表于《经济学家茶座》2006年第3辑，总第25辑。

括老一辈经济学工作者，因为他们的学习环境、研究环境和工作环境与中青年不一样，他们中的很多人是我的老师和恩师。另外，这个讲法也不包括现在在海外最好的或比较好的大学经济系里任教、目前暂时回到国内兼职的教授。"丁先生尊师甚于热爱真理，不愿物伤其类，大有绅士风度。然我佛慈悲，世法平等。准此逻辑，丁先生的判词好像与国内经济学界的中青年——至少国内大学毕业的甚至今天还在学的——也没什么关系啊。因为，丁先生认定："中国经济学界在经济学教育、经济学的训练方式和经济学系的发展方面其实没有取得什么进步。"如此说来，这些中青年教师甚至大学生的"学习环境、研究环境和工作环境"与他的"老师和恩师"也差不多呀。幸好，这些年来，国内还有一些在海外最好的或比较好的大学经济系毕业，目前不是暂时回到国内兼职的全职教授、副教授等，给丁先生的判词留下了一点对象，不然，这个经典语句还真是100%的伪命题呢。

如果不是按丁先生自定的标准，而是他十分崇拜的英美标准，这个经典语句也仍然是个伪命题：经济学家者，国外之economist也。economist者，以经济学为业者也。① 经济学家不过是个职业而已，一如医生、超市收银员，说破大天也就是要个从业资格认证②，哪有那么多讲究！在下不幸，二十多年前，曾在世界银行的一个讲习班里听过几天课。来授课的两位世界银行的讲师也就是只有硕士学位不到四十岁的青年。他们肯定不够丁先生"合格经济学家"的标准，可是，世界银行居然认他们的账，说是本行的经济学家（高级与否却不知道了）。

如此说来，《时代人物周报》岂不是捧错了人？"2005年十大敢讲真

---

① economist, 1. a expert in economics; 2. person who writes or lectures on economics or political economy. *Oxford Advanced Learner's Dictionary of Current English*, Oxford University Press, 1974, pp.275-276. economist, 1. one who practices economy. 2. a specialist in economics. *Webster's Ninth New Collegiate Dictionary*, Merriam-Webster Inc. 1983, p.395. *Longman Dictionary of the English Language* 对 economist 的解释与 *Webster's Ninth New Collegiate Dictionary* 是一样的。

② 好不好不好说，但是国内早就有了，却是不争的事实。

经济学不是研究马尾巴功能的？

话者"之一的经典"真话"是：偌大的中国现时只有不超过五个人以经济学为业！

看来，先生虽然留学西洋多年，骨子里还是中国人，把个"家"看得忒大，看着国内这些年没有经过审批，居然自说自话地冒出这么多"家"来，连"阿狗阿猫都称自己是'经济学家'"，太不严肃了，忍不住要出来整顿朝纲，一统江湖，以免"中国的经济学太热闹了，什么人都可以说自己是个经济学家"。

其实，在下对于五个还是十个是一点兴趣也没有①，即使有幸做到五个十个之一，也未免孤家寡人，冷清寂寞或是热闹喧嚣得可怕。在下有点好奇的倒是丁先生考举子、排座次、整顿朝纲的思想和方法。

丁先生的方法很简单：以"西方经济学最先进、最发达的国家"为标准，由"我们这些海外学者"做判官，考卷嘛，"国际上经济学界那些最重要的学术刊物"，考试方式："申请排行75名至100名的经济系的副教授"，及格线："排上前三名"者，赐进士出身，不成的话，退而求其次，能聘你当助理教授也算中副榜了。

只有能在"西方经济学最先进、最发达的国家"中的那些在国际上"排行75名至100名的经济系"里当副教授、助理教授的，才是中国经济学界的合格者。这个标准真是简单明快易行。你看，考官们连考题都不用出，阅卷也有人代劳，只要抽根雪茄喝杯咖啡问句话就能把事情搞定了：你曾有过国际上"排行75名至100名的经济系"中当副教授、助理教授的经历吗？没有？下岗！大众媒体对此是一片喝彩声②，不知道有关当局是否考虑实行？我可是百分之百地信服，极力赞成一试。要知道，此法一行，中国经济学眼下"不符合这个学科应有面貌的现象"马上就会根本改观啊：（1）从此只

---

① 原因之一，确实是吃不到葡萄说葡萄酸。若按丁先生的标准，我可是连排队的资格都没有呢。

② 跟着起哄的媒体其实有所不知，丁先生说的也是阁下的事：你能保得定哪天不从海外蹦出个王学良刘学良什么的，照此逻辑断定国内只有五个合格的编辑记者吗？

有清一色的西方经济学,甚至只有新古典学派,其他经济学学科、学派一律革出教门,① 此法不仅与董仲舒罢黜百家,独尊儒术暗合,也算是中为洋用,光大我中华传统糟粕文化,而且与某人的"舆论一律"要求也一致。(2) 一统江湖,便可梁山泊英雄悉排座次,建立新秩序。谁是天罡(能在国外排行75名至100名的经济系任副教授以上者),谁是地煞(能被这些国外大学聘为助理教授者),一清二楚。呼保义宋江在前,玉麒麟卢俊义紧随,白日鼠白胜挑酒,金毛犬段景住牵马,个个卑尊有序,从此不得争竞——其实,不傻的都知道,哪有什么天降石碣排座次,整个就是宋江、吴用捣的鬼,不就是想叫一寨弟兄乖乖地跟着他受招安去打方腊吗?(3) 乱哄哄的江湖既然统归日月神教或是五岳剑派门下,必要立教规,设护法。韦驮者,自然是能当判官、主考的"我们这些海外学者"也。从此后,天使或者天兵天将或不定期地下凡人间,巡视大江南北,或传播天堂福音,点化愚氓,或执行戒律,教训愚顽,免得"你走在前面,人家想把你捅死"!或定期地把这些"海外最优秀的经济学家的眼睛蒙上,然后,让他们各自写出这五个合格的经济学家的名字",重排位次。这不仅是蛮荒之地化外子民的天大福音,就是对于"我们这些海外学者"来说,也不是白忙活呢。想想,这是多大一块传教市场,可以出清多少年的教士存货!

　　可惜,人间不比天堂。自从盘古开天地,人世间从来就是乱糟糟的。尤其是中国这块被上帝遗忘的角落,更是你拜三清我信佛,隔壁的秀才读四书。就连儒道释三家内部,还要分个这个宗那个派的。延至近代,西学东渐,新文化运动,世上哪种理论思潮中国没人说、没人信?改革开放,市场经济,更是思想解放,学术自由,百花齐放,百家争鸣。各种思想各个学派各种主张,都可以在天桥上摆摊卖把式。你的货好,自有回头客,你的功夫俊,不乏喝彩人。阳春三月,莺飞草长,自不免你方唱罢我登场的一片热闹甚至乱哄哄的局面。纵观三十年,某派之兴,某派之衰,此论之行,彼论不行,又岂是政府

---

① 可是牛津大学却不太像话,居然承认教政治经济学的也是经济学家!见第83页注①。

经济学不是研究马尾巴功能的？

管制之功、判官裁决之力？自然界都还要讲究个生物多样性，才能维持平衡与发展，难道人类这万物灵长竟然要逆历史潮流而动，背自然规律而行，思想一致，舆论一律，齐唱主旋律，此外万籁俱寂才能维持生存？

这些年来，中国经济发展逐渐引起世人瞩目，海外学界开始关注中国经济研究。市场经济的发展，使西方经济学在中国逐步获得用武之地。越来越多的国内学者（包括留学归来的）用西方经济学的范式分析中国经济问题。国内外经济学者之间的交流越来越频率，因此共同的学术语言也越来越多了。中国经济学研究的现代化与国际化，日益为中国经济学者所关注。作为一个有民族自尊心的经济学者，谁不期盼着本国的经济学研究在国际学术舞台上能有一席之地，不仅在物质文明而且在学术研究领域也圆自己的强国之梦？问题是：即使中国经济学界都如丁先生所期盼的，全部接受了西方经济学的分析范式——在下愚昧，总觉得不大可能——其成绩和水平能否乃至有必要根据"国际上经济学界那些最重要的学术刊物，在过去的10年或15年的时间里，有多少文章是来自中国国内的经济学家"来判断呢？

窃以为不能。因为，当今世界，即使学术领域，也不是人人平等的完全竞争，而是垄断竞争甚至寡头垄断，尤其令人遗憾的是：当寡头的眼下还不是咱中国。目前为止，"国际上经济学界那些最重要的学术刊物"基本上是发达国家的杂志，即使编委国际化了，又能有几个来自发展中国家，来自中国？洋人出了钱，自然要想洋人所想，急洋人所急。发达国家的编委，自然有其兴趣导向，即使热爱中国，关注中国经济，也自有角度。中国人关注的问题，洋人未必关注。中国人与洋人都关注的问题，视角与观点也未必相同。周庄、乌镇、土楼、泸沽湖，洋人看了啧啧称叹，中国老百姓能因此点着油灯过三百年前的日子吗？居移地，养移气，势所必然也。因此，用在"国际上经济学界那些最重要的学术刊物"的发表成绩为尺，势必以洋人之是为是，以洋人之非为非。然而，中国人要经济学干什么？难道竟是为了跟在洋人后面说点"洋人不吃鸡蛋所以兄弟我也不吃鸡蛋"之类的浑话，而不是希冀偷得火来煮自己的肉，因研究、应用经济学而使中国民富国强，自立于世界民族之林吗？在下愚见：眼下，中国经济学家在"国际上经济学界那些最重要的学术刊物"上发不发表论文，似乎还不是最要紧的事。当务之急，是这些研究能否解决中国经济问题，为中国老百姓谋福利，为中华民族争自强。如能此，又能在"国际上经济学界那些最重要的学术刊物"上发表，当然是大好事；能此，却不为那些"国际上经济学界那些最重要的学术刊物"所接受，也不减其价值；如果不能，但为那些"国际上经济学界那些最重要的学术刊物"所接受，不值得夸耀；不但不能，相反，却因其负效应而为某些"国际上经济学界那些最重要的学术刊物"所青睐，怕是要令人不耻呢。

或问，难道经济学就没有那种与国别民族无关的纯理论研究吗？这里不就可以用在"国际上经济学界那些最重要的学术刊物"的发表成绩来衡量了吗？答曰：或许有之，但现在还不宜用之为尺。

首先，绝大部分经济学理论研究是问题导向的。① 无论多么抽象的理论命题，都生发于对特定现实经济生活的观察与思考。生活在发展水平不同的国度里的经济学家们，观察思考的对象不同，引发的理论兴趣势必不同，因此，在经济学的纯理论研究中，不可能存在所谓的奥林匹克运动会，发展中国家的经济学家也没有必要与发达国家的经济学家在这个场地上进行一场看似"费厄泼赖"的比赛，劳神费力地弄个奖牌第几。

其次，纯理论研究的成果相当程度上是公共产品。后进国家在赶超阶段，应当好好地利用这些人类文明的公共财富，将自己的有限资源更多地配置在应用研究上②，此时，用在"国际上经济学界那些最重要的学术刊物"

---

① 甚至统计学、计量经济学等以方法研究为主的学科，也是如此。赫芬达尔系数源于赫芬达尔对美国钢铁业集中问题的研究。一些计量经济学方法的产生，与人们可用于计量的数据特征是有关的。

② 20世纪90年代中期，笔者有幸当面向馆龙一郎、小宫隆太郎、石川滋先生请教日本经济学问题。三位先生均认为，所谓日本经济学是不存在的，日本经济学就基础理论而言，与国外的主流经济学是一样的，日本经济学界的成就，主要体现为用经济学的一般原理研究日本的现实经济问题，形成了适应日本经济发展需要的经济政策理论。90年代，日本已经是主要发达国家，在经济学研究上，尚且将主要资源用于解决日本现实经济问题，何况当今仍是发展中国家的中国！

经济学不是研究马尾巴功能的？

上的发表成绩衡量，岂非有意误导资源配置？中国经济学界的有限资源，必须首先用于研究本国社会经济发展亟待解决的问题，尽管以"国际上经济学界那些最重要的学术刊物"的眼光看，它或许没有多大价值。

也许丁先生要问：如此说来，中国经济学家就不要在国际学术舞台上与其他国家经济学家一较高低了吗？答曰：非也。中国的经济学研究当然要登上国际学术舞台，这是中国经济学界不可推卸的历史责任。但是，怎么登上呢？我想，但凡有点民族自尊心者，一定是期盼着中国经济研究，以及由中国经济研究生发出来的基础理论研究和方法研究为国际学术界所认可，方便的话，也可以顺手拿它几个诺贝尔奖。这才是中国经济学界走上国际学术舞台的最佳境界。舍此还有什么中国经济学、中国经济学界走向国际学术舞台？

这当然不易。中国经济学界要努力，甚至需要几代人的努力，踏踏实实地挥汗耕耘。但是，一个不容忽视的因素值得注意：一个国家、民族的学术研究是否受到国际学术界的重视，一方面也与这个国家、民族的社会经济发展水平，在国际上的政治经济地位密切相关。弱国无外交，难道学术就例外吗？如此说来，走出去，根基还在本土，关注中国，研究中国，服务中国，富强中国，以服务富强中国的经济研究成果走向世界。舍此岂有它哉！

无疑，要走出去先要引进来。这些年，外国经济学著作和教材或是翻译，或是原版引进，在国内书店架上已是琳琅满目；外国经济学者、海外华人学者来中国讲学、开会、合作研究的多如过江之鲫；当年偷灵药而碧海青天的嫦娥，如今七仙女似地思凡下人间，看上董永的也比比皆是；大学里，各种西方经济学的初、中、高级课程也逐渐开出来了。① 对此，长期在本土坚持推进市场化改革的经济学家们，自然欣欣鼓舞，要不，岂不成了好龙的

---

① 丁先生把这基本上归功于来自海外的帮助："这些年中国经济学界在经济学教育、经济学的训练方式和经济学系的发展方面其实没有取得什么进步，很大程度上是靠着过去27年里送出去的最优秀的留学生的帮忙，靠国际上一些更资深的经济学家的帮助……"此说显然不太客观。笔者所在大学的经济学本科、硕士的中高级宏微观经济学、计量经济学、数理经济学课程的教学，就全部是由本土培养的师资担任的。

叶公？有道是，世上多董永，人间有真情。如果不仅七仙女，而且她的六个姐姐也都思凡下人间，那可是天大的好事一桩啊。另一方面，得说几句的是：思凡下人间的仙女们，究竟当持何种心态呢？是像当年王明似的，以天界之是为是，天界之非为非，对山沟沟里的马列主义正眼瞧都不瞧，国情民心全不知，还要傻乎乎地号令全党"武装保卫苏联"呢？还是像七仙女那样，诚心诚意地与董永你耕田来我织布，踏踏实实地过人间生活？① 说到这里，不禁想起了杨振宁与邓稼先。这两位当年西南联大的老同学，分别几十年后，在邓稼先的病房里见面了。大名鼎鼎的诺贝尔奖获得者对这位在祖国默默工作了几十年，为祖国造出了原子弹、氢弹但却无缘获诺贝尔奖甚至因此连国际学术期刊上的论文也少，因两弹而积劳成疾的物理学家由衷地表示了钦佩和感谢之情，感谢他为祖国强盛所作出的实实在在的贡献。

杨振宁先生真不愧是获诺贝尔奖的大家！

---

① 当然，人间生活并不尽美完善，需要七仙女和董永一起来改变它。其实，对于丁先生批评的国内经济学界的一些消极现象，国内经济学界亦早有批评。笔者五年前写的《经济学家："天然贵族"还是 "知本家"》(《经济学家茶座》2001年第2辑，总第4辑）就是此类文字。

经济学不是研究马尾巴功能的?

开场锣鼓
——写在《厦门大学宏观经济研究丛书》出版之际①

《厦门大学宏观经济研究丛书》是体现教育部人文社会科学重点研究基地——厦门大学宏观经济研究中心研究成果的系列丛书。因此,说丛书,还得先谈谈厦门大学宏观经济研究中心。

众所周知,长期以来——而且至今仍然——我国宏观经济理论与政策的研究中心在北京,其中道理不言自明。可是,教育部却将其唯一一个命名为宏观经济研究的人文社会科学重点研究基地布点于地处天涯海角、置身政治经济漩涡之外的厦门大学②,似乎有一点不合情理。

当然,这首先是申请者的意愿:厦门大学经济学院五系一所:经济系、财政系、金融系、统计系、国际经济与贸易系、经济研究所,内含四个国家级重点学科:财政学、统计学、金融学和政治经济学。③ 这些系所及其重点学科,研究的重点领域是政府经济管理实践及相关的经济学理论。在此基础上,申请建立一个研究政府宏观经济管理实践与理论的研究中心,就其本

---

① 本文是笔者为《厦门大学宏观经济研究丛书》(由经济科学出版社出版)写的总序,在丛书中刊出时,编辑改题《开篇心语》,文字有所调整。后又发表于《福建社科界》2006 年第 4 期,这里刊出的是原稿。
② 根据教育部人文社会科学重点研究基地的设立规则,尽管在全国各大学设立了百余家文科重点研究基地,但是任何一个重点研究基地的名称都是唯一的。
③ 2007 年,经过教育部组织的学科评审,厦门大学在原有四个二级国家重点学科基础上,新增了一个二级国家重点学科:世界经济。根据有关规定,厦门大学的两个经济学一级学科:理论经济学和应用经济学均升格为国家重点学科,涵盖 16 个二级学科。目前在中国,仅有三所大学同时拥有理论经济学与应用经济学两个一级重点学科。

身而言，是一个合理的选择。尽管正如识者所言：政府的宏观经济管理与规范意义上的宏观经济学还有些差别，但是，在既有基础上，通过组建这个中心，集中一支队伍，研究宏观经济理论及其在中国的政策实践，带动一个有八十五年悠久历史的学院向适应中国特色社会主义市场经济需要的现代经济学教育与研究体系的转轨，却是申请者的决心和期望。因此，尽管知道还有差距，需要付出的努力多多，仍然义无反顾地做出了这一选择。

现在需要谈的是另一头。对于教育部而言，将宏观经济研究中心设立在哪个大学，显然有着诸多选择可能，然而，最终选择了看似未必具有地利人和的厦门大学。愚钝的我此刻只能想出两点理由：

第一，申请者的虔诚之心感动了上帝。自古就有民心即天心之说，作为自始就参与了这个中心的组建和教育部人文社科重点研究基地申报工作的我认为：厦门大学宏观经济研究中心的申报过程及结果可以作为此说的例证之一。

第二，审时度势，反弹琵琶。显然，在北京等政治经济中心设立宏观经济研究中心，可谓顺风顺水，研究者得以享受诸多便利，中心成功的概率自然也大，但是，在中国目前的政府主导型市场经济体制下，身处政治经济中心的研究机构不免受磁场中心的引力影响，也是不争的事实。在这种情况下，外地的研究机构或许因此在人所习见的劣势中显出了一点另类优势。网络时代，各种研究所需要的资讯在通衢大邑和偏远小城大体都能同样获得，信息差距不断缩小，因此，尽管劣势还是有的，要弥补，还要付出艰苦的努力，但是，在非政治经济中心，研究宏观经济理论与实践的条件，还是基本具备了，而且，远离磁力场，从学术逻辑角度阐发其观点的欲望可能更强，有可能因此形成不同的见解。这对于中国的宏观经济理论发展、政策实践而言，未尝不是一件好事。我想，这大概是教育部下此决心的依据之一吧。

说了这么多，还都是假说和愿望，到底实绩如何呢？一句老话：实践检

经济学不是研究马尾巴功能的？

验。① 我们的计划是：这套丛书分文集、专著、研究报告三类出版，以期能够比较全面地反映中心的学术活动及其成果。其中，文集与中心的学术活动相联系，主要反映中心近期在宏观经济理论与应用方面的探索，专著是中心课题研究成果的系统体现，研究报告在中心为社会经济重要决策提供咨询研究的成果中，选择部分兼具出版价值的刊行。我们的设想，得到经济科学出版社的大力支持，其慨然提供了舞台，使构想转化为现实，在此先行谢过。

但是，我们最关注的还是真正的上帝——读者。众位读者既是看官又是判官。我们希望你们能关心这套丛书，并给予严格的批评。希望在你们的关心和批评之下，厦门大学宏观经济研究中心能不负期望，为中国化的宏观经济理论的形成与发展、为改善中国特色社会主义市场经济的宏观经济政策调控略尽绵薄之力。

市场经济，是买方市场，"酒香不怕巷子深"是过去时代的事了。如今的图书市场，也是供大于求。开张伊始，吆喝一下，以期引起注意，虽系未能免俗之举，也是人之常情流露。书有序，大体本意如此。然小子何能，敢为丛书作序！踌躇之余，想起少时在乡下，戏班演出之前，幕后的司鼓者总要打一通锣鼓，引起观众注意，仿此，这篇文字就算是一通开场锣鼓吧。然而，要拉住看客，光有震天的锣鼓还是不成，关键还是后面的戏。至于今后的戏文是否精彩，各位演员唱念做打的功夫如何，只有敬请列位指点了。

2006年6月写于厦门大学白城新村

---

① 2009年，教育部对分布在全国各大学的教育部人文社会科学重点研究基地进行了第二轮评估。厦门大学宏观经济研究中心在全国124个重点研究基地中得分名列第24，在其中的24个经济类重点研究基地中得分名列第5。当然，这仅仅是阶段性评价，今后如何，还须进一步努力，且永无止境。

《产业组织经济学手册》译者后记[1]

译序的主要任务一般是评介译作的主要内容，说明翻译的必要性，本书已有高鸿业先生以及本手册编者施马兰西和威利格先生写的极好的丛书译序和编者序，译者再来做这件事，非被读者乱棍打出去不可。但是，责任编辑金梅先生告知[2]，这部丛书的每一本都要有一篇译者的文字。由于自知不能写出比高鸿业先生以及施马兰西和威利格先生更好的序，我只能改写后记；不能评介著作本身，只好说一些译作上下左右的人和事。

1999年4月，我从德国做访问学者归来，在京中转，经济科学出版社莫霓舫先生来看我。聊天中，她问：从现在大学教育的角度看，翻译出版国外的学术著作，是否仍然必要？她说，最近因为联系译事，与一些大学教师接触，有些认为，进入21世纪，我国的经济学教育与国际接轨，已是大势所趋。因此，大学应当逐步用国外原版教材教学，至于教材之上的专著、论文之类，就更不必再劳神费力地译成中文了。

我不禁为之一怔。由于历史的原因，我们这一代人，不少是上大学才开始学习外语的，大学期间以及之后的一个时期，读外文原著实在是件难事，加之与国外学术交往的长期中断，那时，即使是大学图书馆，外文专业文献大多也比较缺乏，因此，现在能有一点西方经济学的知识，基本上是通过阅读译著打下基础的。正因为如此，对于翻译国外学术著作的前贤，我一向敬为盗火的普罗米修斯，对于学术著作翻译，则有一种深深的负债感。总希望有一天能在这个受益良多的领域做一点工作。谁知刚刚觉得可以试试，竟然

---

① 2009年，《产业组织经济学手册》（第一、二卷）由经济科学出版社出版。45卷本《经济学手册》目前已经翻译出版的共有13卷。

② 《产业组织经济学手册》（第一、二卷）的责任编辑初为金梅同志，出版时换为初少磊同志。本文写于交稿时。

经济学不是研究马尾巴功能的？

就不被需要了。

难道中国的大学教育进步如此迅速，已经到了不需要译著的时代？多年来，我一直在外地大学任教，见识自然有限。但目之所及，似乎并非如此。我觉得，中国现在乃至今后仍然需要大量地翻译国外学术著作，原因可以有以下几点：第一，效率。尽管这些年来，中国学生的外语水平有了极大提高，但是，据我所知，不少研究生甚至博士生的外语阅读能力还是有限，阅读速度远不如看中文著作。翻译出版学术译著，一人辛苦，千万人受益。从经济学角度看，是件提高工作、学习效率的好事。我们的东邻日本，也许正是基于这个考虑，至今仍在大量翻译出版各种各样的学术译著。第二，经济。对于今天中国的大多数读者甚至大学图书馆而言，国外原版著作的价格仍然高得难以承受。比较而言，国内版图书价格尽管涨了不少，比国外原版书还是低多了。因此，出版译著，从经济上看，是件惠及青衿学子的好事。第三，普及。经济学著作有一大批大学之外的读者，由于种种原因，他们获得原版著作的机会不多，阅读上也有一定困难，但是，他们也需要了解国外经济学的发展动态。出版译著，有利于现代经济学知识的普及。当然，这一切都建立在认真翻译、忠实表达原著意思的译作基础上。

或许知道我久有此心，不久，莫霓舫先生推荐，经济科学出版社金梅先生约我参加《经济学手册》的翻译工作。我选了《产业组织经济学手册》。原因是，1998—1999年在德国做访问学者时，我对竞争政策产生了较大兴趣。竞争政策属于产业组织理论领域。[①] 我想通过翻译《产业组织经济学手册》，为探讨竞争政策打下一点基础。原先计划用一年左右的时间翻译完，而后进行竞争政策研究。谁知，一译就是三年有余，其中，校译工作就进行了两年多。主译者的水平也就可见一斑了。

本书由我主持翻译，但工作是集体完成的。初稿译者如下：王继平、周闽军（前言），李文溥（第1、2、10章），高如云（第3、5、23章），陈君

[①] 施马兰西和威利格在本书编者序中指出：没有在本手册包括竞争政策一章是一件令人遗憾的事。

《产业组织经济学手册》译者后记

玉(第4章),陈岚(第6、22、26章),林新(第7、25章),李文溥、郭瑞云(第8章),李文溥、苏颖宏(第9章),尚琳琳(第11、15、21章),胡刚(第12章),张艳阳(第14、17、18章),陈巍(第16、20章),周海(第19、24章)。高鸿桢负责全书的数学校译工作,翁君奕、沈艺峰初校了本书第5、6、7章,宋晓冬翻译了全书的人名并初校了部分章节,林枫在图片复制、文字编辑、校对、打印等方面做了大量工作。在此基础上,由我改定并校译本书的全部文字。作为主译者,我深深地感谢合作者们的辛勤劳动,但是,本书翻译上可能的疏漏与错误,却是要由我负责的。

在此,我还要感谢林添湖先生指出了本书原文的部分英文单词拼写和语法上的错误,以及郑甘澍博士在日文上的指教。他们的帮助,使翻译得以顺利进行;同时,感谢经济科学出版社和莫霓舫、金梅先生,没有经济科学出版社与她们三年来的耐心和宽容,本书的翻译质量将远远低于现有水平。

翻译是一件如鱼在水,冷暖自知的事,在今天的大学里,尤其如此。三年译事,其中甘苦,原不足为外人道。这里只说与译文有关的两点。本书翻译中遇到的最大困难是:这是一本综述性论著,限于种种原因,译者是在无法通读本书所综述的论文和著作的情况下进行翻译的,本书所涉及的研究领域,有相当部分又是译者不太熟悉甚至完全陌生的,因此,误解、误译虽然力求避免却是难以避免。此外,术语翻译也是一个颇令译者踌躇的问题,这一方面是由于目前国内经济学界乃至学术界对有关专业术语的译法尚待统一,另一方面是本书中有些术语似乎还未有汉译,译者虽然几经斟酌,有的甚至辗转托人,请教国外有关领域的学者,反复再三才定下来,但还是觉得没有太大把握。这里,我们只能以惶恐的心情,期待着读者的批评。译者的E-mail是:WPLI@jingxian.xmu.edu.cn。

2002年12月写于厦门大学白城新村

经济学不是研究马尾巴功能的？

过客的新血统论
——兼论翻译①

因了在下把数年前写的《产业组织经济学手册》译者后记贴在博客上，并附了几句说明，引发了过客先生的一番议论。

过客先生的意思很明了：在下不配译这本书，但却不知天高地厚。书译得不好，出版社不想要他的译稿，他不但没有自知之明，还耿耿于怀！于是，过客先生牧师般地奉劝在下：这样无知无畏地糟蹋原作的译作，出版社不给你出版，可是你的福分啊。否则，一旦出版，白纸黑字，铁板钉钉，你可就要成为中国高校课堂里笑话的主角了。当然，过客先生逻辑学得好，思维周密，也不忘另一种可能：即使你译得好，也不过是个想借着名著的外部性而名垂千古的追名逐利之徒。如此说来，这部书无论译得好坏，在下都难逃过客先生的天罗地网，上下左右终是一个不是。看来，在过客先生的王国里，做人还真不容易呢。

其实想想也就明白了。这里的关键不是书译得好坏——过客先生好像还没有见过在下的译稿，怎么就随便判了它的死刑？就此而论，过客先生的一大优点看来是推己及人。给别人定做帽子，习惯用自己的脑袋量尺寸：无知无畏——而是我的出身不好！当然，我不是"在全球华人经济学家范围内应征（的）译者"，更不是"原文作者本人推荐他信得过的华人学者"，只不过是不知天高地厚的经济科学出版社在几个试译者中选定的译者，论履历，又没有考过托福、GRE什么的，也没有在海外著名大学经济学系得过什么PH.D，更没有在世界前75—100名大学经济学系里当过副教授或是助理教授

---

① 本文写于2006年7月，2006年7月20日在厦门大学经济学院教师博客上贴出。

的经历,哪里就能够保证翻译的起码质量呢?①

在下毫不怀疑,对于这样的名著,如果由"原文作者本人推荐他信得过的华人学者"来译,一定会比我译得好——如果他的中文还没忘掉,当年也还学了个文从字顺的话。不过,据我所知,当初经济科学出版社也找了些。可惜,不知是认为不必翻译而不屑,还是忙于批评他人的翻译而无暇,抑或是看见这厚厚两卷近1600页的大著,知难而退了。即使当初出版社有心"在全球华人经济学家范围内应征译者",情况又会怎么样?我估计结果也差不多:千字60元的稿酬,换成美元,不过7.26美元,能有多大吸引力呢?于是只能退而求其次,找一些明其义而不计其利的傻子——比如在下——来做此事。

我承认,国内土生土长的译者,尤其愚钝如在下者,水平肯定不如精通中外文而且"有非常雄厚的文献阅读基础做铺垫"的"华人经济学家"。可是他觉得这活重要,眼下也没人做,于是不揣冒昧,踏踏实实地下了几年工夫。限于水平,活可能干得不太好。这时候,从旁边走过的过客应该持何种态度呢?是从嘉惠后学的角度出发,拿起斧头,帮助大汗淋漓的笨手一起把活干好呢,还是像韩愈先生感叹的那样:"巧匠旁观,缩手袖间",甚至不吝讥讽乃至骂杀以逞其高明?

过客先生看得起《产业组织经济学手册》,提出了很高的译者标准,"应该就每一手册的每一章在全球华人经济学家范围内应征译者,最好请原文作者本人推荐他信得过的华人学者"②。这话使在下很高兴,因为他从另一面证实了在下的工作是有价值的。不过,关于译者的推荐意见,在下却是怎么看怎么像胡适先生当年推荐的"好政府主义"③一样,高则高矣,可是

---

① 好在委托我翻译此书的经济科学出版社却没有这样的血统论观点,而且一错再错,2005年还曾要我承担另一部手册的校译工作,我因行政工作繁忙,不能保证按时完成,最后推辞了。
② "应征译者"似乎有点不通?好像应该是"征求译者"。
③ 鲁迅:《好政府主义》,《鲁迅全集》(第四卷),人民文学出版社1996年版,第243—246页。

经济学不是研究马尾巴功能的？

除了由衷地赞一声好之外,你还能说什么?

其实,过客先生若是稍微知道一点中国翻译史的话,大概应该知道一个事实:自近代以来,中国人读的大部分译著,鲜有由"原文作者本人推荐他信得过的华人学者"翻译的,推及他国,大概也是如此。因为,翻译就其本意而言,更应该是译者从本国需要出发、以我为主的拿来主义的过程,而不应遵从以洋人为主、听任其主动推荐的送来主义。稍微懂得一点近代史的中国人都记得,当年珠江口外,颠地、义律不惜枪炮开路,主动送上门来的是什么货色?

再者,不是"原文作者本人推荐他信得过的华人学者"就翻译不好经典,不能保证起码的质量吗?怕也未必。朱生豪先生没有留过洋,更没有得到莎士比亚的推荐,经典如莎剧,翻译也就翻译了,中国人至今不是还在读他的译本吗?周作人先生终其一生没有到过希腊,所译《希腊神话》、《伊索寓言》、《欧里庇得斯悲剧集》、《路吉阿诺斯对话集》等,而今皆为译界之经典。

至于翻译的精当与否,在下以为:作为译者,自当殚精竭虑,精益求精,止于至善,但是,作为批评者,是否应当宽容一些?哪个译者就敢说他的翻译就与原作者的意思一丝不差呢?一位译界的前贤说得好,如要如此,只有请原作者自己学了中文来翻译,就这也未必与原作一样呢。[①] 这位前贤说道:"批评一篇译文中的错误,不说某句某节译错了,却说某人译错了,又因此而推论到他的无学与不通,将他嘲笑一通,差不多因了一字的错误,便将他的人格侮辱尽了。其实,文句的误解与忽略,是翻译上常有的事,正如作文里偶写别字一样,只要有人替他订正,使得原文的意义不被误会,那就好了。所以我想批评只要以文句上的纠正为限,虽然应该严密,但也不可

[①] 过客先生如果有兴趣,可以去看看德文版和法文版的《资本论》(第一卷),那可都是经过马克思自己审定的呀。

过于吹求。"① 这是深知翻译其中甘苦的过来人之语,不知过客先生以为然否?再说了,如果觉得在下的翻译实在不行,不值得批评,过客先生也不妨挽起袖子,自己译过一遍,不也比现在的吹求更有益于后学吗?

---

① 周作人:《翻译与批评》,周作人自编文集,《谈虎集》,河北教育出版社2002年版,第22页。

经济学不是研究马尾巴功能的?

从分庭抗礼到杀师灭祖[①]

凤凰树是厦门最有特色的树木之一,也是最能引起我感慨的物候之一。每年六七月间,"凤凰木开花红了一城"之时[②],便是大学生们依依惜别的季节。校园里,火红的凤凰树下,时不时可以见到一群群穿着各色学位服照相留念的学生。每当此时,心里总是充满了感慨。

铁打的营盘流水的兵。教师们每年此时,尽管不舍,但还是要像嫁女儿一样,送走毕业的学生。嫁女儿总要有点嫁妆。每年研究生毕业临别之际,我大抵总要和他们谈一次,送几句话,算是两袖清风穷秀才的一纸人情。

和一个临毕业的博士生谈话。送他的第一句话是:从今以后,分庭抗礼。学生大惊,不胜惶恐,连连摇手,说:"一日为师,终身为父",学生不才,老师教训就是了,何出此言?

我理解学生的惶恐心理。因为,就连我也曾把"分庭抗礼"看做贬义词。40年前,正是"文革"时。街头上,红卫兵们的高音喇叭整日吼个不停的某走资本主义道路当权派的×大罪状中,总免不了有这一条:×××狂妄至极,竟敢与毛主席为首的无产阶级司令部分庭抗礼。当是时,那是要被砸烂狗头的弥天大罪啊。因此,印象中,分庭抗礼者,心怀狼子野心,意欲图谋不轨,犯上作乱者也。以此论之,学生当然受不了。

但是,分庭抗礼的本义并非如此。我懂得它的本义,还是数年后,看《儒林外史》的收获之一。《儒林外史》第四十回:"萧云仙广武山赏雪 沈琼枝利涉桥卖文"中写到,萧云仙在松潘卫守青枫城,筑城、开荒、植柳之外,还大力兴学办教育,请了位沈老秀才做总教习。"……开了十个学堂,

---

① 此文初次发表于《经济学家茶座》2006年第4辑。
② 郭小川:《厦门风姿》,《郭小川诗选》,人民文学出版社1977年版,第132—139页。

把百姓家略聪明的孩子都养在学堂里读书，读到两年多，沈先生就教他做些破题、破承、起讲。但凡做的来，萧云仙就和他分庭抗礼，以示优待，这些人也知道读书是体面事了。"[1] 这里的分庭抗礼分明是对体面人的尊重，何贬之有？还是查一下辞典吧。分庭抗礼，语出《庄子·渔父》，"万乘之尊，千乘之君，见夫子未尝不分庭抗礼"[2]。说的是古时主宾相见的一种礼节：宾客和主人分别站在庭中的两边，相对行礼，以平等的地位相待。因此，其本义是彼此以平等或对等的关系相处，各不相下。然而，时至现代，不知怎么回事，世人却多用于描述互相对立或搞分裂、闹独立的言行，成了学生避席畏闻的贬义词！[3]

我用"分庭抗礼"一词来形容毕业后的学生与导师在学术上的关系，用的是这个词的本义。其实是强调：博士生答辩通过之后，已经是一个出师的徒弟，今后要离开师傅的作坊，独立经营自己的小店了。[4] 从此，先前的师傅与徒弟，成为平等的业者，各自经营，各自过活。在学术研究上，彼此平等，可以合作，可以竞争，如有不同意见，也可以彼此辩驳，甚至公开论

---

[1] 吴敬梓：《儒林外史》，人民文学出版社 1977 年版，第 464 页。
[2] 陈鼓应注译：《庄子今注今译》（下），中华书局 1983 年版，第 824 页。此段原文是，子路旁车而问曰："由得为役久矣，未尝见夫子遇人如此其威也，万乘之尊，千乘之君，见夫子未尝不分庭抗礼，夫子犹有倨傲之容。今渔父杖拏逆立，而夫子曲要磬折，言拜而应，得无太甚乎？门人皆怪夫子矣，渔人何以得此乎？"
[3] 我怀疑这是中国数千年来封建专制社会中"天无二日，民无二主"，"溥天之下，莫非王土，率土之滨，莫非王臣"之类政治上帝王专制，文化上独尊儒术、罢黜百家思想潜移默化影响而逐渐形成的词义转换或扭曲。
[4] 中国的大学，有好事兼好古者，追溯到古之书院，我以为，大学是舶来品，与书院关系不大。它来自中世纪欧洲的 university。An institution for higher learning with teaching and research facilities constituting a graduate school and professional schools that award master's degrees and doctorates and an undergraduate division that awards bachelor's degrees. 它源于 universitas，指"由教师和学生所构成的新联合体"。一群教师和学生凑在一起，研究学问，一定时间后，教师举行考试，看学生是否基本掌握了本学科的基本知识，如果是，就可以独立执业了。因此 university 其实与中世纪欧洲城市中的手工业者行会有很亲的渊源关系和类似的规则。

经济学不是研究马尾巴功能的？

战。徒弟不必以师傅之是为是，师傅也不必为徒弟的观点负责。总之，师徒都不可有"一日为师，终身为父"的思想，更不可因一时的授业关系建立起终生的人身依附关系。因为，这势必妨碍学术进步。

其实，关于这一点，看一看金庸先生笔下的武林世界也能得出一点启示。金庸笔下，天下武林门派，无论大小，都奉行"一日为师，终身为父"的规矩。弟子入门之后，一举一动，均得唯师父之命是从，即使白了头，凡事仍不得自专。门派里，讲究辈分，莫说是师祖师父、师伯师叔，便是入门早了一天的师兄师姐，也有管教师弟师妹之权。所谓长幼尊卑，各自有序，君要臣死，臣不得不死，父要子亡，子不得不亡。就练武而言，即使本门武术，不得师父允许，也不得私自修习，别派武功，即令好过本门，练了，那也是背叛师门的杀头大罪。

或问，好好的人，干什么非要入此门来受这个罪？《笑傲江湖》可是说得再清楚不过了：林平之的父母因辟邪剑谱惨死于青城派之手，林平之逃出虎口，被人一路追杀，到处受人凌辱，简直痛不欲生，一旦拜在华山派门下，顿时找到靠山，顷刻换了人间。而令狐冲，不知是运气还是晦气，无意间学了华山派在野派——剑宗前辈风清扬的剑法，因此得罪了师父、华山派在朝派——气宗掌门岳不群，马上被逐出师门，转眼间便从武林中人人尊敬的华山派大师兄成了世人皆可杀之的丑小鸭了！

如此看来，武林门派者，帮派也。入某派者，名曰习武，实则寻求庇护，要的是拉帮结派，行的是党同伐异。然而，拉帮结派、寻求庇护岂能没有代价？凡入我门者，须得交出人格独立、思想自由、行动自由，建立人身依附关系，以门派之是为是，以门派之非为非。或问，武林门派的这些规矩，有利于各门各派的武学发展吗？答案很明白：如此门规，则本派武学发扬光大与否，尽系掌门一人，掌门能发展就发展，掌门要守旧就守旧，他人不得越雷池一步。这样如何能博采各家之长，又谈何推陈出新？长此以往，岂不危哉！君不见，金庸笔下，郭靖、杨过、张无忌、令狐冲……成大器者，又哪一个不是师法天下，尽学各门武学？

武学者，武林之学术也。武学如此，推广论之，各门学术也是如此。以此论之，弟子毕了业，为发展学术计，难道不该与之分庭抗礼，让他们各自营生，自由发展吗？难道还要守着"一日为师，终身为父"的封建规矩，一辈子不得逾越本派的门墙？

然而，尽管已经是21世纪，世上事还真有大谬不然者。如今之经济学界——其他学科领域，在下不懂，推而论之，或许也大抵如此（也许并非如此，那么其他各门学科幸甚！）——拜老头子的风气，还是那么浓！讲究师门规矩的，老的少的都不乏其人。曾见过×××教授弟子联谊会此类的组织。一年一度的教授生日，能办十来桌！司仪祝酒上寿辞的，必定是大师兄；曾见过出道不久的新秀，围着某泰斗套近乎：我导师的导师50年前在您那进修过，如此说来，您老是师祖太爷爷，今后可要多指教；曾见过精心编制的师门同学录，一到评奖评项目评博点，一通电话、email，大家彼此帮衬，相互提携……然而，入我门来，不能没有规矩。潜规则是大家都清楚的：以掌门、师父之是为是。师有误，弟子不得顾之。① 须为尊者讳，不得砍大旗，否则，当鸣鼓而攻之；同门师兄弟，"同类相从，同声相应，固天之理也"②，大庭广众之下，即使观点不同，也只能"吾请释吾之所有而经子之所以"③，切忌公开学术论争！论坛之上，必须党同而伐异。

然步调一致，枪口对外，置天下公器于何地，其与学术进步何益哉？君不见，"五四"时期，新文化运动的主将们：陈独秀、李大钊、胡适、鲁迅、周作人、钱玄同、刘半农等，一个战壕里的战友，但遇问题，观点不同，照样公开商榷。至于北大同事，彼此间公开论战，更是家常便饭。

---

① 三国周郎，精通音律。乐者演奏有误，周郎必回头视之，因而有"曲有误，周郎顾"之说。

② 陈鼓应注译：《庄子今注今译》（下），中华书局1983年版，第817页。"同类相从，同声相应，固天之理也。吾请释吾之所有而经子之所以。"陈鼓应的译文是：凡物同类便互相聚集，同声便互相应和，这是自然的道理。我愿意告诉我所知道的来帮助你所从事的。

③ 同上。

经济学不是研究马尾巴功能的？

鲁迅、周作人、钱玄同、刘半农等，都是章太炎先生的弟子。太炎先生后期政治上倒退，学生叹息之余，不仅当时就有《"谢本师"》惊人之举①，先生过世之时，弟子仍不肯为尊者讳，一切说好话。《关于太炎先生二三事》②，禀史家之笔，有褒有贬，实事求是。难道今天我们还要从"五四"时期倒退回去不成？

说了半天，学生总算勉强接受了我的师生分庭抗礼说。于是再送第二句话：杀师灭祖。"无门曰，参禅须透祖师关，妙悟要穷心路绝。祖关不透，心路不绝，尽是依草附木精灵。且道如何是祖师关，只者一个无字……参个无字，昼夜提撕……蓦然打发，惊天动地，如夺得关将军大刀在手，逢佛杀佛，逢祖杀祖。"③

杀师灭祖是禅宗语，佛学家们说：在禅宗的修行中，为了最终修得正果，首先必须破执。不仅要跳出三界火宅，而且，对佛言祖语也不能执著，非如此不能成正果。这种杀师灭祖的功夫，非是一般人所能具有的。须知一般入佛之人，勘破世间，进一步打破小我，并非难事，然而，对于佛言祖语，却是敬畏非常，若要他把这当做耳边风，的确困难。但参禅悟道，非如此不可。因此，参禅之不易，便在勘破祖师一关，倘能透得此关，便可乾坤独步。

佛教乃宗教，唯心主义之说，据说是麻醉人民的精神鸦片，但是，佛学之中，尚有如此气魄之人，为求悟道，居然不惜得罪师祖佛爷！都说经济学是科学，讲究的是解放思想、实事求是、与时俱进的科学精神。经济学家是彻底的唯物主义者，以研究社会经济发展规律为己任，以追求真理为目的。

---

① 周作人：《"谢本师"》，《语丝》第 94 期（1926 年 8 月 28 日），陈子善、张铁荣编：《周作人集外文》（下），海南国际新闻出版中心 1995 年版，第 117—118 页。有趣的是，章太炎先生昔日亦曾作《谢本师》一文，对于俞曲园先生表示脱离。

② 鲁迅：《太炎先生二三事》，《鲁迅全集》（第六卷），人民文学出版社 1981 年版，第 545—551 页。同门之间，更是如此。见鲁迅：《忆刘半农君》，《鲁迅全集》（第六卷），人民文学出版社 1981 年版，第 71—75 页。

③ 《无门关·赵州狗子》，转引自玄一：《禅与玄学浅论》，佛学研究网。

难道竟要在求学认知问道的气魄上输给宗教家，战战兢兢，视杀师灭祖为不祥之语，怀一己之私，害怕学生在学术上更上一层楼而扬弃甚至否定自己乃至祖师爷？

由是观之，若能由分庭抗礼而杀师灭祖，是师得其徒，徒得其师矣。如此，先生幸甚，弟子幸甚。

经济学不是研究马尾巴功能的？

芥 菜[①]

清晨散步，顺便带了点青菜回家。妻子接过，看了一眼，不禁抱怨：怎么又买芥菜？正在洗脸的儿子一脸冷峻：老爸，你是不是有芥菜情结？

芥菜大多微苦，厦门地处亚热带，终年无霜，似乎不太合适种芥菜。地产芥菜梗硬筋多，口感差，苦味较重，不受家人欢迎，也是情理之中事。

可我还是爱买芥菜。不断地买不同的品种，从小如菜秧到大如小伞的芥菜，从叶柄像是蒲扇般展开的到扁窄如同剑刃的芥菜，从来自闽西北叶柄紧紧卷在一起成C形粗壮结实如同标枪的到厦门特有的有梗无叶形状如同卷心菜一样的包心芥菜，逐一尝试。儿子说得没有错，我可能是有芥菜情结。

其实这是老境渐至的一种表现，想通过味蕾的刺激，寻找那逝去的旧日感觉。

四十来年前，芥菜是鄙乡中下层市民冬日的当家菜，犹如北方的大白菜。白菜在福州，虽然没有鲁迅先生说的那么金贵——"北京的白菜运往浙江，便用红头绳系住菜根，倒挂在水果店头，尊为'胶菜'"[②]——但也绝对是比较贵族气的品种。印象里，大概总要比芥菜贵三两分吧——那时的钱大，青菜价格多以分为计价单位，因此，贵上个三分两分，也就是贵上一倍半倍的了。光顾它的，多是些从山西、山东南下的干部。当地市民，不知是口味使然还是精打细算的缘故，多爱买芥菜。冬日傍晚，掌灯时分，一家老小，在四面漏风的厨房里，围着一锅连汤带菜、热气腾腾的虾皮熬芥菜，有时还加入一些切面，据说切面的碱能使芥菜更快煮烂，就着咸鱼、豆腐、蚬

---

① 此文初次发表于《经济学家茶座》2007年第1辑，总第26辑。
② 鲁迅：《藤野先生》，《鲁迅全集》（第二卷），人民出版社1981年版，第302页。

子、腌菜——那多半还是母亲用芥菜腌的！一人一罐近似稀饭的蒸饭①，只听见呼噜呼噜扒饭的声音，很快地，一个个额头上便冒出热汗来了。

芥菜也是闽北农民的恩物。三十多年前，秋冬季节，在闽北山村农民的自留地里，到处可见高大墨绿的芥菜。闽北芥菜与福州不同，不是那种叶柄像蒲扇般展开的阔叶芥菜，而是那种叶柄紧紧卷在一起成C形粗壮结实如同标枪的芥菜。口感上说，后者真不如前者。前者丰腴肥嫩，经霜打过后，苦味大减，一煮就烂，入口即化，口感颇佳。后者则显得老一些，你可以想见，那紧紧卷在一起成C形，粗壮结实如同标枪，能把一片片茁壮的长近一米的叶子以近60°的角度高高撑起的叶柄里自然要多些纤维质！

可是农民还是种本地芥菜。原因简单，它产量高。闽北芥菜的叶片比较直立，比起展开来占地能接近一米见方的阔叶芥菜，可以种得密一些，占天不占地，能更有效地利用空间。那年头，尽管山区地广人稀，可是自留地还是有限，农民们不能不精打细算，犯不着为了一点口感牺牲了产量。

闽北山区秋冬的菜园子里，其他绿叶菜不过是过渡或点缀而已，但是芥菜，却犹如当年的一二三四野，绝对是主力部队。多种芥菜，是因为它有着其他青菜不可比拟的优点：

第一，种植期长。从入秋到深冬，都是种芥菜的季节。农民常说，12月种芥菜，没得掰也有得砍。冬日菜园里，常见不同茬口的芥菜一起生长，这畦已经抽薹，那畦正当壮年，旁边还有刚刚定植的。此收彼种，热闹得很。

第二，生长期长。当年自留地里的绿叶菜，诸如小白菜、花瓶菜（也叫上海青）、芥菜等，只要能掰叶子吃，都要一叶一叶地掰着吃。所有青菜，精华部分大都是菜心，芥菜也不例外。可是，那时节，我们从来只能掰菜叶吃，而且从较老的外缘掰起。内圈较小的嫩叶，要让它长大了再掰。其所以如此，说来也简单。整棵地吃，势必要一茬一茬地种，一茬一茬地收，那产量就如同经济周期波动：菜下来了，吃不完；没下来，又没有菜吃。在没

---

① 三年自然灾害之后，粮食配给，定量多不够吃，因此，即使在家里，也不能吃大锅饭了，各人按定量量米蒸饭，是所在城市大多数居民保证月底不断顿的有效措施。

经济学不是研究马尾巴功能的？

有市场、限制交易的情况下，饭桌可经不起这样的大起大落，因此，均衡的吃法，是每天掰一点，细水长流。可是，如此一来，也就得天天吃老菜帮子了。可这也比一阵紧吃一阵吃紧强啊。也许正是这个原因，农民一般不大种大白菜和花椰菜。那玩意是好吃，可是不但耗大肥，而且只能整棵砍了吃。自留地里种上一畦白菜或是花椰菜，说起来不多，可是到时候一起下来了，一堆堆在那里，又不能腌咸菜、晒菜干，村里又不让卖[①]，只能现吃，没两天就烂了一半，实在不上算。要掰着吃，就得种生长期长的。小白菜、花瓶菜，论生长期，都不如人高马大的芥菜。记忆里，种上两三茬芥菜，就可以从深秋吃到初春了。

第三，用途广泛。芥菜不仅是秋冬农家餐桌上的当家花旦，而且是极好的猪菜。乡下煮猪潲，除了米糠、番薯、泔水之外，总要剁点猪菜。夏秋是地瓜藤，冬春就主要靠芥菜了。没有它，我真难想象这一冬，猪靠什么补充维生素！芥菜不仅供人吃、猪食，而且是腌菜的主要材料。闽北乡下的腌菜，一多半是用芥菜腌制的。初春季节，你在农舍的竹篱上，场院里，到处可以看见晾晒的芥菜。勤劳的主妇们将晒蔫了的芥菜扔在大洗衣盆里，撒上大粒盐，搓熟至半透明状，整整齐齐地码在大木桶里，压上两块大石块，过几天就可以吃了。富裕之家，春天腌下的芥菜，一般是要吃上一年的。新腌的芥菜翠绿晶莹，略带透明，多放点油，搁上辣子炒，能叫你连吞三碗糙米饭都不用汤！可惜，它很快就发黑、泛酸，变成老腌菜，那味道可就不敢恭维了。可是，青黄不接时，秋淡季节，主妇能端出一碗乌黑的腌菜，脸上可是透着一股家境殷实的矜持呢。

芥菜滋味平常，极为平民化，它甚至平民化到有时连平民（甚至贫民）都讨厌它。谁能一秋冬天天吃芥菜而不讨厌呢？谁能一年四季老吃颜色发黑、味道极酸的腌芥菜而不大倒胃口呢？可是那时，不吃芥菜，你能吃什么呢？生活也许就是这样：芥菜忠实地陪着你，忠实到让你讨厌，可

[①] 那时挑着一担菜上墟场卖，是有风险的，说不好就是走资本主义道路，菜给没收，人还得挨批呢。

还就是让你讨厌的芥菜陪你渡过了寒冷而单调的冬季。没有它,你的冬日也许会更难熬。

其实,平民滋味并不是芥菜的错。如果有合适的配料,它可以变得很优雅。就拿那硬如标枪的芥菜杆来说吧。去叶对剖,斜切成片,加入腊肉,旺火快炒,临起锅时,加少许青蒜杆,绝对是一道色香味俱全令人食指大动的下酒好菜。过了年,芥菜开始抽薹了。将长成莴苣般的芥菜苔剥皮,取出白玉般半透明的苔芯(俗称芥菜脑),或切片或切块,和冬菇、火腿、干贝一起放入高汤里文火煨烂。我敢打赌,即使你把它端到五星级酒店的餐桌上,也一点不掉份!初春时节,富有生活情趣的老爸,虽然平时不下厨,此时也会把含苞的芥菜花芽连同嫩枝掐下来,切成碎末,用酱油腌熟,滴上香油,拌上剁碎的猪油渣———一定要今天弃之如敝屣的猪油渣,不然就没有那股特殊的香了!夹进刚出炉的芝麻光饼。芥辣光饼,那可是能叫孩子们欢呼雀跃,让邻家弟弟妹妹们眼馋得眼珠子都要掉到地上的美食呢!

白石先生生前钟情白菜,常画之,并有题款曰:牡丹为花之王,荔枝为果之王,何独不谓菘为菜之王耶?白菜是北方冬日的当家菜,平凡至极,然百姓生活,不可少此一味。白石先生以民为本,尊为菜中之王,与贵族化的牡丹、荔枝比肩并列,可谓慧眼独具,气魄夺人。南北地气迥异,南方芥菜,北方白菜,当年地位大致相当。可我,尽管深深地敬重芥菜,但却不愿尊之为王。寻常百姓,居家过日子,粗茶淡饭足矣,要什么金玉满堂,王侯伯爵!相形之下,倒是常常帮人一把的邻家兄长更令人亲切。芥菜有如穷人家中途辍学,早早担起一家生活重担,让弟妹继续上学的长兄。多年操劳,含辛茹苦,如今,弟弟妹妹们不负所望,学有所成,因过早操劳而略显早衰的长兄,尽管不再光彩照人,可是,在弟妹们心目中,却永远是大家庭里最受尊重的长者呢。

经济学不是研究马尾巴功能的？

《论海峡西岸中心城市建设》后记[1]

《论海峡西岸中心城市建设》是厦门市政府委托课题和厦门大学校长特别基金委托项目的研究成果。课题组自2004年4月开始调研和研究工作，历时一年有余得以完成。然而，决定将它交付出版，却是一年多后的2006年秋冬之际了。

业内人都知道，研究报告具有极强的时效性。何以这份报告竟然要在完成后一年多才得以付梓呢？编辑曾问及。我想，读者也会问及：一份一年多以前完成的研究报告在今天是否仍有出版和阅读的价值？

我的回答是肯定的。这并不完全是敝帚自珍的缘故——当然，这一成分不能说一点也没有。但是，今天出版它的动机，更多却是因为本研究所提出的问题至今尚未得到解决。随着时间的推移，解决它的必要性，在我看来——而且也越来越多的人，包括一些地方和部门的领导也开始认同这一观点了——是越来越迫切了；出版它，也因为这一研究的结论至今尚未过时，尽管所用的资料和数据从今天看，有点陈旧了；出版它，更因为其政策建议对于政府有关决策部门思考这一问题仍有参考价值。出版它，研究者的用意十分明显：希望这一关系海峡西岸经济区建设大局的战略决策建议能够引起政府决策部门的重视，推动其尽快付诸实施。[2] 这种情怀，我想是大多数中国这一代学人至今都深藏在心底，而且将老而弥坚，至死不渝的。

---

[1] 《论海峡西岸中心城市建设》，经济科学出版社2007年出版。此文写于2006年年底，首次发表于《福建社科界》2007年第1期。

[2] 时隔7年之后的2011年，中共福建省委、福建省政府终于启动了福州、厦漳泉大都市区建设。2011年9月9日，在省委省政府领导的主持下，厦漳泉三市市长在厦门签署了《厦漳泉大都市区同城化合作框架协议》。协议提出，到2015年初步实现同城化。

《论海峡西岸中心城市建设》后记

书稿付梓之际,写几句后记,还想说一说书前书后的一些事。

这一研究就我个人的缘起而言,更早。它起因于2002年我承担厦门市政府的一个委托调研课题得出的相近政策结论。可惜的是,当时负责联系这个课题的某领导却认为这一结论与新任市委书记的观点冲突,不宜上达。此间故事,因此成为我一篇经济学随笔的部分素材,[①]这里也就不想再炒冷饭了。后来,我遇到了这位新任市委书记,谈起厦门经济社会发展面临的问题,觉得近两年前的政策建议至今看来,仍然值得重视,再次提出。书记大为惊讶:为什么当初这个建议竟被打入冷宫了?之后不久,便有人找上门来,委托进行这一研究。可惜的是,不久,新任市委书记另有重任,离开了厦门。我们的这一研究也就只好留在抽屉里供老鼠去批判了。

然而,随着时间的推移,本研究所提出的问题并不因此消失,相反,越来越不容忽视了。有识者曰,如果再在这132平方公里或1516平方公里土地上做发展工业的文章[②],这世界闻名的美丽的海岛花园城市过不久可能就连空气的味道都将与过去不一样了。可是,当今中国,又有哪一个主政者敢冒所在地区经济增长率递减甚至停滞的大不韪呢?有感于此,不久前的一次政府决策咨询会议上,我不揣冒昧,再次进言,与会的决策者觉得大有参考价值。当此之时,我的感慨也就可想而知了。

说起来,这四五年间,书前书后的一些事,不过是些个人的遭遇。[③] 如果仅此,确实不值一提,但是,我知道,这些绝非仅有我曾经遇到过,任何

[①] 李文溥:《医生、木匠与托儿》,刊《经济学家茶座》2003年第4辑,总第12辑。亦见本书《医生、木匠与托儿》。

[②] 132平方公里为厦门岛(含鼓浪屿)也即主市区的面积,1516平方公里为厦门市现在的行政辖区面积。根据第二次土地调查标准时点(2009年12月31日)的数据,厦门市土地面积为1699.39平方公里,其中厦门岛(含鼓浪屿)为157.76平方公里。见厦门国土资源与房产管理局:《第二次土地调查成果显示:我市土地面积增加47.41平方公里》,http://www.xm.gov.cn/zwgk/bmxx/gtzyyfcglj/gzdt/201104/t20100419_346497.htm。

[③] 这里的"个人",其实不是真正意义上的个人,而是一个研究群体。

经济学不是研究马尾巴功能的？

严肃的研究者在从事类似性质的研究时都难以避免。因此，它在一定程度上折射出目前我国社会科学服务于政府经济社会决策方面存在的一些值得思考并改进的共通性问题。从这个意义上说，似乎也就有了说一说的价值。

我相信，所有期盼中国进步的人都期望这种无谓的决策成本能减至最小。可是，任何一位经济学家都知道，物理世界里怎能没有摩擦力，经济现实中哪里少得了交易成本！我多年参与政策咨询，这些早已经是司空见惯的寻常事了。说来大可潇洒地"白发渔樵江渚上，惯看秋月春风。一壶浊酒喜相逢：古今多少事，都付笑谈中"。但是，窃以为，古今多少事，尽管存在但却未必合理。历来的社会进步，相当程度上不正是有了那些"不潇洒者"对现存而不合理的现象予以批评、抵制、抗争、改造甚至革命才得以实现的吗？

多少年了，政府及社会各界一直在呼吁决策的科学化、民主化。这些年来，由于政府部门的重视，学者们也越来越多地参与了各级政府的决策咨询工作。这无论从改进政策实践还是推动理论发展而言，都是件大好事。对哲学社会科学尤其是其中具有较强社会实践性的学科来说，这是一条服务社会而且从服务中检验理论，实现创新的重要途径。但是，如何看待在这一过程中学者们的作用呢？是书记出思想，学者忙论证，还是学者独立研究，政府择善而从之呢？就我看来，显然是后者。因为前者比学者们躲在书斋或象牙塔里不问世事、官员们自以为是而且自行其是还要糟糕！然而，要做到后者，使社会科学工作者真正成为社会的医生，而不是照图出活的木匠，甚至是老板出钱，秀才造势，意在创收或者仕进的托儿"学者"，我们在机制、制度上或许应当有所设计？① 只有这样，才能切实防止从"学者独立研究，

---

① 制度之外，还有甚至更为重要的文化和社会习俗。这些年来，曾见过多少设计相对周全甚至是在国外实践多年，证明是成熟的制度，引进到国内，就变得似乎不是那么回事了。制度与具体国情的相容性是值得重视的，但是，多年积淀的不同的文化背景和社会习俗在今天是否仍然合理，也是值得考虑的，这些今天看来未必合理的既有文化背景和社会习俗孑遗一点一滴但却毫不留情地解构了精心构造的制度，不能不值得严重关注。关于这一点，很可以引出更多的思考，但是多说也就扯远了。

政府择善而从之"的良好初衷出发,最后落了个"书记出思想,学者忙论证"的不幸结果。其次,社会经济的重大问题,从研究到形成决策以至实施见成效,时间跨度往往很长。在这期间,领导人升迁、调整工作岗位,是正常现象。如何在体制和制度上保障决策以及政策的连续性,其对政策资源甚至政策研究资源的优化配置,政策效能最大限度的发挥而言,似乎也不是件可有可无的事?我是政治经济学出身,这些年来,对西方的新政治经济学、公共选择理论等也略有涉猎,知道西方学者对西方国家政策过程的失望。查尔斯·林登布洛姆(C. E. Lindblom)甚至认为政府决策是一个"胡乱对付(muddling through)"的过程![1] 我对于我国社会经济决策中不尽如人意之处,虽然也曾有过牢骚[2],但还是痴心不改,总觉得社会主义市场经济条件下的公共政策过程理应有更多科学和民主的成分。这,不妨算是站在岁末的我对来年的一个期盼吧。

---

[1] 参见 Lee S. Friedman, *Microeconomic Policy Analysis*, McGraw-Hill Book Company 1984, Chapter 1.
[2] 李文溥:《签字、公章和组织便车》,《经济学家茶座》2002年第1辑,总第7辑。亦见本书《签字、公章及组织便车》。

经济学不是研究马尾巴功能的？

老 店[①]

> 余居厦大，三十年矣。初来时，举目校园，遍地甘蔗、地瓜。老农荷锄，牛车漫步。校内小店，百货、书店、粮店、日杂、菜场、理发店各一。而今厦大，墙内高楼，墙外闹市，车水马龙，市声喧嚣，俨然商圈。然当年老店，仅存者一，且日渐萧索。感慨不已，属文记之。
>
> ——题记

头发又长了，该理发了。

我习惯地走进那家老店。

老店始于何时，我不得而知。有人说，老店的历史可以追溯到抗战。厦大避乱迁校长汀时就有了它。如今店中的师傅，有些就是当年店主的再传徒弟。余生也晚，不能证实此说。只知三十年前我进校时，老店是厦大校园里唯一的理发店。全校数千师生理发大多要走进它的门。

那时，老店并不开在今天这个地方，而是在厦大"大南校门"附近。它的旧址如今耸立着邵逸夫先生捐建的厦门大学国际学术交流中心。那地方，不说现在，即使当年，也是厦大校园里最热闹的地带：人称"王府井"，左近就是厦大的"中南海"。

那时的老店，无论房子还是设备，在当时的城市理发店中，都属于中上水准——铮亮的大镜子，八成新的铸铁理发椅，电推子，洁白的热毛巾，技术熟练、和蔼可亲的师傅，细心周到的服务细节：在围上理发罩衫时，总不忘先在你的脖子和罩衫围脖之间夹上一圈干净的纸条（那大概是学校印刷厂印讲义时裁下的边角料）！这一切都让我这多年上山下乡、快要成为荒原

---

① 此文初次发表于《经济学家茶座》2007 年第 3 辑，总第 29 辑。

狼的老知青重新找回久违了的城市生活的温馨感觉——在我的印象中,当时的厦门,似乎只有最繁华的中山路上的中梅理发厅要比老店高档些。老店自然因此价格不菲:理个男发,要两毛伍,比当时大学生食堂一顿午餐所费还要贵上3—5分钱呢。有些学生舍不得,不改当年插队乡下、连队当兵的艰苦奋斗作风,自力更生精神,合伙买了理发推子,自我服务。虽然在学生队伍里,在下也属于贫下中农行列,可我宁愿每月省下一顿饭钱,走进老店,享受一次城市水准的服务,找回城里人的感觉。

　　那是老店辉煌的时代。每天座无虚席。大多时候,你总要坐等几个,才轮得上。可我还是心甘情愿。要知道,服务之外,老店自有它另外的魅力:小小的店堂里,你可以看到厦门大学几乎所有的硕学鸿儒。上次与你一起坐在长椅上排队的是曾经教过陈景润的数学系教授和当今国内物理化学界的泰斗;今天那位衣着朴素边理发边与邻座的客人有一句没一句地闲聊天的和蔼老者是钱钟书先生的清华同学,先生二十余年来,在国内一直默默无闻,海外却悄悄再版了他多年前的散文集;旁边的那位,是《鲁滨逊漂流记》的译者,最近,绝版已久的《鲁滨逊漂流记》又重新再版了,与一批世界文学名著一起面世,书店里买书的人排起了长队。几位老人能不因此感慨万千吗?……老店真是往来无白丁,谈笑有鸿儒!当然,教授也是常人,走下讲坛、拐进老店的教授,更是寻常百姓一个。教授们静静地排队等候理发,拿张店里订阅的地方报纸或是从口袋里掏出本书消磨坐等的时光,全无课堂上的神采飞扬,也没有了考场上的不言自威,即使聊天也大多是柴米油盐家常琐事。但是,那股书香,那种儒雅,却不因此稍减,偶尔一句隽永的话语,令人莞尔,间或一声冷冷的幽默,叫人捧腹。于是,你就在这静静的等待中如沐春风、身心一新地走出老店。

　　日子就像静静的小河,一天天地流淌过去。三十年来,每月你必去老店报到一次。你看着老店的伙计们一个个地退了休。当年最年轻的师傅如今已是头发斑白,成了你学生时代老店仅存的老人。你看着当年高山仰止的学界前辈慢慢变老,突然有一天,你发现似乎很久没有在老店见到他了,这才依

经济学不是研究马尾巴功能的？

稀记起不久前曾在学校的广告栏里见过先生的讣告。

这也许是厦大变化最大最多的三十年。每日里，不是这里平地起高楼，就是那儿荒野变庭园。因了建设需要，老店也曾搬过几次家。尽管如此，老店却似乎没有什么变化。一样的设备，一样的服务，熟悉的顾客，熟悉的氛围。当然，老店在不变中也悄悄地有所变化。新添了电吹风或是其他。新来的伙计理完头，会怯生生地问一句：要吹风么？要不，给您焗个油？当然，十有八九都被崇尚简朴的教授给婉言谢绝了。教授的谢绝不无道理：一向不修边幅、崇尚满腹诗书韵自华的他，一旦焗了油，吹了新发型，待会儿上了讲台，该如何面对满堂学生困惑的眼光、窃窃的私语？于是，老店新进的设备不久也就看不见了。不知从何时起，老店洗发不再使用多年用惯的自制肥皂水，而是改用外购的廉价洗发香波。碧绿色的液体，装在一个塑料桶里，常常是由一个小伙子骑着自行车送来的。他拎着那桶穿过店堂时，就留下了一股有点怪异的淡淡香味。多年通货膨胀，自然，理发的价钱也在悄悄地涨。从两毛五到五毛，从一元到两元，最近已经是五元了。每次涨价，老店的师傅似乎总不大好意思启齿，大抵是在顾客们理完发交钱时低声说一句：现在是×元了。来理发的客人也就急忙忙地从钱夹里再掏出点钱：应该的，应该的，现在不是连高丽菜都卖到一斤一元了吗？尽管老店的理发价格涨了多次，可是我悄悄算了一下：它与同期教授工资的比例，居然大体上没有什么变化！

三十年里，老店确实也在变化之中，可是，不知怎地，这变化却更像是不变。在我的记忆中，三十年里，老店从未有过旧貌换新颜的时候，更不用说引领时尚的风光一时，就是连追随时代步伐的适应性变化，好像也说不上。老店的变化显得如此被动，是那么的怯生生，仿佛生怕过多的变化，惊动了它的老顾客，使他们感到陌生。看得出来，老店竭力希望保持它数十年一贯的传统和风格，维持它的相对价格标准和绝对服务水准。老店用心良苦。但是，这用意，我说不上也猜不透。或许，这传统和风格，当年的老校长曾不经意地称赞过？或许，这相对价格标准和绝对服务水准，是教授们多年一致的认可？于是，它在不经意间固化成了老店的传统和文化。而这无形的传统和文化，由一群具有极高文化素养的顾客群体在特定历史时期里塑造出来，因此是如此的强大，以至于老店一代又一代的师傅们是如此虔诚地守护着它！

哦，老店变的表面之下却是不变，不变的骨子里是对不经意间固化了的传统和文化虔诚的坚持。

可是，老店却在虔诚的坚持中慢慢地老去了。

先是来洗发的女宾们带来了自用的洗发水、护发素，后来，女宾中青年或中年的女教师们渐渐地不来了。据说是因为一向被娇生惯养的她们得知外面的发廊如今可以舒舒服服地躺在理发椅上洗头了，因此不愿意再委屈自己，趴在龙头下洗头。这么累，不如回家洗得了！真是人心不古啊，这才几天不斗私批修？她们就"修"到了家！① 难怪有位老人家说，八亿人民，不斗行吗？"文革"，真是七八年就得来一回。可是，斯人已逝，"文革"不再，也就事无挽回。剩下的女客多是些退了休的奶奶级人士，老店从此莺歌燕舞不再。与女教师不同，男教师却是最不修边幅也最不跟风追风，一贯我行我素的一群，从而也就成为普天之下顾客忠诚度最高的消费群体。不管时代如何变迁，当年的教师、后来当了教师的当年的学生们仍然不假思索地走进老店，剪最普通的发式，用肥皂水刮脸，用桶装的廉价香波洗发，尽管在他们家中浴室镜台上摆的日常洗涤用品早已是"海飞丝"、"潘婷"和"吉列"了。对于老店而言，当年的这个特定消费群体曾有如此强大的影响力，他们的消费习惯和审美思维竟然牢牢地固化了老店的服务供给模式，此后，尽管斗转星移，世风日变，外面的世界如此精彩，可是老店却大有咬定青山不放松，任尔东西南北风的气势，不改经营初衷。于是乎，新人渐稀，斯景不再，老店的消费群体也就渐次萎缩。当年，全校师生员工只要理发，大都要走进这家老店，不进来的，多是想省点钱的。如今光顾老店的，多是些虽不大缺钱但却缺少消费欲望或是充满怀旧情怀的中老年教师。到得今日，在下虽已年过半百，却常常是老店里最年轻的顾客了。在下的儿子，从小就被

① "修"者，修正主义也。

经济学不是研究马尾巴功能的？

带着在老店理小平头。可自打上了高中，他居然就想背叛老店了。进了大学，每到寒暑假，总要理了发才回厦门；碰上个对老店情有独钟的老爸，儿子只好消极抵抗。如今进了老店，你再也不用排队，因为要排队的是等着要为你服务的师傅们了。

坐在老店空荡荡的店堂里，不禁感慨万千：这是怎么了？这难道不是当年全厦门最好的理发店之一吗？它的服务，就绝对水平而言，非但没有下降，甚至还略有上升啊，怎么如今竟要落得个门可罗雀，白头宫女闲坐说玄宗的地步？老店的供给曲线不是基本不动吗，怎么就找不到与今日需求曲线的交点了呢？唏嘘之余，习惯地拿张报纸遮眼，映入眼帘的是半版广告：为庆祝"五一"国际劳动节，欢度黄金周，某五星级酒店举行宫廷美食节，喝宫廷玉液，吃满汉全席，所有菜谱全部来自当年老佛爷御膳房膳单，一切悉依古法炮制，格格上菜，阿哥斟酒……看到这，不禁想起了昨晚临睡前偶然看到的同治元年也即慈禧垂帘听政那年的太后寿宴菜单：

海屋添寿大膳桌，铺黄膳单，大锅菜二品：猪肉丝炒菠菜、野味酸菜；大碗菜四品：燕窝"寿"字红白鸭丝、燕窝"年"字三鲜肥鸡、燕窝"如"字八仙鸭子、燕窝"意"字什锦鸡丝；中碗菜四品：燕窝鸭条、鲜虾丸子、烩鸭腰、烩海参；碟菜六品：燕窝炒烧鸭丝鸡泥、酱萝卜、肉丝炒翅子、酱鸭子、咸菜炒茭白、肉丝炒鸡蛋。①

嘿，这位权倾天下、富有四海的西太后的寿筵，搁到今日，除了用燕窝拼成"寿年如意"字样还算是玩了点噱头之外，有几道菜式是当今星级酒店看得上的玩意？

我闭上眼睛，眼前浮现出一幅图景：五星酒店金碧辉煌的餐厅里，全身宫装、头梳燕尾髻、脚踏花瓶底的"格格"们在丝竹声中，一路迤逦，婀娜多姿地端出一盘盘"一切悉依古法炮制"的猪肉丝炒菠菜、野味酸菜、酱萝卜、酱鸭子、咸菜炒茭白、肉丝炒鸡蛋，外加一碗碗油晃晃的肥鸡老鸭……

---

① 见唐鲁孙：《清宫膳食》，《唐鲁孙谈吃系列》（下卷），广西师范大学出版社2007年版，《酸甜苦辣咸》，第127页。

鼓浪屿散步遐思[1]

鼓浪屿是厦门的骄傲。厦门湾里的这个面积不足两平方公里的小小海岛，名气甚至比毗邻它的厦门岛还要大。

站在厦门岛的鹭江道上，白天，你可以眺望湛蓝的大海中绿树掩映的点点红瓦，八卦楼醒目的红色穹隆[2]，突兀而起的日光岩，复鼎石上的郑成功塑像，鹭江海峡中对开的轮渡；晚上，你注视着小岛的点点灯火，夜色中依稀可见小岛的轮廓，像是一艘远航归来的巨轮。一道六百米宽的鹭江海峡，如休止符一般，将都市里习见的车水马龙和尘嚣喧闹远远地阻隔在海的另一边。漫步小岛，随处可见次第绽放的木棉花、凤凰花和三角梅。小巷深处，不时飘出钢琴悠扬的旋律。鼓浪屿，它能引起人们多少遐思？因此，有朋自远方来，厦门人很少不领着他到鼓浪屿去走一走的。

上岛的游人，若是走马观花做半日游，大抵是从轮渡码头上龙头路，经晃岩路直奔日光岩，俯瞰全岛，眺望波光粼粼的厦门湾，海湾口水天相连处至今仍归台湾当局管辖的大担、二担、三担诸岛，领略当年郑成功以晃岩为水操台，举旗为号，训练平台水师的大将雄风，而后去菽庄花园走一走——依山临海而建的花园，国内确实不太多见，更何况这是一个百余年前台胞的私家花园。甲午年间不愿在日本铁蹄下屈辱求生，举家内渡厦门的林尔嘉先生之所以在面向台湾的海边修建这个花园，大概是想在这眺望故土，借汹涌的海浪抒发一下心中的国破家亡之痛吧[3]——再到附近的港仔后海滨浴场，

---

[1] 本文初次发表于《经济学家茶座》2007年第5辑，总第31辑。

[2] 八卦楼位于鼓浪屿笔架山麓，因其红色穹隆顶上有八道棱线，顶窗四面八方十六向，并置于八边形的平台上而得名。该楼是鼓浪屿的标志性建筑之一，有"台湾板桥林家"之称的林鹤寿先生于1907年始建，延至1949年尚未竣工，林因此破产。自1983年起，该建筑成为厦门博物馆。

[3] 林尔嘉先生有幸看到了台湾光复，于1945年携家眷回到台湾。

经济学不是研究马尾巴功能的？

　　与阳光、沙滩、海浪亲近亲近，也就算完成了鼓浪屿之旅。

　　然而，蓝天、白云、大海、沙滩、木棉花、凤凰花和三角梅不是小岛唯一的瑰宝。从鸭绿江口到北部湾，祖国万里海疆，有多少自然风光远胜鼓浪屿的海岛！鼓浪屿令人遐思之处，更多来自岛上凝固的历史。

　　鼓浪屿的历史凝固在小岛迷宫似的小巷两侧数以千计风格迥异的别墅建筑里。

　　轮渡码头不远的小山坡上，坐落着当年的英国领事馆。这是鸦片战争给小岛留下的印记。尽管当年楼前的狮座纪念碑和挂着米字旗的旗杆已在20世纪中叶被捣毁，但是，直至1998年，人们在翻修旧楼时还是发现了当年遗留下来的刑具。在它的南面，鹿礁路26号，是原日本领事馆。这座至今完好保存下来的拱券仿英式住宅及其附属的日式建筑，抗战胜利后，作为敌伪资产被中国政府接收，划归厦门大学使用，至今仍是大学教工宿舍。每到初春，庭院里，一树木棉开得如火如荼，像是燃烧的火炬，可是，漫步庭院、欣赏繁花的人们很难想象当年这里曾有过的恐怖和血腥：领事馆右侧的日式红砖楼曾是日本警察署，它的地下囚室的墙上至今还留着被囚者刻下的标语、关押天数的符号和斑斑血迹！

　　早在鸦片战争之前，鼓浪屿就是西方列强觊觎的一块翡翠。1841年，它被英军占领。之后，列强纷至沓来。在这个不到两平方公里的小岛上，当年竟然有英国、美国、西班牙、法国、德国、日本、荷兰、丹麦、葡萄牙、奥地利、瑞典、挪威、比利时13个西方国家设立的领事馆！日、美、英、德、法各国的争夺，使鼓浪屿于1903年再次主权异手，沦为"公共地界"①。各国驻厦领事团节制的工部局成了管理鼓浪屿的行政机构。② 得意忘形的殖民者们直把他乡做故乡，在岛上大兴土木。至今你在岛上，仍然可以看到遗留下来的原英、美、日等国领事馆以及会审公所、万国俱乐部、副税务司公

---

① 即公共租界。
② 工部局原楼在岭脚，抗战胜利后为区公所，1949年后为鼓浪屿区政府，1958年原楼被拆除。

馆[1]、理船厅公所、大后宫验货员公寓、汇丰公馆、大北电报房、协和礼拜堂、天主堂、福音堂、三一堂、圣教书局、救世医院、博爱医院、田尾女学堂、美华学校、山雅各别墅、原英国领事公馆、原汇丰银行经理公馆等一批风格各异、与小岛的殖民地历史密切相关的西洋建筑。

当然，在说及岛上这些带着百余年来令国人感到屈辱的建筑时，不能不提到另一栋建筑。那就是与日本领事馆、英国领事别墅等同在鹿礁路上的海滨旅馆。虽然它只是一座毫无雕饰、普普通通的清水红砖三层楼房。在鼓浪屿数以千计美轮美奂的别墅建筑中，它是那么朴素，那么貌不惊人，就像是一介身着长衫的文弱书生。但是，正是在这座楼房里，1945年9月，中国政府举行了侵厦（包括汕头）日军的受降仪式，接受了日军司令、海军中将原田清一以下近三千日军的投降，从而一洗鼓浪屿百余年来蒙受的耻辱。[2] 如今，那座清水红砖楼房还静静地矗立在海边，成为民居。它还是那么普通，甚至有点陈旧。除非有意寻访，否则很少有人会注意到它。我不知道，每日里从这儿匆匆走过的众多游人，有几个知晓它曾有过的庄严和辉煌？

当然，小岛的风光并不是殖民者们的杰作。它的南欧城市风貌[3]，更多是由20世纪二三十年代以华侨为主兴建的各式私人别墅构成的。[4]

强烈的民族主义情感，海纳百川的胸怀，不断追求创新的进取精神，锐意彰显个性的性格特征，在鼓浪屿的华侨建筑上得到了淋漓尽致的体现。

---

① 此外尚有税务司公馆。令人叹息的是1992年海关总署从厦门有关部门收回该建筑产权后，却于1996年将其拆除，在原址上建了一个现代建筑：海上花园酒家，用做培训中心！

② 此外，1949年4月15日，宋子文就是在这里，向厦门要塞司令等传达了蒋介石的指示，将转移到厦门的央行国库黄金151箱和银元5500箱运往台湾。

③ 一位英国人曾说："鼓浪屿的秀丽景色和建筑妆饰得像欧洲南部城市一样，构成一副赏心悦目的图画，是非常适宜居住的地方。"转引自龚洁：《鼓浪屿建筑》，鹭江出版社2006年版，第3页。

④ 20世纪20—30年代，鼓浪屿出现了一个建房高潮，据"工部局"年报统计，仅华侨就建造了各式楼房、别墅一千余栋。

经济学不是研究马尾巴功能的？

位于福建路44号的"海天堂构"最为鲜明地体现了华侨强烈的民族主义情感。这个由五座楼组成的建筑群，是由两位黄姓菲律宾华侨修建的。中楼前方和左右两侧是四栋西式别墅，柱子是古希腊式的，窗饰具有巴洛克风格，但是，中楼却是一栋中式仿古宫殿式建筑。屋顶采用了重檐歇山顶，四角缠枝高高扬起。中式屋顶牢牢地压在了西洋主体的建筑之上。长年居住在鼓浪屿的美国牧师毕腓力（P.W. Pitcher）早就注意到了这种建筑所宣泄的民族主义情绪，在其所著 *In and about Amoy* 一书中说道："（华侨）在海外遭受欺凌，因而在建造房屋时产生了一种极为奇怪的念头，将中国式屋顶盖在西洋式建筑上，以此来舒畅他们饱受压抑的心情。"[1] 海天堂构不仅在单体建筑用了中式屋顶盖在西式建筑上这种厦门常见的建筑风格[2]，而且更进一步，在建筑群格局上，采用了闽南特有的功夫茶具布局———主四从。建筑无声，可是却蕴涵了建造者心中多少期盼！

漫步鼓浪屿，观赏华侨们兴建的各式别墅，你不能不佩服这些曾经漂泊四海的华侨海纳百川的胸怀：八卦楼的巨大红色圆顶借鉴了伊斯兰建筑阿克萨清真寺的样式，四周的82根大圆柱却参照了古希腊的海拉女神庙。亦足山庄的欧式门楼由许多大小盾形浮雕、繁枝花卉、希腊柱式组合而成。走到楼前，你甚至会怀疑是否来到了一个欧洲古老贵族的府邸？一个来访的外国建筑师曾经感叹：真想不到鼓浪屿保留着英国维多利亚时代到伊丽莎白时代如此丰富的各种设计，有些式样连英国本土也找不到了。可是，在鼓浪屿，岂止是各式各样的英式建筑风格，你还可以找到西欧、南欧、北欧，甚至古希腊罗马式的建筑。归来的游子在故乡盖这些异国风情的房子，难道仅仅是一种猎奇和炫耀，个中就没有一点其他意思？

海纳百川却不是照单全收，而是以我为主，拿来主义，是引进基础上不拘一格的创新。就拿柱式为例吧。在鼓浪屿的建筑中，你不仅可以找到陶立

---

[1] Pitchen, Philip Wilson, *In and about Amoy*, Methodist Publishing House, Shanghai, 1912. 转引自龚洁：《鼓浪屿建筑》，鹭江出版社 2006 年版，第 110 页。
[2] 如今它被建筑界称为陈嘉庚建筑风格。

克、爱奥尼克、科林斯等西方通行的柱式,还可以看到中国工匠们在此基础上进行的大胆创新:他们不仅在爱奥尼式柱头上加上了梅花、太极等中国文化元素,甚至用百合、麒麟、蝴蝶、风铃、松鼠来妆饰柱头,将单立柱改成了双立柱甚至三立柱。在建筑材料上,也大胆地使用了闽南丰富的花岗岩石材、具有地方特色的清水红砖和琉璃瓶式柱、寿字栏杆,等等。中国工匠的巧思和创新,使这些建筑增添了他乡所无的中国元素、闽南风格。

徜徉在鼓浪屿的小巷里,你仿佛置身于一个巨大的建筑博览会:这些20世纪二三十年代的建筑尽管数以千计,但却很难找到两栋楼房是一模一样的!建筑风格的多样性,透出了主人们对个性的大胆追求。市场经济条件下的个人自由选择在建筑中也得到了淋漓尽致的体现。且不说那形形色色的整体建筑风格,多姿多彩的中西门楼、屋顶和柱式,就连小小的窗户式样,房屋的主人们也不肯人云亦云。有人发现①,鼓浪屿所有别墅楼房的窗是不一样的。不仅一座楼一种窗,甚至一栋别墅几种窗。窗套、窗楣、窗饰有西欧的、美洲的、东洋的、殖民地的、中国的以及中西合璧式的;有尖拱的、圆拱的、落地的、半墙的;有百叶的、双层的;有自然的、象形的;有素色的、彩色的……林林总总,千姿百态,争奇斗艳,令人应接不暇。观彩楼是白玉花岗岩剑客脸庞荷兰窗;林府八角楼的窗楣、窗套上精美的白鸽和缠枝蔷薇浮雕,是典型的巴洛克风格;中华路上的一幢别墅,窗格式样别出心裁,寥寥数笔,有的是一只惟妙惟肖的猫头鹰,有的则是一支海锚!黄荣远堂和杨家园的忠权楼竟然张扬如斯:同一栋楼的窗式、窗楣都各不相同!

到鼓浪屿看老别墅,近年来成为厦门旅游的一大热点。在鼓浪屿,你不时可以看见一队队的游客在老别墅前,听导游讲解那凝固的历史,三三两两的中外摄影爱好者架起了各式"长枪短炮",把心中的美精心地收进了镜头。

鼓浪屿已久为人知,但是,它的老城之美,却是近年才引起世人瞩目的。它源于城市化的浪潮正不断地吞噬我们的记忆。传承往日流风余韵和少

---

① 龚洁:《鼓浪屿建筑》,鹭江出版社2006年版,第182—184页。

经济学不是研究马尾巴功能的？

时记忆的老城，如今已珍贵如大熊猫，可遇而不可求了。然而，地处东南沿海闹市一隅的这个小岛，却没有被好事之徒纳入宏伟的旧城改造规划，无疑是鼓浪屿之幸、厦门之幸，甚至中国之幸。

然而，人们在庆幸老城得以基本保全的同时，却面临着更多的困难和困惑：如何使它的南欧城市风情、古朴典雅之美得以保留，得以恢复，而且充满活力，不因为受到保护，却成为庞贝那样的古城木乃伊？

鼓浪屿保护之难，首先在于它不是几栋甚至几十栋、上百栋具有历史文物价值的老别墅的保护，而是整个城区的文化保护。老城风貌，不仅仅依赖那些名宅——这些年来，见过多少这般大煞风景的文物保护：高楼林立的街道旁，孤零零地站立着一座粉刷一新的老宅，它与周围环境是如此之不协调，怪异如斯，简直就像是脸上的一个瘩子！——而且包括它们周围的那些不那么出名，也许没有什么文物价值的一般别墅，甚至那些普通的闽南民居。民居、别墅和名宅，连同它那迷宫一般的小巷、百年老树共同酿就了老城这缸令人沉醉其中的陈年佳酿。但是，老城并未被整体地认定为文物。老城里的建筑分属诸多不同单位。如何使这些单位认识到这老宅就其本身而言，或许没有什么文物价值——更不用说税务司公馆、工部局楼、荷兰领事馆这样具有历史文物价值的建筑了①——但却是老城风貌不可或缺的一部分，抑制因土地升值而激发的经营欲念，修旧如旧呢？老城有众多的普通民宅。传统民居显然难以适应现代家居生活的需要，需要采取什么措施才能使老住户们在改善内部生活设施时，保留其外部建筑风貌？

鼓浪屿保护之难，还在于数以千计的私人别墅。它所遇到的最大困难却是产权落实后引起的困惑。当年的别墅主人，如今多已故去或者离去。不少老宅一度曾被房产部门接管。精美的别墅住进了诸多住户。在那住房紧张、人人为一席之地而奋斗的年月里，原本为观风景品佳茗、吟风弄月而设计的

---

① 荷兰领事馆在中华路 5 号，是一座具有哥特式特点的建筑。20 世纪末被拆除，没有留下一丁点原物，原址上建起了一座不伦不类的公寓楼。

宽大走廊自然也就成了上天赐给租户们的"玛呐"①，它们大多被封堵扩充为居室，甚至厨房，从中排出的油烟熏黑了拱券上方精美的拱石雕饰。②如今落实政策，一些侨房退还给了原主。可是，产权明晰却未必带来财产应有的维护。远在海外的原主及其后人往往已经离开故土数十年，大多已扎根海外，并不因此回国定居，多将房子借给亲友居住并委托代管。远隔万里，鞭长莫及，当年的旧宅如同鸡肋，如何能有足够的激励促使他们投入大笔资金维修？在国内的后人，如今能有此经济能力者更是为数寥寥，至于亲友们，也就可想而知了。不少别墅，因此租给了来打工的民工。当年的花圃，如今成了生机盎然的菜园！可这还不是最惨的。在鼓浪屿，你不时可以看见一些破败的旧宅，残存的雕饰显示着先前的气派，可是爬满藤萝的建筑，连窗户也掉落了。南国丰沛的雨水，使庭院成了龟背竹的乐园，肥大如伞的绿叶下，栖息着一群无主的猫。

　　固然，被废弃的别墅是少数，但是，如亦足山庄那样由政府出资，按照文物法"修旧如旧"的原则进行彻底修缮，恢复原貌，被加拿大现代服装有限公司租用的也是少数③，如何使鼓浪屿现存的千余栋老别墅——连同老城——在既有的产权制度空间内得到应有的保护和修复，是一个亟待解决而至今尚未解决的问题。

　　鼓浪屿保护之难，更在于如何使保护下来的老城充满活力地继续生存

---

① 上帝赐予以色列人充饥的食品，白色而微甜。据《旧约》记载，摩西领以色列人出埃及过红海以后进入旷野。耶和华神要求以色列人每天在太阳未出现时出来拾取够用一天的天降食物"玛呐"。

② 譬如，位于漳州路44号的林语堂故居和读书处，他夫人廖翠凤的娘家——廖宅是鼓浪屿早期的欧式建筑，如今保存完好的已为数不多。廖宅经百年风雨，已经十分破旧，楼房在"文革"后拆去了二楼，宽廊封堵成居室，甚至在隔潮层里也住了人。亦足山庄在维修前，走廊隔成厨房，油烟把拱券雕饰熏得污浊不堪。

③ 另一种说法是这家公司出资2000万元修复了这座别墅，获得了20年的使用权。可见，保护和修复老别墅，仅从资金角度看，无论对于政府还是私人，都不是件易事。然而，多年失修，又使修复它们成为刻不容缓：就在这一两年，又有不止一栋著名别墅——例如林尔嘉先生的林府别墅群——因台风大雨倒塌了。

经济学不是研究马尾巴功能的？

下去。特定的时代造就了鼓浪屿。老城的风貌牢牢地刻上了造就它的那个时代的社会经济文化印记。一个时代逝去之后，如何使老城充满生机活力地留存下来而不是成为庞贝那样的古城木乃伊，似乎比前二者更为困难。千余栋老别墅，不可能都像林巧稚故居那样，由政府修复，拨给厦门文学馆使用，像林文庆别墅那样捐给厦门大学，辟为"林文庆纪念堂"。[①] 它们大多还得用于民居，老城才能因此充满生机地继续生存下去。可是，当年的老别墅，多为大户人家所建，通常是一个大家族的聚居之所。大的建筑群，甚至是几代人合族而居。主楼之外，往往另有陪楼或地下室，供佣人们居住。主陪楼之间，内部设计、用料截然不同，体现了主仆之间森严的等级。建筑，不仅是凝固的音乐，更是凝固的社会经济文化生活结构。如今，社会的主流家庭结构已经由几代人组成的大家庭过渡到3—5人组成的核心家庭。老别墅去哪里找与之匹配的当年望族？新来的主人，有几个懂得老别墅的雕饰之美，肯为修旧如旧而投入巨资？[②] 寻常百姓，即或小康，又哪能如此奢华地按照这些别墅的本来设计使用它的空间和设施？可是，不这么使用，又如何体现这些别墅的大家风度、贵族气质？徜徉在鼓浪屿静谧的街道上，一个念头一直在我脑海里盘桓不去：难道这个曾经走出过周叔安、林俊卿、殷承宗、陈佐煌、许斐平等音乐家的小岛[③]，如今居然要靠引进街头艺人的萨克斯管和电吉他来弥补他日渐稀疏的钢琴声？

鼓浪屿是厦门的骄傲，但是，今天它正考验着厦门人的智慧。

---

① 林文庆（1869—1957），厦门大学首任校长（1921—1937）。其别墅在鼓浪屿笔架山顶。新中国成立后，这所别墅一直作为民居，年久失修，老旧、残破、脏乱不堪，几成废宅，一度为拾荒者占据。

② 漳州路58号是我国现代体育奠基人之一马约翰教授的故居。房产易手之后，新主人对别墅进行整体维修，外墙贴上马赛克，阳光下，犹如一把刷了新漆的古琴。

③ 周叔安（1894—1974），中国现代第一位专业声乐教育家、第一位合唱女指挥家、第一位女作曲家；林俊卿（1914—2000），医生、歌唱家、声乐科学家；殷承宗（1941— ），钢琴家；陈佐煌（1946— ），指挥家；许斐平（1952—2001），钢琴家，许斐平的哥哥许斐星和侄女许兴艾也是著名钢琴家。他们均为鼓浪屿人，并在鼓浪屿接受了音乐启蒙，奠定其事业基础。

山高水长路漫漫[1]
——我看"三高热"

一

厦门天涯海角之地,岛民难免消息闭塞。本人自2004年起在厦门大学经济学院组织研究生的两级"三高"课程[2],说来也算是和"三高"打了四年交道了。可是竟不知道国内近年"三高"已经成为时髦了。坊间因此添新词——"三高热"。

众说"三高热",解释各不同。

最简单的一种是描述性的:"三高"课程,过去国内大学经济学院系很少开设,如今开设的院系渐渐多起来了。以此论之,确实正在由冷转热。如果看看能承担这些课程的教师供给与希望开设这些课程的院校需求之间的关系,甚至可以说,如今"三高"何止是热,而且是过热了——经济过热不就是社会总需求大大超过社会总供给,从而造就通货膨胀了吗?虽然手头没有全国的"三高"师资供求对比数据,不能确证此说。但是,亲身体会是,当今国内大学,"三高"师资是典型的供给短缺。需要说明的是,这种短缺,伴随的却是经济学博士就业市场上某种程度的供大于求。如今新毕业的经济学博士不少已经不再青睐于政府大院、公司高楼,而是转向大学找一份教职。每年春夏之交,不少经济学院系,总能收到好些即将毕业的博士生的求职申请,可是,相当部分却未必能够如愿以偿。尽管大势如此,但如有申请

---

[1] 本文初次发表于《经济学家茶座》2007年第6辑,总第32辑,发表时编辑改题为《也谈经济院系三高热》。
[2] 硕士生的高级宏观经济学(一)、高级微观经济学(一)、高级计量经济学(一)和博士生的高级宏观经济学(二)、高级微观经济学(二)、高级计量经济学(二)。

经济学不是研究马尾巴功能的？

者说他受过系统的现代经济学训练，能开出硕士生的"三高"课程之一，试讲合格，我敢保证，他一定能在还算不错的大学经济学院系里获得一份教职。如若不然，敬请垂青厦门大学经济学院。

"三高热"的另一种解释是判断性的："三高"作为经济类研究生课程，开得太多了，因此应当降降温，缩小开课范围。这就涉及一个判断：它应该在多大范围内开设？如果可以确定，统计一下全国凡有相应研究生专业的经济学院系有多大比例已经开设了"三高"，就可以做出热或不热的判断。我的看法是：只要不是该开"三高"的大学经济学院系百分之百地开设了这些课程，都不能谓之热。而是偏冷。

当然，还可以有这样一种解读："三高"该开，但是合格师资不足，开不了，为赶时髦，勉强硬开，名曰"三高"，其实不高，教师以其昏昏，如何使人昭昭？现今"三高热"是升虚火，需要喝点王老吉之类，不然，闹到要戴冰帽的程度就不好办了。

二

现今中国的经济学研究生教育，普遍开设"三高"课程，是否必要而且亟须？

我的回答是：现今中国，所有经济类研究生都应当把"三高"列为必修课程。

理由很简单：宏微观经济学是了解和研究市场经济的基础课程。中国不搞市场经济，开设宏微观经济学不过是为了了解国外经济学思想而已，未必需要列为所有经济类专业必修课程；中国要搞市场经济，宏微观经济学就不能不成为经济类大学生必修的基础课程。对此有怀疑的诸君，不妨到各大学课堂去转一转，看看当今国内之财政、金融、会计、财务、企业管理、市场营销、国际贸易、国际金融、产业经济、区域经济、劳动经济……各类经济专业，哪一本教科书不是广泛应用了宏微观经济学中阐述的基本范畴和定理？再翻翻国内主要的经济学专业期刊，有多少论文尤其是研究现实问题的论文,不应用宏微观经济学的基本范畴和分析框架?凡是进行实证研究的,更是多少要用到一点计量经济学的方法。

当然,有人对此很不满意。

有人说,宏微观经济学源于发达市场经济国家,与中国国情不一致,不能用。其实,任何理论都是抽象,要求它与某一个国家的市场经济实际丝丝入扣,是不可能的。美、英、德、法、日的实践尚且与宏微观经济学教科书有不少差距,更何况中国呢?

有人说,它是西方经济学家的总结,带有其价值判断、制度偏见,不能学。中国要有自己的宏微观经济学。这个意见真是对极了。说实在的,本人可是连做梦都想呢。问题在于:如何实现它?众所周知,中国从决定建立社会主义市场经济至今,不过15年,至今仍在形成之中。没有成熟的中国市场经济实践,就不可能写出中国的宏微观经济学,这是学界常识。天才如马克思者,尚且要根据数百年发展成熟的英国资本主义经济方能写出《资本论》,何况我等愚钝顽劣之辈?既然目前还写不出,大学生们又嗷嗷待哺,我们只能老老实实地借米下锅。更进一步说,要写出中国的宏微观经济学,不仅需要对中国市场经济的实践进行总结,也需要借鉴世界范围内研究市场经济的理论成果。为了形成中国的市场经济制度,我们至今仍在虚心地学习、借鉴国外的市场经济制度。建设中国的宏微观经济学,难道就不应该老老实实地学习和借鉴现在国际通行的宏微观经济学理论体系,真正弄懂它,而后与实践相对照,看看是否适用于中国,行,就接受下来,不行,再扔掉它,自创新法也不迟吗?

至于计量经济学,只要略微懂得一点实证研究、概率归纳在知识增进中的作用的人都清楚其作为经济学基础课程的必要性。

如果承认宏微观经济学和计量经济学是当今中国经济类本科生的必修课程,将"三高"列为国内经济类研究生必修课程也就是题中应有之意。须知国外大学经济系里,本、硕、博三个阶段可是分别开设了中、高级宏微观经济学和计量经济学三级课程的呀。中国的经济类研究生应该在国内也有接受

经济学不是研究马尾巴功能的？

同等学术训练的条件，不然何以如前贤所期望的，"对于现代世界的学术，本国的学人与研究机构应该和世界各国的学人与研究机构分工合作，共同担负人类学术进展的责任"呢？① 现在不是不少国内大学都提出"建设国内一流，国际知名大学"的目标了吗？"国内一流大学"的经济学院系是不是一定要给研究生开出"三高"，好像还不好说，可是，"国际知名大学"的经济学院系如果还不能像国外有经济学研究生项目的一般大学那样给研究生开出"三高"，恐怕真是要因此而大大知名一回了呢。

60年前，胡适先生就期望："中国的高等教育应该有一个自觉的十年计划，其目的是要在十年之内建立起中国学术独立的基础。""所谓学术独立必须具有四个条件"，第一条就是："世界现代学术的基本训练，中国自己应该有大学可以充分担负，不必向国外去寻求。"② 我以为，此前大可不论。从2007年算起，如果再过十年，中国大学还不能在经济学方面充分担负世界现代学术的基本训练，需要年年派研究生到国外学习"三高"之类的基本课程，还真是应了胡适先生近百年前的激愤之言："留学者、吾国之大耻也。"③

可惜，不能不承认，目前国内招收经济类研究生的大学甚多，其中不少至今尚未开出"三高"。除不想者外，暂时条件不具备的也不少。以此论之，"三高"并没有热到应有的程度。革命既然尚未成功，同志也就仍需努力。

当然，也可能有些学校合格师资不足，勉强开课，以其昏昏，使人昭昭，确实也难。这固然不好，但是，凡事均宜两下看。"赶时髦"不正说明他们认识到了应该开设"三高"了吗，这至少比连开也不想的要强一点吧？现在师资不具备，开不好"三高"，下气力培养、引进，问题总是有望解决的。最怕的是主其事者至今仍认为"三高"没有必要开设。

---

① 胡适：《争取学术独立的十年计划》，《胡适教育文选》，开明出版社1992年版，第210页。
② 同上。
③ 胡适：《非留学篇》（一），《胡适教育文选》，开明出版社1992年版，第1页。

三

开"三高",师资是第一要务。理论上说,在欧美大学受过系统训练的海归博士自然是理想人选。但是,毕竟归来者寡,不能满足需要。以厦门大学经济学院论,目前每年招收硕士生400人以上,博士生约80人。即使每个班80人,需要同时开六个班,仅硕士生级别的"三高"课程就达18个班![1] 如果都要由海归博士承担,就要18人。虽然说来惭愧,但却不必相瞒。不要说四年前,就是今天,鄙院也找不齐这18人。因此,我们只能依靠国内培养的师资担纲。[2] 当然,这些教师大部分都曾访学海外,学过这些课程——其实,开"三高"者,也未必都要有人授过业。我读研究生时,教计量经济学的是当年厦门大学数学系的主任。他用 J. 约翰斯顿编的 *Econometric Methods* 做教材。先生的计量经济学当然是自学的,但是教得极好。我至今仍顽固地认为他是教这门课的最好的老师之一。试想想,他居然可以空着手走进教室,滔滔不绝地一路推导下来,不但逻辑清楚,而且语言幽默,时常令人捧腹,乃至我等文科出身的也觉得听他的课是一种享受,悔恨当初怎么没有去报考数学系!下课铃响,先生刚好告一段落,扔下粉笔走出教室。那风度,真是潇洒极了——我们以为,硕士生的"三高",尽管有一定难度,但基本上还是依据教科书教学。只要教师能够掌握教材的基本内容,熟悉相应的参考文献,认真备课、教学,大致可以胜任。要求精通"三高",才能教学,至少目前,实际上是做不到的。更何况学问之事,从来是越深入问题越多,天下有谁敢自诩精通哪门学问?难道因此就不教书吃饭了?

厦门大学经济学院自2004年起,在研究生中统开两级"三高",列为学位课程,规定各专业必修。学生的看法如何呢?2005年夏天,学院研究生会就此组织问卷调查。调查发现,尽管这些课程当时是第一次开设,教学组

---

[1] 每年新生入学不久,我们举行博士生的硕士"三高"课程通过性检验,凡没有达到厦门大学规定的硕士"三高"训练要求的博士生都必须补修。

[2] 他们基本上是中青年教师,年龄在30—40岁左右,职称多是副教授和讲师。

经济学不是研究马尾巴功能的？

织、教师水平以及学生的思想认识都有待改善，但是，学生的评价还是令人欣慰的（见表1）。

表1 2004级硕士、博士生对8门专业基础课的开设与
未来研究相关性认同度　　　　　（%）

	选项	高宏1	高微1	计量1	数理	高宏2	高微2	计量2	博弈
硕士生	相关密切	15.41	19.18	44.16	25.24	—	—	—	—
	一定相关	50.63	43.71	39.75	48.26	—	—	—	—
博士生	相关密切	30.43	31.91	55.32	47.92	29.17	33.33	41.67	47.83
	一定相关	43.48	46.81	34.04	45.83	39.58	41.67	31.25	17.39

资料来源：厦门大学经济学院研究生会，《我院统开课程质量调查报告》（2005年7月）。

学生对于国内教师授课的满意度大多数也都高于70%（见表2）。博士生的"三高"，开始是请海外教师承担的。他们都是在海外大学多年讲授这些课程，有不少研究成果发表的华人学者。博士生先后修了硕博两级"三高"课程。他们对两者的满意程度，总体上十分接近，具体课程互有上下。这在一定程度上也可以说明，这些国内教师尽管年轻，教学经验和专业水平都有待提高[①]，但是，讲授硕士生的"三高"课程，还是大致胜任的。

表2 2004级硕士、博士生对8门专业基础课的满意度　（%）

	选项	高宏1	高微1	计量1	数理	高宏2	高微2	计量2	博弈
硕士生	很满意	19.09	18.10	29.87	17.92	—	—	—	—
	比较满意	54.69	52.38	47.48	47.80	—	—	—	—
博士生	很满意	39.13	53.33	45.65	41.46	27.66	41.30	36.17	34.78
	比较满意	34.78	24.44	26.09	31.71	38.30	39.13	40.43	43.48

资料来源：同表1。

当然，学生认同不能完全说明问题，还得看教学效果。考试成绩当然需要关注。很遗憾，我们的考试年年都有一些同学不能及格，有时比例还不

[①] 随后的数年里，我们将他们陆续送到海外继续进修，目前他们中的一部分已经准备承担博士的"三高"课程了。

低。但是，这似乎不能证明什么。在大学里，这种情况不是没有过：学生没有学到什么，高抬贵手的教师为了皆大欢喜，统统给予及格分数。因此，更为根本的判断标准是：学生是否真正从课程中学到了一点东西？

厦门大学经济学院自2005年起对博士学位论文实行100％双盲评审制度，2006年建立全国专家库，用软件随机抽选评审专家。① 2006年答辩的是统开"三高"之前的最后一届毕业生，2007年答辩的是统开"三高"之后的第一届毕业生，两届博士的其他培养环节一样，学位论文的评审专家库、抽选专家的方式也完全一样，结果如表3所示。

表3　2006年、2007年厦门大学经济学院博士生论文盲审成绩统计（％）

	70分以下	70—74分	75—79分	80—89分	90分以上	优秀率
2006届	2.75	4	9	71	15.25	15.25
2007届	1.04	1.04	8.29	59.59	30.05	30.05

注：这个百分比是按双盲评审的论文本数而非学生人数计算的。

这虽然不是可重复的受控实验结果，但是，还是大致可以说明：开设"三高"，大有好处。

其实，开设"三高"，又何止惠及了学生？四年来，通过讲授"三高"课程，厦门大学经济学院的一批中青年教师得到了锻炼，不仅开了新课、提高了教学水平，而且促进了研究。最近，这个群体里的一些教师已经开始在海外学术杂志、国际学术会议上发表论文，应邀与国外学者进行合作研究了。

不过，本人却是哑巴吃黄连，有苦说不出：博士生们近来做的论文，倒弄得自己有点看不懂了。

---

① 这个专家库包括了全国各大学、研究机构的600余名经济学博士生导师。此外，厦门大学规定，本校教师不参与博士学位论文盲审。

经济学不是研究马尾巴功能的?

四

其实大家都知道,目前开设"三高"课程遇到的另一个困难是:并非所有的博士生都有志于学术研究。在职生中,来自政府部门、企业的大多志在学位而已。他们公务、商务繁忙,不能保证必要的学习时间、遵守正常的学习秩序。开设"三高",确实有点难为他们。他们大多又具有一般博士生所没有的政治经济资源。相对而言,大学教师,甚至院系领导,还真是弱势群体!但是,如果不能坚持基本的教育质量水准、统一的学术训练要求、相同的考核标准,规范我国的经济学研究生教育、提高研究生质量,就是空话。

我以为,要规范经济学研究生教育,固然要靠全社会的共同努力,但就教师和院系领导而言,还是别无他法,只能靠硬着头皮顶住压力来坚持教育质量标准。其实,只要不眼馋嗟来之食,不招官员生、老板生,于公于私都有利。于公,有利于维持大学正常的教学秩序,规范培养机制,提高培养质量;于私,留得一份清高和体面,免得使自己成为不合格学生的人质,将来为把这些学生送出门去而大费周章,丢尽脸面。以此论之,开设"三高"课程恰恰是个好办法。君若不信,请看理工科。他们也招博士生,怎么就少有此类学生上门呢?是因为课程难,实验要求高,不脱产就完不成学业。因此,有心拒绝混文凭者,把课程难度提高到与理工科相同甚至更高,不就自然门前冷落车马稀了吗?这里顺便说一个本人亲身经历的故事。厦大在某地虚拟大学园区有一机构,过去也在当地招收博士生,异地在职培养。经济、管理、法律是三大热门专业。当地官员、老板趋之若鹜。2004年我们开设"三高"之后,要求经济学院博士生必须在校本部完成两级"三高"课程,那些希望在异地在职培养的自然做不到。有关机构希望网开一面,说是招收在职生有利于争取办学资源,短期培养"杰出校友"。我们表示:如此无法向校内学生交代。最后校领导一锤定音:你们就别打经济学院的主意了,他们现在的研究生课程难度已经跟理工科差不多了呀。从此经济学院不再招收异地在职培养博士生。① 当然,我们也就因此免去了做某些"杰出校友"导师的"殊荣",无论出门还是在家,都会比较地寂寞。虽然现在厦大经济学院还有少部分在职博士生,但是,四年过去了,包括全体在职博士生在内的所有科教类研究生在"三高"课程学习和考试上,都是一视同仁的。每年考试都有一定比例的学生不及格。不及格就要补考。课程没有通过,就不能提出答辩申请,毫无讨论余地,至今也还没有人找我们讨论。看来,有些事只要你想做,硬着头皮做了也就做了,而且从此耳根清净。

宋人杨万里诗曰:莫言下岭便无难,赚得行人错喜欢;正入万山圈子里,一山放出一山拦。诚斋此诗,向有定评。惜哉略显丧气。在下斗胆,打油凑趣:莫道山高路难行,万山自有万山景;行到江流入海处,满目青山别样晴。小子无状,唐突前贤。杨公地下有知,幸勿见怪见笑。

---

① 2010 年夏,厦门大学做出决定:自 2011 年起,厦门大学所有院系专业方向都不再招收在职博士生。所有攻读博士学位者,都必须将户口、人事等所有关系转入厦门大学,全脱产学习。

经济学不是研究马尾巴功能的？

佐佐木教授的最后讲义·祝贺会[①]

初春三月，从仙台来了一封信。

到四月份，佐佐木公明教授就64岁了。按照日本国立大学的规定，四月之前，他要退休了。[②] 佐佐木教授希望在他退休前，能实现他和我两年前的约定：回访日本东北大学，看一看这所鲁迅曾经就读过的大学[③]，在他研究室做一次seminar。适逢其时，也就顺便参加他的退休典礼。

虽然和日本的教授有过一些交往，但是，还没有参加过他们的退休典礼。不过，曾在一些日本大学的经济学杂志上看到过某某教授退任的纪念专号。知道对于日本教授而言，退休是一件隆重的事。

匆匆飞往仙台。三月下旬的仙台，春寒料峭。松尾芭蕉徒步旅行奥州小道时参拜过的瑞岩寺庭院里，那两株著名的红白梅树正满树花苞。东北大学的片平校区里，鲁迅塑像旁合抱的樱花树尚未抽芽，扳下树枝细看，才能看见黝黑枝条上一点点凸起的暗红，那是正在孕育的花苞。青叶山校区大片的山林，伸向天空的还是光秃秃的枝条，一片冬日的萧索景色。

---

① 本文初次发表于《经济学家茶座》2008年第3辑，总第35辑。感谢佐佐木教授的弟子卢向春博士。他不仅为我访日做了大量工作，而且对本文的修改提供了许多很好的意见。本文大部分注解来自卢博士的修改意见和评论。

② 在日本，一般以3月31日为界，这天以前算一年，4月1日开始，算新的一年。国立大学规定退休年龄是63周岁。独立法人化之后，有个别大学计划不再严格执行这一规定，但是到目前为止似乎还没有例外发生。

③ 日本东北大学的前身之一是仙台医学专门学校。鲁迅先生1904—1906年就读于此。1907年，日本政府将仙台医学专门学校等三所学校合并，成立了日本第三所国立大学——东北帝国大学，战后改名为东北大学。尽管仙台在第二次世界大战期间遭遇了毁灭性轰炸，但是，东北大学的有识之士用整体搬迁的方法，完整地保护了当年鲁迅上课的阶梯教室，它至今坐落在东北大学的片平校区内。

佐佐木教授的最后讲义·祝贺会

3月22日下午，佐佐木教授的退休典礼在仙台的一家饭店举行。盛装的佐佐木教授和夫人站在会议厅门口迎宾。来宾们交完礼金领走胸卡，便步入会场。陪同我来的卢向春博士告诉我，在日本，有名望的教授的退休典礼往往不止举办一场。一般而言，所有的教授退休，学校都会在校内为之举办一个退休典礼。①之后，有名望的教授往往还需要举办第二场，一般是由他的学生、平常多有来往的各大学同仁以及亲友们为他举办的。今天举行的是佐佐木教授的第二场退休典礼。由于是学生和友人们自发举办的，因此，费用由参加者自行分担，包括场租及自助餐费。今天的参加费用是15000日元，约合人民币1000元出头。我虽然是佐佐木教授请来的客人，费用也不能免，但是教授为我代出了。

不算太小的会议厅，涌入了百多号人，顿时显得有点拥挤了。会场前方的会标十分醒目："佐佐木公明教授最后讲义·祝贺会"。我心生疑窦：不是退休典礼吗，怎么是"最后讲义·祝贺会"？卢博士告知：退休典礼嘛，主要内容就是教授退休前给学生们上最后一课，回顾总结一下这几十年学术生涯的成败得失，传授一点治学的经验教训，说一说过去不愿谈及的酸甜苦辣。至于祝贺会之说，也就无须更多解释：一个人辛苦劳作了几十年，现在终于完成了他的职责，安然退休，一如兰姆所言"人生劳役，斯已尽矣"。②无须再为谋生而奔波，可以做自己想做的事，也可以无所事事，悠游岁月，含饴弄孙，颐养天年，岂不是件值得祝贺的事！

"佐佐木公明教授最后讲义·祝贺会"由研究室的另一位教授安藤朝夫先生主持。首先发言的老者是日本区域和城市经济学的创始人之一、京都

---

① 即最后讲义（最后一课）。最后讲义是官方安排的（提供场所、安排、宣传等），之后的贺仪（吃饭等）根据情况略有不同。资金可以通过各种方式获得，比如参加者负担、同学会赞助等，一般不用公费。卢博士还告诉我，能在东北大学任教的教师，很少不以教授身份退休。教师如果无望在东北大学升任教授，一般会转到其他较低一级的大学任教，这样也能升任教授。如此说来，大学实际上是为每一个退休教师举办退休的"最后讲义·祝贺会"。

② 兰姆：《退休者》，《伊利亚随笔选》，三联书店1992年版，第345页。

经济学不是研究马尾巴功能的？

大学的名誉教授山田浩之先生。① 佐佐木教授从东北大学退休之后，将到仙台一所私立大学——尚絅学院大学接任校长。② 卢博士告诉我，日本国立大学的规矩很严。教授年满63岁，就必须退休，即使是世界知名的大牌教授，也不能破例。今天特意专程从京都赶来参加佐佐木教授退休典礼的藤田昌久（Masahisa Fujita）教授，是世界知名的日本区域经济学家③，去年一满63岁，也就退休了。莫说知名如藤田教授，就是诺贝尔奖获得者，也是如此，而且一旦退休，就与原先任职的大学脱离关系，由继任者接手他的全部工作。④ 日本教授的退休金一般不到在任时收入的一半。⑤ 不少国立大学的著名教授退休后会转到私立大学任职。⑥ 藤田如此，此前的馆龙一郎教授、小宫隆太郎教授、石川滋教授也如此。只是如今就连这也越来越难了。佐佐木教授退休后转任私立大学校长，应该算是一个不错的出路了。

"最后讲义·祝贺会"的主要内容当然是佐佐木教授的"最后讲义"。"研究史外传"（An Anecdote of My Academic Career）是佐佐木教授今天的演讲题目。在两个小时的演讲中，教授满怀深情地回顾了他数十年的学术

---

① 在日本，名誉教授称号仅授予极少数具有杰出学术成绩，并对本大学有重要贡献的退休教授。但是，这仅仅是给退休者的一个荣誉称号，没有工作要求，也没有任何额外的收入和津贴。

② 尚絅一词出自《中庸》，"衣锦尚絅"。《礼记·中庸》："《诗》曰：'衣锦尚絅'，恶其文之著也。"郑玄注："禅为絅，锦衣之美，而君子以絅表之，为其文章露见似小人也。"日本有许多叫学院大学的大学，这种大学一般与基督教有关。

③ 藤田昌久与保罗·克鲁格曼、安东尼·J.维纳布尔斯合著的《空间经济学——城市、区域与国际贸易》是20世纪80年代后期崛起的新经济地理学的代表作。

④ 当然也有例外。工学部的个别教授，可以由企业出钱，在大学里继续拥有自己的实验室。如果教授退休时有尚未毕业的学生需要继续指导，可以应后任的特别邀请继续指导，但是这属于义务性工作，没有报酬。

⑤ 日本的退休制度很复杂。大学给的一点，叫退休手当（补贴），很少，还有一部分是养老年金，由政府支付。它来自于在职时的收入的比例扣除，退休后根据个人的交付情况，确定支付水准。年轻时挣得越多，退休后的年金也越高。但是，即使两者加在一起，也比在任时的收入要少一半。

⑥ 私立大学所给的报酬一般是补足这些教授因退休而减少的那部分收入。

生涯。大学期间由于英语和德语考试不及格，几乎留级，使他怀疑自己成为学者的可能。学生时代积极参加学生运动，只是因为不愿从市内的片平校区迁到坐落在郊外、当时交通不便、而今他的研究室所在的青葉山校区！硕士阶段参加芳贺半次郎教授的讨论班，开始了此后近二十年的宏观经济学的数量研究。令他不能释怀的是博士阶段受到的严重挫折。第一篇博士学位论文《企业投资行为的统计分析》部分由于导师出国而在预答辩中被否决，不得不博士课程中退[1]，到地处偏远的山形大学任讲师，四年后才得以转回东北大学任教。在博士课程中退15年之后以一篇题为"Methods for Evaluating Transportation System Changes from the Viewpoint of User's Welfare"的论文获得了筑波大学的论文博士学位。1986年，在当年导师的关怀下，以被否决的博士论文的修改稿《投资函数分析：宏观经济学的计量分析》申请答辩，终于在东北大学获得了经济学博士学位。16年努力，三篇博士学位论文，年逾不惑方才获得博士学位，怎不令他回首往事时不胜感慨！在职称晋升上，佐佐木先生也颇为坎坷，一直到快49岁了才得以晋升正教授。谈及此事，教授不无调侃，说自己是全国经济学系里最迟晋升教授的一族。然而，艰难困苦，玉汝于成。坎坷的经历没有使这位执著的学者气馁，相反却激发起他更多的努力。三次参加考试选拔，到美英著名大学访学，寻求新知，最后一次已是年近50。40岁后毅然转入新都市经济学这一全新的研究领域。积20年努力，最后终于成为日本乃至世界知名的区域和城市经济学家。[2] 退休之后，佐佐木教授依然雄心勃勃。在演讲的最后，先生透露了他最近的研究。他对现代经济学的基石之一——消费者理论中，表示消费者幸福的效用函数最终会推导成金钱的函数的理论机制提出质疑，认为经济学应该和心理学等学科交流，将主观意识和客观评价结合起来，对"幸福度"做规范和实证的分

---

[1] 这是日本用语，在日本有些博士生修完了博士生阶段的全部学分，但是论文答辩不能通过，或尚未答辩，可以取得一个资格："博士课程修了"，这可以印在名片上，在早年（20世纪70—80年代）的日本，这些人也可以在大学教书。

[2] 其研究成绩在该领域的排名，20世纪80年代曾为世界前8名。

经济学不是研究马尾巴功能的？

析。这显然又是一个新的研究领域。回顾自己的学术生涯，佐佐木教授深深感谢那些引导自己走上学术之路的师友。他历数其数十年学术生涯里各位师长的教导提携之恩，谈到了1979年第一次到宾夕法尼亚大学做富布赖特学者时美日经济学研究观念的巨大差异给他带来的震撼和冲击，回忆起自那时起他与藤田教授、T. 史密斯教授等长达30年的友谊和交往，以及家人对自己的支持。他甚至不忘列举那些在他的经济学思想形成中起过重要启迪作用的著作和论文。当然，尽管是"研究史外传"，佐佐木教授还是花了不少时间来总结自己的研究，谈自己对经济学研究中理论研究与经验研究、逻辑演绎与实证分析之间关系的看法，追问实证分析是否在日本得到了正确评价，强调在经济学研究生教育中理论研究与实证分析必须并重。从这些对自己弟子的殷切告诫中，我不能不感受到，即使是在日本这样的发达市场经济中，向现代经济学转轨也仍然是一个正在进行时的命题。

祝贺会，当然不免师友、弟子们的祝词。代表老师致词的是东北大学经济学部的名誉教授芳贺半次郎先生。先生年逾八旬，依然精神矍铄。人老了，当然不免有点儿啰唆，或许是抖了点学生不愿为人所知的事儿，站在一旁的学生嘀咕了一声：先生，你要这么说下去，只怕还得几个小时呢。哪知老人反应敏捷，立马回了一句：嘿，晚餐前你可是说了两个小时呢。藤田教授作为老友以"佐佐木教授的五热爱"——对城市经济学研究、基督教、指导学生、妻子家庭、学会的热爱——为题发表演讲。这位文质彬彬的名教授，寓幽默于不动声色之中，亦庄亦谐的话语，似乎令佐佐木教授夫妇有点尴尬，但却赢得了听众阵阵哄堂，把祝贺会的气氛推向了高潮。我不懂日语，也不便问，猜想过去，大概是多年老友难得有此机会，不客气地披露了佐佐木教授下午的"研究史外传"所不载的精彩篇章！藤田教授最后祝福佐佐木先生和夫人再携手走过充满活力的20年。斯人可谓善祝善祷矣。代表弟子祝词的是佐佐木教授已毕业的中国弟子。从中我得知佐佐木教授性情中人的一面：学生们从先生主持seminar的情绪，可以推知教授心爱的那支棒球队近日的比赛成绩！教授亦常人也，人所难免的小瑕疵使其显得更为可爱。祝贺会的最后，是佐佐木的学生们向老师夫妇献花并赠送礼物——一只教授爱犬的模型！

　　走出饭店，已是满目星空。仙台初春的夜显得有点清冷。走在静谧的街道上，望着不时驰过的一辆辆汽车，不禁遥想国内。在中国的大学里，眼下除了极少数终身不退或者名退实不退的泰斗们时不时重复举行的从教××年或××大寿或二者兼庆的热闹场面之外，好像还鲜有为一般教师专门举行的退休典礼。退休在不少人看来，好像是成绩不佳被淘汰出局因而颇为黯然的事儿，大多不愿声张。哪里有兰姆先生得知可以退休时那种喜从天降的激动："天高地厚的恩典！"欣喜若狂的他居然生怕别人不知道，因此写就了英国散文史上的不朽名篇——《退休者》[①]。可是，就个人而言，在一生辛勤劳作之后，按时退休难道不是件值得庆贺的人生大喜吗？就社会而论，一代代正常退休，新人次第接手，难道不是社会正常发展因而富有自信心的表现吗？我想，什么时候，国内学术界也能形成这样的风气：视按时退休为值得祝贺的喜事，我们的大学也能为所有退休的教师举办一个简朴但却不失隆重的"最后讲义·祝贺会"，让他们都来讲一讲各自精彩纷呈的"研究史外传"，那该多好！

---

① 兰姆：《伊利亚随笔选》，三联书店1992年版，第333—346页。或许是那个时代平均寿命较低的缘故，兰姆退休时刚满50岁。

经济学不是研究马尾巴功能的？

革命家项南[①]

论理，这不是一篇我可以写的文章，因为与项南从未有过个人过从。项南主政福建期间，我不过是厦门大学的一个助教。与项南最近的"接触"，是那年他到厦门大学给全校师生做演讲，我是建南大会堂里数千听众之一而已。但是那次演讲给我留下深刻印象。这位新任的中共福建省委书记，没有一点官气。六十多岁的老人了，居然推开为他准备的椅子，站立演讲。当时以世故自居的我心想，最多过半小时他就要坐下来了，可是，他谢绝了会议主持者不止一次请他坐下的好意，一直站着演讲完毕。他不用讲稿，不作报告，声情并茂而且动作生动地做了一场演讲。他幽默地拿自己的光头开玩笑，讲起如梭的岁月，风华正茂的青年人应当如何将自己的理想与社会发展、祖国繁荣、正在进行的改革开放事业结合起来；他介绍了福建改革开放的最新进展，并不讳言遇到的阻力和争论，他鼓励经济学院的师生到改革开放的第一线调查研究，用实践检验真理，推动理论创新；他虽然来福建工作不久，却对福建的社会经济情况十分熟悉，如数家珍，生动地向我们描绘了"大念山海经，建设八大基地，推进十大基础工程"方略如何将使富饶而贫穷的福建大步走进现代化。能容纳四千人的建南大会堂座无虚席，一反报告会场下"嘈嘈切切错杂弹，大珠小珠落玉盘"的往日景象，代之的是专注的眼神。所有的目光都集中在聚光灯下那个闪亮的光头、那张阳光灿烂的笑脸上。深刻而开阔的思想，幽默而睿智的话语，简单但却富有煽动力的手势，赢得了数千听众时而会心的笑声、时而情不自禁的掌声。后来，就在这个大会堂里，我也曾听过不止一个高官的报告。遗憾，大多是报告而非演讲。报

---
① 本文初次发表于《经济学家茶座》2008年第5辑，总第37辑。

142

革命家项南

告人中规中矩地坐着念稿子,声调平而官话多,固然与时下精神丝丝入扣,但却毫无个人思想、风格、神韵和魅力,像是一篇不署名的社论。失望之余,我勉强的解释是:项南共青团干起家,自然善于宣传鼓动,而他们经济官员出身,不善言辞也是可以理解的。

项南主持闽政不过五年,带来改革之风,可谓空前,然终因事卸任。我当时并无太多感觉。此后数年,不时听到一些议论:相比广东,福建保守了,缺少敢为天下先的胆略。如此将错失多少良机?倘若项公在闽,当不至此。1949年以来,先后主闽政者多也,然而,时至今日,福建人念叨最多的,似乎还是项南。这大概不全是对政坛失意者人之常情的同情。项南逝世后,时有纪念文章见诸报刊,十年不见稍减,这就不是一件容易的事了。可还是没有引起我关注的欲望。

今年是十一届三中全会暨改革开放三十年,应约请写一篇纪念文章,查了一下福建这三十年的一些史料,其中当然绕不开项南。看了之后,不禁感叹:项南,革命家也。

项南一生,自然不乏闪光之处,可是,就我看来,一生辉煌,主要在其主持闽政期间,也许也正因此埋下了他过早退出政坛的伏笔。然而衰年变法,犹如彗星划过天际,人生如此,也大可无憾了。

我以为,项南主政福建,就改革开放而言,可大书者五。

可大书者一:两个月改变福建在农村经济体制改革上数年的落后局面。福建是中央最早赋予特殊政策、灵活措施的省份之一。农村之穷,不少地方不让安徽。早在1978年,福建就有不少地方农民自发包产到户,时间甚至早于安徽小岗,但是,一再遭到压制,强行"纠偏","不许走资本主义"。到1980年年底,全省建立大田生产责任制的12.8万个农村核算单位中,包产到组的占3.4%,包产到劳或到户的占7.6%,双田制的占6%,包干到户的仅占0.2%。1981年1月,项南入闽主政。首先解决干部思想问题,赶在当年春耕之前,推行联产承包责任制。3月底,全省94.5%的生产队

经济学不是研究马尾巴功能的?

建立了各种形式的生产责任制,其中包产到户、包干到户的占了大部分。1983年,实行"包产到户"和"包干到户"的生产队占全省生产队总数的99%。三年冰封,两月春回,打响了福建经济体制改革的第一炮,结束了长达三年的落后局面。

可大书者二:1984年年初,决策发表55位厂长经理呼吁书《请给我们"松绑"》,并亲自撰写《福建日报》编者按[①],随后组织"松绑"讨论,推动各部门落实松绑措施,后又大声疾呼"让'包'字进城"。[②] 一周后,《人民日报》全文转载"松绑信",并配发编者按,指出"这封呼吁书提出了体制改革的一个重要问题",旧体制"到了非改不可的时候了"。随后,《人民日报》、新华社连续追踪报道,国家体改委、经委邀请55位厂长经理的代表赴京座谈体制改革。一时间,"松绑"、"放权"成为城市经济体制改革的中心话题。5月10日,国务院颁发《关于进一步扩大国营工业企业自主权的暂行规定》,是年秋,十二届三中全会通过《中共中央关于经济体制改革的决定》。1984年是中国改革开放史上城市经济体制改革的起始年,以此论之,"松绑信"不啻1978年安徽小岗村18户农民的大包干协议书。就国有企业及城市经济而言,福建可谓小省中的小省,然而,在项南策划指导下,来自福建企业界的呼吁犹如惊蛰春雷,推动了全国国有企业乃至城市经济体制改革。福建终于不负中央赋予"特殊政策,灵活措施"的期望,引发了全国城市经济体制改革大潮。

---

① 见1984年3月24日《福建日报》以及随后的《福建日报》、《人民日报》等报刊相关报道。舆论认为,这是我国企业改革史上企业经营者第一次吃"螃蟹",第一次向政府要权,是我国思想解放的一个成果,它为中国国有企业改革吹响了进军号角。3月24日后来成为中国"企业家活动日"。

② 1984年5月,在出席六届全国人大二次会议期间,项南在福建代表团讨论时公开提出"让'包'字进城"。会议期间,他亲自撰写了《让"包"字进城》,作为《福建日报》社论发表。当年福建经济增长速度跃居全国前列。年底,项南评价道:"你说今年生产条件有什么改变?没有,就是给下面松了绑。一个是松了绑,一个是'包'字进了城。"

革命家项南

可大书者三：1984年2月，邓小平视察厦门，项南全力争取中央支持厦门改革开放，请求把特区扩大到全岛，并实施"某些自由港的政策"。① 环鼓游轮上与邓小平一席话，不仅推动了中央将原来仅有2.5平方公里偏居一隅的湖里特区扩大到厦门全岛，而且将深圳、珠海、汕头的特区都扩大到了全市范围，促成了邓小平对经济特区四个"窗口"的定位，使特区从原先不过是利用国内廉价劳动力挣取短缺外汇的权宜之计，成为中国对外开放的窗口、经济体制改革的试验田。就是在这次游轮谈话中，项南向邓小平建议再开放一批沿海城市。不久，中央逐步开放了一批批沿海城市，最终形成沿海地区全方位多层次对外开放格局。从此，开放与改革携手，将中国经济一步一步推入世界范围市场经济的汪洋大海。1984年，这个三年前还落后于全国的福建不仅在经济体制改革而且在对外开放上，也骄傲地成为全国当之无愧的排头兵和推进器。

可大书者四：大胆打破以粮为纲的僵化思路，积极探讨市场经济富闽方略，大念"山海经"，建设八大基地，积极推动十大基础工程建设。"山海经"者，福建山多海多地少，不宜单打一地以粮为纲，必须因地制宜地利用山地发展林业和经济作物，利用海洋和滩涂发展捕捞业和养殖业；八大基地，指福建应扬长避短，建设林业、牧业、渔业、经济作物、外经、轻型工业、科教和统一祖国等八大基地；十大基础工程建设，建设福州和厦门两个海港、两个机场、两套电信，改造鹰厦铁路，建设福厦铁路、漳泉铁路，整治闽江、九龙江，建设沙溪口电站、水口电站等。这些针对福建特点的建设方略的提出和实施，转变了福建在计划经济体制下形成并沿袭多年的经济发展模式，奠定了福建经济腾飞的基础、时至今日的基本发展格局。

可大书者五：针对福建实际，积极倡导和大力扶持乡镇企业，奠定福

---

① 2011年9月，在一次座谈会上，一位京城的经济学家谈及：项南生前曾亲口告诉他，当时向邓小平同志要求而且小平同志同意的是"厦门实施自由港的政策"，而非"某些自由港的政策"。

经济学不是研究马尾巴功能的？

建民营经济基础。为了促进乡镇企业发展，率先在福建设立了省、市、县三级乡镇企业局。富有远见地提出"福建经济要靠乡镇企业打头阵"，发展乡镇企业是福建2500万人民的致富之路，希望所在。① 风雨袭来之际，斯人"苟利国家生死以，岂因祸福避趋之"。仗义执言：对乡镇企业要"护花捉虫"，不惜因此挂冠去职。然而，正是他所保护的乡镇企业成就了如今占福建经济总量2/3的民营经济，成就了福建市场发育水平在全国的领先地位，成就了今日福建经济在全国的地位。

福建人可以骄傲。在项南主政的短短数年，福建大胆先行先试，在改革开放上创造了诸多全国第一：第一个利用科威特贷款建设的厦门国际机场，第一个利用美国银行贷款建立的地方远洋船队，第一个万门程控电话系统②，第一家地方航空公司③，第一家中外合资银行，特区外的第一家外商独资企业④，第一家中外合资电视机企业，第一家中外合资烟草企

---

① 见项南：《在福建省社队企业工作会议上的讲话》（1981年6月4日）。1995年，项南与连城县干部座谈时说："马克思没有搞过乡镇企业，那个时代也没有中国这样的乡镇企业，你想在马克思著作中找答案是找不到的。一百多年来世界形势发生了多大的变化？世界已经如此丰富，发展如此之快，我们遇到困难，不是从实践中找答案，而是一字一句按马克思讲的话办事情，这不是很滑稽吗？为什么不根据当地的实际情况办事？""为什么有的地方经济长期发展不起来呢？就是只按条文办事，凭一个人讲话办事，完全不考虑当地的实际情况。说不好听的，有些人就是天天在考虑姓'社'姓'资'，天天为自己打算。其精神状态就是怕自己犯错误，不怕群众吃不饱。这种干部留他有什么用？"

② 这个万门程控电话系统1982年11月在福州开通，当时不仅国内第一，而且领先于新加坡、中国香港。它使福州的电话通信系统从20世纪50年代的第一代通信交换技术一举跨越到当时国际最先进的第四代技术。

③ 这本来可以是中国的第一家中外合资航空公司。如果成立，其意义远远大于现在的地方航空公司。

④ 这个在永定县投资100万元的小外商独资企业，当年居然要国家经贸审批方能立项，可是根据计划经济的条条框框，不能批准。为冲破体制障碍，项南亲自找了经贸部部长甚至惊动了胡耀邦总书记也无济于事，最后通过内参引起陈云关注，费时一年半，方得以立项。

业……① 福建人至今缅怀项公，不是没有理由的。

这些今天看来似乎理所当然的举措，当年却是让思想冲破牢笼，将旧世界打个落花流水的石破天惊。为此要承担多大的领导责任，冒多大的政治风险，排除上下左右多少有意无意的阻力和干扰，付出多少难以想象的艰辛，只有那些顶风冒雨披荆斩棘从旧体制中"杀开一条血路"的创业者才知道。可是，20世纪90年代中期，当建立社会主义市场经济在中国已成不可逆转之势之后，竟然有这样的"理论新秀"，坐而论道，哗众取宠：当年广东、福建被中央赋予"特殊政策，灵活措施"，允许在改革开放上先行先试，是吃政策偏饭，占国人便宜。斯人斯言，除了让人想起克雷洛夫笔下的那只橡树下的猪之外，真不知道该说什么好！

项南算得上鲁迅称赞的敢于第一个吃螃蟹的人。是什么赋予他敢为天下先的气魄和胆略呢？我想，根本原因在于他是一个革命家。

谈起革命家，人们往往想到的是风雨如晦的年代里，那些不惜洒热血抛头颅，敢教日月换新天的仁人志士。天下承平，革命家不再。

其实不然。革命家是一种气质，它不因时代而有无。革命家是理想主义者，他永远对现实不满，希望不断创新；革命家以天下为己任，永远不是精于个人得失利害计算的功利主义者；革命家是思想家，他特立独行，独立思考，总是要说自己的话，走自己的路。然而，"峣峣者易折，皎皎者易污"，古往今来，大抵如此。

承平年代，科层体制，革命家少而官僚多。官僚者，俗人而庸常智慧者也。俗人精于个人得失利害计算，功利主义地对待世间一切人与事，永远能实现个人利益最大化；俗人不思创新也无胆量创举，一切唯书唯上，躲在伞

---

① 后两者是在项南来福建前立项，在项南任上建成投产的。围绕着这两家合资企业，争论不已。京城某高层决策人士定性福日电视机厂"是一个殖民地性质的厂子"。有部委领导因此竭力想搞垮它。项南旗帜鲜明地支持兴办这两个企业。围绕福日的争论最后惊动了总理，因其过问方才获得产品生产权。日本《读卖新闻》在两年后回顾此事时说："项南用他的官帽为福建日立公司的投产剪彩。"

经济学不是研究马尾巴功能的？

下,自然风雨无虞,一步一个台阶;庸常智慧者永远满足现实:存在总是合理的;庸常智慧者总是以位为能,领导自然高明,下级当以服从为天职;庸常智慧者永远不为天下先,输人不输阵,和光同尘是古今不易的自保良方;庸常智慧者永远只会照稿念字,因其没有也不敢有自己的话语。官僚以紧跟服从为能,以等因奉此为能,以无能为能。

然而,一个只有官僚而无革命家的体制将是一个趋于热寂的体制,一个只有官僚而无革命家的社会将是一个多么沉闷的社会,一个只有官僚而无革命家的时代将是一个多么无趣无味的时代!

所幸,革命家是人类社会发展所需的一种气质,因此它永远不会泯灭。承平年代,它孕育着,生长着,潜藏着,一旦时代呼唤,它就应运而生,呼啸而来,像划过天际的彗星。20世纪80年代的中国,就是这样的一个时代。

满城尽是"新加坡"[1]

虽然城里乡下都住过不少时间，不过，掐指算一算，我还只能算是城里人。在乡下的日子，满打满算，不过七八年，还是少数。可是，不知怎地，我在乡下的方向感似乎要比在城里好得多。时隔多年，偶尔回到我当年插队落户的村子，大致还找得到方向：村里还是那些房子，路也就是那个样，与我走的时候变化不大。大可让我发一通思古之幽情，感慨一番物是人非，光阴催人老。可是，一到城里我就犯晕了。不说北京、上海这些大地方，就连打小住到大的省城也不成。生于斯长于斯的故乡，虽然大学毕业后就不再常住，但是常常回去，开个会、探个亲什么的。可是，最近几年，当我骑着自行车想独自逛逛儿时熟悉的大街小巷时，每每发现找不到地方了！这哪里还有儿时的印象？满大街的崭新建筑，前两年来时好像还不是这个样呢。走进当年故里，我却仿佛置身于一个陌生的城市。于是我只好推着自行车，用家乡话问路。被问者因此常常一脸疑问：这位仁兄是从哪里冒出来的怪物？道地的乡音，还骑着自行车，可他不认得路！

三十年来，中国的社会经济进步世人皆知。但是，比较而言，城里的进步要比乡下大得多，也是不争的事实。尤其是基础设施、公共产品和公共服务方面。长期以来，村里的基础设施，如道路、供电、供水、排水等，从来就不是各级财政的预算项目。能干的村支书、村主任跑断了腿，磨破了嘴皮，碰上个发善心的局长，兴许能弄来点资金，那可是件了不起的功德。大多数情况下，还得靠农民自己缴费。如今，当局减轻农民负担，税、费一起免了。可是村里的基础设施还得有，清扫村路、处理垃圾等这些必不可少的公共服务还得有人提供。怎么办呢？有些地方的政策是村民一户一人开会，

---

[1] 本文初次发表于《经济学家茶座》2009年第1辑，总第39辑。

经济学不是研究马尾巴功能的？

一事一决。通过了就收钱办事，不能通过的就只能拉倒算了。民主则民主矣，可惜事儿大多办不成，尤其是那些关系长远的公共设施建设。

还是城里好。城里人纳税。政府取之于民，用之于民。取的时候，按个人收入大小算好了该纳多少税，领工资时会计自动就给扣清楚了；花的时候，不要一户一人地开会，一事一决地通过了才能办。政府想到了，自己就给你办了，一点不费你的心；政府没想到的，你说也没有什么用。此外，这些年来，城市化带动的城市及周边土地的急剧升值，那更是上帝恩赐的"玛呐"，几乎是白给的城市财源！于是，大量市政工程不断地建起来了。那些你掏自己的腰包绝对不肯办的事也办起来了。城市真是日新月异，连发达国家的老外都看得目瞪口呆。我在西部一个不算富的城市见过据说是亚洲最大的音乐喷泉广场；在一个周边不到百里之遥就有两三个国际机场且不算大的城市里见过拥有世界最长跑道的国际机场——它的跑道比世界最长的机场跑道长了10米；在缺水的北方城市见过大片大片需要大量昂贵淡水养护的草坪；在不少电力紧张的城市里见过叹为观止的夜景工程，看来还是小时候穷惯了，我这个如今好歹也算是城市中等收入阶层的市民，看着那璀璨的夜景工程，还是心疼得直哆嗦：天哪，我在自己家里还舍不得这么开灯呢。

好几年前，曾到访过一个南方的滨海城市。朋友驱车带我在那座城市著名的情侣大道上兜风。宽阔笔直的马路，两旁种满了大王棕、假槟榔、蒲葵、鱼尾葵之类的热带、亚热带观赏植物，间或还有些雕塑什么的，道路的左边是珠江湾开阔的海面，放眼望去，一片亚热带风情，视野真是开阔极了。我不禁赞叹：太美了。你们的市长做了件大好事啊。朋友笑了笑，没有作声。后来，我所居住的南方海岛城市也修了一条类似的环岛路，沿着海边的环岛大道两旁，也种满了各种亚热带风情的棕榈类植物，看上去美不胜收。一个春夏之交的周末，我与家人想骑着自行车做环岛游。上路不久，就觉得有点儿不对劲：尽管时间还不到夏至，可是我们已经觉得当头的太阳热辣辣地烤人。路边的那些棕榈类植物，美则美矣，但是那几片羽毛般的叶子，一点也不遮阴。于是我明白了，在这样的观光道上观光，你得有设备，满城尽是"新加坡"

最好是坐在有空调的公车或私车里。在车里你才可以充分体会到这条观光道的全部设计之美。如果你属于只能骑车或是走路观光一族，嘿，你就等着挨晒吧。南国夏天炎炎烈日下，那种坐在车里才能感受到的视野开阔、沿途的亚热带风情，可就让安步当车的你一点也浪漫不起来了。于是，我总算弄懂了朋友在情侣大道上有点怪异的微笑。

拜三十年持续高速经济增长所赐，近年，中国也开始进入私车时代了。城市里的车日复一日地多起来了。公车与日俱增，私车后来居上。但凡中上收入之家，又没有权力公车私用的，多想买部车。有了私家车，生活不仅方便而且就多彩起来了。没有车，你能想象周末到百里外的温泉去泡澡的那种幸福感觉吗？车多了，路就显得窄了。于是，为民办实事的市政当局就不断地修路。花大量的钱修新路，改造旧路，拓宽路面，截弯取直，最后还是不成，干脆就路上修路。在拓宽的路面上再竖起一个个巨大的水泥墩，上面托起一条条新的汽车专用道，俗称城市高架桥。刻薄的朋友说：都说老谋子想象力丰富，可他费尽心力弄出的《满城尽带黄金甲》，连题目都抄了古人，奥斯卡还是没戏。我们的市长不吭不哈，一不留神就给你来了个"满城尽是新加坡"！那可是纽约、伦敦、巴黎、柏林、罗马、东京都见不到的，老外怎么也得给个城市建设创新思维奖吧？用于修路的钱一多半修了汽车专用道，有车一族是合适了，可是我等安步当车的小民怎么办呢？如今可是连汽车尾气都得翻番吸立体的了。对于路车矛盾，难道就只有面多了掺水、水多了加面一条路吗？财政补贴完了汽油再掏出钱来修汽车专用道，难道就是为了替那些合资汽车厂开拓点国内市场？

自古以来，中国的老百姓一向是不愿意多管闲事的。各人自扫门前雪，莫管他人瓦上霜。原因也很简单：谋生不易，自家门前的雪还扫不完，哪有工夫去管他家瓦上挂不挂霜呢？改革开放了，升斗小民，过去让人管着不让发财，如今政策好了，还不一心一意赶紧发家致富，管那些个街边闲事干什么？亿万百姓齐心协力奔小康，愚公移山，不出十年就弄得国民收入分配格局根本改变。国家财政只好从依靠国有企业利税上缴逐渐转向依靠个人纳

经济学不是研究马尾巴功能的？

税。财政性质也就从计划经济时代的"生产建设财政"，管投资建工厂为主转变为市场经济中的"公共财政"，只管社会的公共工程、公共消费和公共服务了。与此同时，居民的消费需求，也从当年衣食不继时只顾满足个人消费需要的私人产品——柴米油盐酱醋茶之类，到今天开始逐渐关注需要社会提供全体百姓共同消费的那些产品和服务，比如良好的市政服务，洁净的空气，优美的环境，路不拾遗、夜不闭户的社区安全，等等。这也难怪，小区治安状况不好，家里的防盗门就得装个结实点的。一辈子积蓄买了房，可是立马就有人要在边上投资兴建化工厂，害得我住下去吧，整天享受空气污染，卖房子吧，顿时财产贬值了一半。这不是谋财害命是什么呢？我除了恳请有关当局不要上马这个项目，为此不惜到当地政府门前"散步"之外，还能有什么更好的办法呢？

老百姓不愿多管闲事，是因为那时肚子还没吃饱，一时顾不上，如今吃饱了肚子，可能就会不大安分，要管起"闲事"来了：我每年每月交的税款，你们是怎么用的呢？乡下的基础设施、公共产品和服务属不属于公共财政管辖范围？时至今日，就在城外不远的多少乡村还路不平、灯不明的，我们就有闲钱消费亚洲最大的音乐喷泉广场，整夜整夜地亮灯做夜景工程了吗？为什么财政要补贴汽油消费，而后再掏财政腰包修汽车专用道，服务有车一族？这不是杀贫济富，要穷人补贴富人吗？

爱管闲事的老百姓渐渐多了起来，可能使一向习惯于扮演严父慈母角色的当局一时不太习惯：这孩子怎么就不听话起来了呢？没日没夜，劳神费力地干，你们却不领情！然而，事情本来就不是这么回事。公共财政既然承认是"取之于民，用之于民"，又何妨再加上一句"倾听民意，以民为本"呢？

当然，怎么听，也是件值得说道的事儿。这几年房地产大涨，房地产商赚没赚到钱，在下不知道，可是一般市民深感居大不易，是确定不移的事实。起早贪黑多挣的一点钱还够不上房价涨的。无奈之下，只好吁请政府拿出办法来，说来也在情理之中。可是政府该怎么办呢？身为全国政协委员的某房地产商在政协会议上慷慨陈词，建言献策："钉子户为了他个人的利益，损害了包括开发商在内的多数人的利益！这也是房价上涨的原因之一。"① 言外之意：严惩钉子户，保护开发商利益，房价就下来了。这位委员的高论真是精彩极了，大可为公共选择理论、社会选择理论在中国的适用性做一注脚。我想，评上个中国自有政协以来最精彩发言，大概一点问题也没有。我唯一感到遗憾的是，怎么就没有同时听到身为全国政协委员或全国人大代表的钉子户的意见？怎么就没有听到地方政府在人民代表大会上报告：本年政府的土地批租收入甚至高过同期本级财政收入，以及它的用途，等等。上涨的地价从而房价一多半转化为政府的土地批租收入，这算不算对老百姓的隐性征税？它对眼下的国民收入支出结构不断加剧的"两高一低"失衡②，都贡献了什么？在这样的会议上听取"民意"，讨论决策，亚热带风

---

① 见《三联生活周刊》2008年第11期，第28页。该期杂志在同一页上还报道了另一位全国政协委员、某纸业公司董事长希望降低富人税负，把月薪10万元以上的最高累进税率从45%减至30%。

② 国民收入支出结构的"两高一低"是指投资和净出口占GDP的比重高，消费占GDP的比重低。2007年（本文写作的前一年），我国GDP中，投资占42.1%，净出口占8.9%，消费仅占49%，在消费中，居民消费仅占72.05%。到2010年，我国的GDP中，投资进一步上升至48.6%，净出口占4%，消费降至47.4%。2000年到2010年，最终消费占GDP的比重平均每年下降了近1.5个百分点。最终消费率的下降主要是居民消费下降导致的。2010年，政府消费占GDP的比重为13.6%，比2000年下降2.3个百分点；而同年居民消费占GDP的比重为33.8%，却比2000年下降了12.6个百分点。其中，城镇居民消费占GDP的比重，2009年为26.8%，2000年为31.1%，9年间下降了4.3个百分点；农村居民消费占GDP的比重仅为8.4%，而2000年为15.3%，9年间下降了6.9个百分点。相反，最终消费中，政府消费所占的比重上升，2000年政府消费占最终消费的比重为25.5%，2010年上升为28.69%。1998年最终消费中居民消费与政府消费之比为3.17∶1，2000年下降为2.92∶1，2010年进一步下降到2.49∶1。根据美国宾夕法尼亚大学"生产/收入/价格国际比较研究中心"编制的购买力平价GDP国际比较数据，2007年，世界196个国家按消费率从高到低排列，中国位于第166位。2007年中国人均实际GDP为8510.6美元（购买力平价，2005年价格），接近巴西的人均实际GDP水平（9644美元）。当年巴西的消费率为64%，而中国只有36.51%。我国居民消费率在同期世界人均国民收入水平相近的国家中是比较低的。

经济学不是研究马尾巴功能的?

情的观光道,"满城尽是新加坡",居民消费不振,内需疲软,只怕今后也是难免的呢。

由此又联想起了经济学界的一桩公案:经济学与价值判断无涉。可能是受到成长时代的局限,在下的治学思路一直有点问题。读书做学问,不仅想知道这个世界是什么,而且总想着知道了是什么还能有什么用。不仅如此,有时还要多管闲事,比如写点此类不算做学问算不务正业因此也就不挣工分的文章,等等。在大学经济院系里混了三十年,我于财政学也就是个看热闹的门外汉。外行总是不知天高地厚,好乱发议论。我一向认为:公共财政对建设和谐社会,大有可为。和谐社会不仅要求社会收入分配公正,每个老百姓饭碗里的肉块要有大有小,但是这大和小的差距与各自对社会或经济增长的贡献比较,大家觉得还能接受,吃完饭,下午还愿意接着一块儿干;和谐社会还要求公共财政既然取之于民,用之于民,这就应该能够向老百姓说清楚:这笔支出是否合理,有没有更为急需或者效用更大的用途,受益人是谁,我为什么要负担这笔开支,负担合理与否、经济与否,等等。比如,如潮涌入的土地批租收入源自上涨的地价从而房价,这增加的政府收入,到底该用于帮助解决城市中低收入阶层住房难的解困房、经济适用房或廉租公屋,还是为有车一族修更多的汽车专用道或是吃凉不管酸的音乐喷泉广场?在利益多元化的时代,和谐社会应当是亲兄弟明算账基础上的相互理解与和衷共济,而不是一盆子糨糊下的浑水摸鱼。这时,象牙塔里的经济学家能置身事外,不给点专业意见吗?能不考虑社会需求,改造一下我们的学科吗?在下前几年在海外大学书店里见到一本 *Political Economics* [①],副标题是:Explaining Economic Policy。于是恍然大悟:时至今日,政治经济学也不是我们的专利,而且,实行公共财政的经济体里,政治经济学还可以——或者就应该(?)——是这样的!

---

① Torsten Persson and Guido Tabellini, *Political Economics: Explaining Economic Policy*, The MIT Press 2002.

一个运交华盖经济学家的党校生活
——读《顾准日记》（党校篇）札记①

新中国成立后，顾准这位老革命便屡屡遭遇"新问题"。1952年在上海市财政局长、税务局长任上，因主张根据上海实际实行制度化税收政策，与上级要求的群众"民主评议"征税方式抵触而在"三反"运动中受处分，被撤销党内外本兼各职，《人民日报》点名批判，从此运交华盖。1953年调北京，1955—1956年进中央高级党校学习。从日记可知，这次学习并非如今党政官员"进步"前的程序性培训，而是不被待见，挂起来了。这位热爱真理甚于仕途的经济学家尽管对前程不无担忧，却仍然紧紧抓住了这一年脱产学习的机会，勤奋读书、学习、思考和研究，以弥补自己在长期革命生涯中无暇认真读书，所知多为"报章杂志之学"的遗憾。

一

先看看这一年里，顾准课余读过的书吧。仅见于《党校日记》的就有：

马克思：《资本论》（第一、二、三卷）、《哲学之贫困》、《雇佣劳动与资本》、《工资价格与利润》、《哥达纲领批判》；

恩格斯：《反杜林论》、《自然辩证法》、《家庭、私有财产及国家的起源》；

考茨基：《土地问题》；

列宁：《唯物主义与经验批判主义》、《国家与革命》、《帝国主义论》、《俄国资本主义发展》、《论马恩》、《再论职工会》、《列宁文

---

① 本文初次发表于《经济学家茶座》2009年第2辑，总第40辑。

经济学不是研究马尾巴功能的?

选》、《列宁斯大林论中国革命》;

斯大林:《斯大林全集》、《苏联社会主义经济问题》;

李大钊:《守常文集》;

毛泽东:《毛泽东选集》;

《联共党史》、中共《党的若干历史问题决议》;

亚当·斯密、大卫·李嘉图、凯恩斯的著作;

苏联科学院经济研究所编:《政治经济学教科书》;

郭大力:《凯恩斯批判》;

斯特罗果维契:《逻辑》;

瓦因斯坦:《辩证法全程》;

《古代史》、《中古世界史》、尼基甫洛夫:《中世纪史》、《英国资产阶级革命》、《法兰西阶级斗争(1848—1850)》、《新编近代史》(第一卷)、《近代史》(1939年版第一、二分册),杜德:《英国与英帝国危机》、《中国近代史资料选编》;

达尔文:《物种起源》;

《大地花开》(作者不详);

巴尔扎克:《单身汉的家事》、《崩溃》;

狄更斯:《大卫·科伯菲尔》、《老古玩店》、《双城记》;

安徒生:《安徒生童话集》;

高尔基:《克里姆·萨姆金的一生》;

马克·吐温:《密西西比河上》;

阿·托尔斯泰:《彼得大帝》;

《开拓了极地的人们》(作者不详)。

此外,还有大量的文件和报刊。

年代久远,要找到这份书单中的所有书籍,统计其篇幅,很难。但就其中我熟知的部分看,就极为可观了。顾准犹如高尔基所说,像饿汉扑向面包一样地扑向了书。日记中时见读书至下半夜,"紧张的读书,引起若干疲倦","这样干,颇有拼命主义之概"的记载。① 他不仅用心读书,而且还做了大量的笔记和摘录。

二

运交华盖,吃了大亏,被挂了起来,前途未卜的顾准仍不肯汲取教训,唯书唯上以求自保,思想依然十分活跃。

他思索着资本主义克服危机的生命力何在,新技术革命对资本主义又将产生什么影响,"Keynes的药方是否会失效?",不会;他感叹:"八十年来,资本主义已经出现了多少新的现象了呀!我们的问题是科学地论证这些新现象,而不是深闭固拒地不加理睬";他认为"马尔萨斯理论在中国不应有地位,这恐怕是不对的吧";他不因人废言,称赞考茨基《土地问题》有些部分"特别精彩";他对杨献珍"再三地说要读经典著作……说过去我们读经,是读孔孟之作,而现在是读马恩列斯毛著作云云"很不入耳,认为提倡以读经的态度来读马列主义著作,是僵化,将与僧侣主义何异!他思考:"为什么封建主义总是表现为'经典主义'?"

当然,如果仅此,顾准的党校生活,勤奋好学深思有之,但亦平淡,不值得一说。然而,苏共二十大,使顾准思想发生了重大转折。"入学初期,情绪是受压抑的,但以谨慎处世的想法占支配地位。""第二十次代表大会的翻案……可以断定是这一年学习期间重大变化的最后一次。""其实,二十次代表大会又何曾仅止批评了斯大林。只要是打开了大门,放进清新空气来,一切问题都要重新评价。" 它触发了顾准的思想解放。 1956年伊始,日记发生巨大变化,新见纷呈,如从山阴道上行,使人应接不暇。很快,思考集中到了对斯大林《苏联社会主义经济问题》及苏联《政治经济学教科书》的批判上。他认为"社会主义经济问题目前那一套规律是独断的,缺乏继承性的,没有逻辑上严整性的"。他惊讶地发现:"斯大林的社会主

---

① 顾准:《党校日记》,《顾准日记》,中国青年出版社2002年版,第19、24页。下节所引亦见《党校日记》。

经济学不是研究马尾巴功能的？

义经济问题原来是专门用来反马克思的。"《政治经济学教科书》"理论水平之低,其情况实在是足以惊人的"。"小问题有货币论,大问题有道德规范式的理论系列:(一)资本主义经济规律,马克思的论证被丢掉了……(二)'基本经济规律'与'有计划按比例发展规律'是离开社会主义再生产理论(那实在是不折不扣的规律),与价值规律(这实在还是多方面起作用,而基本方面则是劳动报酬方面)的空东西,道德规范。""这个思想体系,与以道德规范式的规律吹嘘,粉饰太平的理论来描写社会主义经济,在哲学体系上是一贯的,这是独断主义式的唯心主义。"

1956年,顾准思想解放,从此走上了一代思想叛逆的荆冠之路。

三

1957年发表在《经济研究》的《试论社会主义制度下的商品生产和价值规律》是顾准党校学习、思考的结晶。这篇不点名批判斯大林《苏联社会主义经济问题》及《政治经济学教科书》的经典之作大概是这位命运多蹇经济学家生前在新中国成立后唯一正式发表的经济学论文了。

余生也晚,不知道当时学界的反响。可以推知,不被注意已属万幸:受顾准思想启发但深刻程度尚不及顾准的《把计划和统计放在价值规律的基础上》已为孙冶方赢得了"中国经济学界最大的修正主义分子"三尺高帽和"文革"中八年秦城大狱,顾准如因更"反动"的此文引起关注,真不知要领受更严厉的什么惩罚,大概绝不仅是下放商城劳动吧?然而,顾准又是不幸的。重刊此文的《顾准文集》1994年出版时,当局已经决定中国向社会主义市场经济过渡了。"试论社会主义制度下的商品生产和价值规律"这个题目显得老套,因此,尽管读书界称1994年为"顾准年",但是,热议的却是《希腊城邦制度》和《从理想主义到经验主义》。置于文集开篇的《试论社会主义制度下的商品生产和价值规律》,似乎少有知音。

但是此文不可小觑。它不仅是顾准此后一系列"离经叛道"思想探索的起点、理解这位思想家心路历程的钥匙之一,也是马克思经济学界在这个领域至今尚未超越的高峰：中国决定向社会主义市场经济转轨17年了，有哪一篇论著如此文，令人信服地证明了即使在全社会实现了单一公有制，只要仍然实行"各尽所能，各取所值"的分配制度，社会主义也仍然必须实行市场经济？

论证思路令人叹服。跳过当时各社会主义国家普遍并存的全民、集体两种所有制，顾准直接从马恩说的共产主义第一阶段——社会主义高级阶段入手。马恩都假定此时全社会实行单一的全民所有制。显然，如能证明在这"社会主义的纯净状态"仍然存在着商品生产，价值规律仍然调节着整个社会再生产过程，那么它们在两种所有制并存的社会主义初级阶段的存在性也就不证自明。论文假定仍然实行"各尽所能，各取所值"的分配制度亦非闲笔。它不动声色地隐含了资源稀缺性及理性经济人假定，为经济学分析创造了可能。

论证概括而简洁。只从分配方法与核算方法即消费者行为与生产者行为两个角度论证。

第一，分配方法。在单一公有制社会主义社会中，"消费品的分配只存在于社会与劳动者之间，作为分配工具的货币……按照恩格斯的原则，就是劳动券"[①]。但是，这个劳动券不可能是具体的各种实物领取凭证而必定是可以自由选购的一般等价物，因为，消费兴趣的多样化使人们必然拒绝实物配给，要求对具体的消费品种、花色有选购自由。其次，延期消费与提前消费的存在，使信贷系统必然存在，利息也还保存着。

实践如何呢？历史上，俄国曾在十月革命后实行过短期的用领物凭证式的劳动券分配消费品的做法。但很快就废止了。原因正如列宁所说："向纯社会主义形式与纯社会主义分配的直接过渡，乃是我们力量所不能胜任的事。"[②] 时隔数十年，"纯社会主义分配"仍是所有计划经济国家"力量所不

[①] 顾准：《试论社会主义制度下的商品生产和价值规律》，《顾准文集》，贵州人民出版社1994年版，第14页。以下如不另行注明，均引自此文。

[②] 列宁：《俄国革命五周年与世界革命的前途》，转引自《顾准文集》，第16页。

经济学不是研究马尾巴功能的?

能胜任的事"。今后呢,其实不难推想:消费兴趣多样化是随着生产力的发展而不断展开的呀。

和"自由选购"、"一般等价物"、"货币"、"信贷"、"利息"等范畴相联系的难道不是商品交换吗?

第二,核算方法。单一公有制下,生产经营是否仍然需要价值范畴介入其间呢?顾准曰:取决于经济核算是否仍然必要。① 管理跨度极限决定了,即使实行单一的公有制,企业也不可能大到囊括全社会生产。必须社会分工,存在众多企业。"让全社会成为一个大核算单位是不可能的。""具体的经济核算单位则必须划小,至少以每个生产企业为单位进行核算。"这是马恩没有预料到的。"社会主义经济是计划经济,马克思、恩格斯再三指明过;社会主义经济是实行经济核算的计划经济,马克思、恩格斯从未指明过。相反,他们确切指明社会主义社会将没有货币,产品将不转化为价值。" 经济核算制是列宁根据苏联建国初期的经验建立起来的。后来的各社会主义经济无一例外地实行了。

对此,唯马恩之是为是,还是实事求是呢?因实事求是刚吃过大亏的顾准全无记性,竟"大不敬"地问:"我们不免发生一个疑问,研究社会主义经济的出发点,到底应该是我们生活其中的社会的经济关系呢,还是一些别的东西?"

不同企业生产的同一产品个别劳动消耗必然不同。能否根据企业个别劳动消耗定价呢?不能。一价法则决定了不同企业的同一产品必须按相同价格出售。因此,单一公有制下,仍然存在产品个别劳动消耗与社会平均劳动消耗之间的矛盾,"产品的社会价值与个别价值的矛盾,是社会主义社会存在价值范畴的根据"。"实行经济核算制的计划经济,出现价值与价格是不可避免的。"而且必须用它们进行经济核算,"比较各企业生产活动的经济效果——即比较它们的个别价值与社会价值的差异"。"严格核算所费劳动与

---

① 顾准认为,"企业实行经济核算的标志,是拥有独立的资金,独立计算盈亏"。显然,实行经济核算的企业,是一个独立的商品生产者。

有用效果间的关系",促进企业不断提高生产经营水平。"不能证明,废除经济核算制及价值形式以后,将用什么办法来充分发掘一切足以提高社会劳动生产力的潜在力量;也无法证明,产品的个别价值与社会价值的矛盾,如何不再成为社会经济发展的推动力量。"

结论:"社会主义之所以存在着'商品生产',应该肯定,其原因是经济核算制度的存在,不是两种所有制并存的结果。"①

那么,价值规律呢?"如果按照马克思的价值规律定义,那么,价值规律制约着经济计划,因此,社会主义必须自觉地运用价值规律,经济核算是运用价值规律的基本方式之一。""价值规律通过经济计划调节全部经济生活。资本主义则是任令价值规律作为自发的规律,通过竞争,自发地调节全部生产。这就是社会主义与资本主义的基本区别所在。"

顾准知道,计划经济与经济核算相互矛盾,二者此消彼长。如果只有经济核算而无计划经济,那就是资本主义了。必须在二者之间找到某种平衡。他考虑了两种结合方案:最低限度的经济核算+最高限度的计划经济,最高限度的经济核算+最低限度的计划经济。苏联的实践证明前者导致了"价格形成方面的唯意志论,'使国民经济遭受了很大的损失'",不可行。后者则"使劳动者的物质报酬与企业盈亏发生程度极为紧密的联系,使价格成为调节生产的主要工具……同时全社会还有一个统一的经济计划,不过这个计划是'某种预见,不是个别计划的综合',因此它更富于弹性,更偏向于规定一些重要的经济指标,更减少它对于企业经济活动的具体规定"。嘿,它不正是单一公有制下有宏观调控的市场经济吗?!

顾准既是才华横溢的思想家,也是治学严谨的科学家。对于单一公有制商品(市场)经济的可行性,他承认,缺乏具体材料,无法进一步研究。

现在,顾准命题——"单一公有制市场经济"的可行性已经可以研究了。

第一,计划经济与经济核算。单一公有制下,经济核算从而企业独立市

---

① 顾准在"商品生产"上加了引号,因为他认为这是一个不同于资本主义经济的特殊商品生产。

经济学不是研究马尾巴功能的?

场主体地位之必要性已得到证明。同时实行计划经济的必要性,在于能使社会经济有计划、按比例从而稳定、较快地发展。然而,理论和实践都证明,计划经济无此能力。因此,在计划经济和经济核算之间,即使是单一公有制,也只能选择后者。当然,市场经济需要宏观调控,但是只能运用与之相适应的宏观经济政策,计划经济的指令性计划是不行的。

第二,单一公有制市场经济是否可行?否。首先,单一公有制市场经济要能够不断再生产,企业就必须将全部盈利上缴,转化为国家投资。如果实行全部或部分利润留成,久之,将在单一的公有制之外生出一个企业所有制来。可是,全部盈利上缴,企业经济核算的激励何在?所有投资决策都由国家做出,怎能保证符合价值规律要求呢?要素市场如何形成?企业又怎能成为独立的市场主体?其次,单一公有制市场经济的再生产必然要求劳动者的报酬仅含消费基金部分,不能有个人积累。否则,"分散于私人手中的积累终将吞没公有化的生产资料"。可是,劳动者的激励将因之降到何等程度?在一个不允许个人储蓄和积累的市场经济中,个人的行为将会发生何种变异?它是市场经济正常运行所可以接受的吗?最后,如果承认政府官员也是理性经济人,那么,如果将全社会积累乃至国民财富都集中于国家之手,劳动者将如何面对这空前的"利维坦"?

因此,结论是:多元所有制的市场经济无论从可行性、效率还是价值判断上看,都优于单一公有制的市场经济,即使生产力水平高度发达也是如此。

这大概是写《试论社会主义制度下的商品生产和价值规律》时的顾准始料不及的。顾准此后的观点未见诸于文字。然而,历尽坎坷终不悔,最终"坚决走上彻底经验主义、多元主义的立场"[①]的顾准如能在今天重新思考这个问题,会得出什么新结论,其实不难推测。

---

① 顾准:《辩证法与神学》,《顾准文集》,贵州人民出版社1994年版,第424页。

从"下海"到"参公"①

日记一般外人难得一见，因此在诸种文体中，最为真实。有识者曰：若要知人论事，看其著作，不如读其尺牍，读其尺牍，不如看他日记。日记往往在无心中，留下了一个时代的真实记录。

张光年先生的《文坛回春纪事》（1977—1985年日记选）就留下了不少今天读来饶有兴味的当年记录。1982年5月16日的日记写道："昨日张颖邀今天午前去钓鱼台聚餐。有夏衍、阳翰笙及戏剧界老人，邓大姐也去，我欣然应允。晚上得知是为翰老八十寿辰，每人要出30元，我出不起这么多，上午打电话给张颖（文晋接的），说因事不去了。"②

如无日记为证，今人大概想不到：当年邓颖超大姐为阳翰笙先生祝八十寿辰，不能公款开支，须得参加者凑份子。著名诗人张光年，堂堂一个中顾委委员，中国作协副主席、党组书记，也算是部长级高干了，居然出不起份子，只好托词不去，放了邓大姐的鸽子。这个人也丢得忒大了。莫非诗人怪癖，小气到这个程度？

看来还真是穷。同年3月31日的日记写道："这几天家里发生财政危机，菜金短缺，角角落落的零钱都搜罗干净了！上月中出院时，为付伙食费等（158元），阿蕙向蓝光借了80元，月初发工资还了。这以后就紧缩副食开支。阿蕙催我去看中医，想到祝大夫药方中有几味药是要自费付现的，口袋中一文莫名，只好等几天后领了工资再去看病。几次要卖几部善本书，无

---

① 本文初次发表于《经济学家茶座》2009年第4辑，总第42辑。
② 张光年：《文坛回春纪事》（下），海天出版社1998年版，第356页。张光年，又名光未然，著名诗人、文学评论家。1927年参加共青团，1929年加入中国共产党，1935年创作《五月的鲜花》（词），1939年创作《黄河大合唱》（词）。时任中国作家协会副主席、党组书记，中国共产党中央顾问委员会委员。

经济学不是研究马尾巴功能的？

人帮助清理，接洽，未能实现。老病后近年穷困至此，且负债累累，这使我心情很不愉快。" 12月30日记："《民族文学》12月号出版，送来三本，并稿费76元。……安东好意，托朋友代购了二两花旗参，价51元，阿蕙感到这个月因扣款经济拮据，打算转让给蓝光，蓝光不感兴趣。正好今天收到稿费，那二两花旗参就留下了。"①手头拮据如此，这30元的份子对于光年先生当然也算回事了。

改革开放之初，干部普遍比较穷。先富起来的是率先摆脱计划经济体制，走向市场经济的人们。杨继绳在《邓小平时代》中记录下来的顺口溜给我们留下了一幅略带夸张的素描："上班穷，下班富，开除就成万元户；家里有个劳改犯，一年就赚好几万。""一辆摩托两个筐，收入超过胡耀邦；骑着铃木背着秤，跟着小平干革命。"② 双轨制下，体制内的国家干部和教师除了死工资，其他收入基本没有。公教人员还真是手头拮据。因此，各地颇有些调侃公教人员的调皮话。例如，当年在厦门，巴郎鱼就被称为"干部鱼"。巴郎鱼是厦门菜场上最便宜的鱼，当年一斤不过一毛两毛钱。它是当时普通干部餐桌上的主打荤菜。教师也穷。鄙人到菜场上买菜，曾不止一次聆听过练摊富起来的摊主们的好心指点：这个菜贵，你们教师吃不起的，还是看看别的吧。那一年，某著名大学新春团拜会，某老教授致辞，谆谆教诲青年教师：劝君莫羡万元户，劝君要读万卷书。媒体报道之后，有关领导大为激赏。然而，嗷嗷待哺的青年教工仰天长叹：家中若存万卷书，此身早是万元户，世间岂有真愚公，不做神仙慕财主？

但是，公务员毕竟不同于教师。政府主导型经济，公务员当然是中国最有权力的人群。走遍世界，公务员不说能力最强，至少也是智商远远高于社会平均数的人群。公务员是人不是神，当然也是理性经济人。如此人群，岂能坐守金山老吃巴郎鱼呢？不久，就有先知先觉者"噗通"一声下海去也。

---

① 张光年：《文坛回春纪事》（下），海天出版社1998年版，第345、413页。
② 杨继绳：《邓小平时代——中国改革开放二十年纪实》（下），中央编译出版社1998年版，第339页。

从"下海"到"参公"

那时的机关事业单位里,"下海"之说颇为流行。彼此见面,问声"下海了吗"就像问声"吃了吗"那么随便。当然,海不是不能也不该人人都下的,还得有人继续待在机关里呀。怎么办呢?在干好革命工作的同时,靠山吃山,捎带搞点副业,也活得滋润起来。君不见,上世纪80年代的政府机关,多么红红火火的大院经济:隔三岔五,水产局的分鱼,农业局的分大米,林业局的分山货,外贸局的分出口退货……东西多了,彼此串换,互通有无,创收资源也就在大院之间充分流动而优化配置。国家给的工资待遇不变,不少机关的员工福利水平却靠着"靠山吃山,靠水吃水"扎扎实实地提高了不少。后来搞市场经济了,讲究平等交换,政府也不能无偿服务呀。办个证盖个章的,收点手续费,公安局的捎带卖摩托头盔、消防器材,统计局的协助企业搞市场调查……各机关发点奖金搞点福利也有了进项。社会经济搞活了,上级下级,左邻右舍的,迎来送往也就多起来了。紧缺物资,价格双轨,企业注册,贷款额度,投资审批,股票上市,土地划拨,出国考察……少不了各种批文,件件桩桩都要进机关的门,哪个要进门的不要先混个脸熟?于是,公务员的应酬也就日渐多起来了。不能当个万元户,就不能吃它个万元肚吗?可是塞翁得马,焉知祸福?时隔不久,应酬太多而危害干部身心健康之事就时有发生了。于是有领导从哲学高度总结:"多吃就是少吃,少吃就是多吃。"并且指示,实在因工作需要,要请客吃饭时,要掌握政策:"群众要吃好,领导多吃草。"

为了长久地多吃,必须尽量地少吃,公款吃喝的密度必须降下来,而且以吃草为主,不要让应酬成为危害干部身心健康的负担。为了避免权力部门以权谋私,为了避免岗位苦乐不均给干部调配带来不必要的阻力,为了避免"若要富,动干部"的组织腐败,为了……一句话,为了廉政建设,必须实行阳光工资制度。各个政府机关部门,不论是否权力部门,都不得利用权力为本单位人员谋求单位福利。所有单位,一律取消小金库,实行收支两条线,不得擅自发奖金。所有干部,不论在哪个部门,同一级别,同等工资。原先福利有高有低,必须统统拉平。那么,向哪个标准靠拢呢?自家定规

经济学不是研究马尾巴功能的？

矩，怎么说也得与时俱进，分享一下改革开放以来社会经济高速发展的成果吧？何况国际经验不是一再证明了高薪才能养廉吗？改革嘛，当然应当实行帕累托改进，否则势必挫伤积极性，不利于安定团结，影响效率，那个损失可就大了去了。当然，阳光工资制度之外，其他改革也须配套跟上，要堵住一切可能而且可以堵上的漏洞！公务用车，难以避免公车私用，拍卖。从今以后，私车公用，省下的用车开支，可以转为车贴，按级别打入工资。公家也不好揩私人的油不是？加班工资，按照实际发生时数发放，难以控制，干脆折合一定标准，每月只准加班N日，无论是否加班，都要按级别打入工资。单位建房，公家分配，不符合市场经济要求，还是实行住房商品化，按级别将房贴打入工资（公积金），鼓励干部购买商品房，促进城市房地产……

于是，一方面是中国经济一步一步地市场化了。不少研究都说，中国经济的市场化程度，比起其他市场经济国家，一点也不差。想必即便差一点，大概也差不到哪里去。然而，另一方面，随着中国经济市场发育程度的不断提高，20世纪90年代中期以来，国民收入分配结构却一反1980年以来的变化趋势。财政收入占GDP的比重不断上升，近十余年居然上升了近一倍。政府不差钱，公务员的收入自然也就多起来了，公务员的待遇也就不断好起来了。一改80年代初的吴下阿蒙落魄形象，公务员重新成为全社会最令人羡慕的职业。试问当今中国，无论何地，无论哪个政府部门招考公务员，哪一个岗位能少了几百上千的竞争者？当年噗通一声跳下海去的先知先觉者突然发现，他们的儿女们并不羡慕在海里游得气喘吁吁的老爸老妈，宁可千军万马过独木桥，也要去考公务员。当年希望做学问当教授而选择了大学，希望从事专业工作、评职称、当专家分到国有事业单位的同学们发现，与进政府机关从事行政管理工作的昔日同窗相比，他们之间的工资待遇逐渐拉开了。于是，这一两年来，在不同场合，在下曾不止一次地听到各级党校、行政学院或是研究院所中心等政府研究机构的同仁们彼此相互打听："你（们单位）参公了吗？"初闻此语，不胜惊诧："参公"是什么玩意？几经询问，方得

从"下海"到"参公"

聆教:"参公"者,国有事业单位的职工请求将其工资福利待遇参照同级公务员管理办法执行也。之所以请求"参公",因其供职的事业单位工资福利待遇远低于同等资历之公务员也,倘若退休金发放再纳入社保系统,向企业退休员工看齐,与公务员则更是天壤之别矣。于是乎,当年期盼从事专业工作,梦想当专家,如今也已是研究员、教授级高工的同学不再骄傲,他们低声下气地向政府有关部门恳求"参公"。悔不当初啊,时至今日,能够参照他在政府机关工作的老同学的待遇执行可就得谢天谢地了。

有资格或有望争取"参公"待遇的,虽非上上之选,但毕竟还是有福之人呢。试想一下,在下供职的大学,最近通过认真学习科学发展观,在党员干部受教育的同时,教工们迫切希望的"广大人民群众得实惠"不过是"参事"而已:争取数年之内,鄙校教职员工工资收入与所在城市市属事业单位员工拉平,至于与所在城市公务员拉平,享受"参公"待遇,那可就是下一阶段或者高级阶段的远大目标了!

说到这,不禁想起企业的退休员工,还有那些进城的农民工和留在乡下的农民兄弟姐妹们,他们或许也期盼着"参公",或者就先"参事"也好?

每个时代都有其特定的流行语。某种意义上说,流行语是时代特征的映射。上世纪八九十年代,"下海"颇为时髦,但是,本世纪第一个十年的最后两年,渐渐流行起来的却是"参公"!说来还真让人有点想不到。市场化了三十年,从起步阶段走到了深化阶段,怎么坊间的流行语却从"下海"变成了"参公"?这是一种什么样的市场化呢?在下愚钝,想来想去,一直无法弄明白。竟然不知不觉就迷糊过去了。睡梦里,仿佛在海边遇见了杜甫。他老人家面对着波涛汹涌的海浪,正摇头晃脑地吟诵他的"茅屋为秋风所破歌"呢。不知是涛声嘈杂,还是杜老夫子乡音甚重,我听来听去,总觉得最后几句怎么听来都是:"安得'参公'遍人间,大庇天下寒士俱欢颜,风雨不动安如山。呜呼,何时眼前突现此政策,吾独踏浪蹈海心亦足!"醒来一想,杜老夫子可真是老糊涂了呀。不是说搞市场经济吗,怎么搞来搞去,搞得要"参公"遍人间了呢?全民期盼"参公"的市场经济?

经济学不是研究马尾巴功能的？

开平碉楼[1]

到珠海访友。朋友相邀：难得假日，一起去看看开平碉楼吧，它现在已经列入世界文化遗产名录了呢。[2]

清晨，车出珠海，沿西部沿海高速一路西行。映入眼帘的先是珠江三角洲地带触目皆是的火柴盒似的标准厂房、高速公路上川流不息的集装箱货柜车，烟尘滚滚。不一会儿，这喧嚣繁忙的景象便被抛在车后。路上的车子渐渐稀疏起来，公路两旁像是换了人间，展现在眼前的是岭南延绵起伏的葱茏碧绿，新插下的秧田中星星点点地坐落着些许农舍，村前村后满眼新绿的竹林和蕉叶，我们仿佛进入了陶渊明笔下的桃花源。看着眼前的场景变换，一个疑问不禁跳上心头："这里距珠三角核心城市群不到一个小时车程，交通如此便捷，听说新会、开平、台山一带也是广东著名的侨乡，这么多年来，这里的海外华侨怎么不大回乡投资办厂？珠江三角洲如今已是人满为患，工业过密造成了用地紧张、劳工成本上升、生态环境恶化等一系列问题，当局正大力推动'腾笼换鸟'，为什么劳动密集型的FDI却仍然扎堆挤在广州、深圳、珠海周围的几个市，不肯向这里延伸扩展呢？"朋友沉吟了半晌，没有正面回答："快到开平的塘口了，我们还是先去看看碉楼吧。"

塘口镇自力村原先是三个小自然村：安和里（俗称犁头咀）、合安里（俗称新村）和永安里（俗称黄泥岭）。20世纪50年代初，土改时期，三村合并，取名自力。本意大约是从此不靠侨汇，自食其力。小村至今不过63户人家，175人，但却有海外华侨、港澳同胞248人，散居在美国、加拿大、英

---

[1] 本文初次发表于《经济学家茶座》2009年第6辑，总第44辑。
[2] 2007年6月28日，"开平碉楼与古村落"申请世界文化遗产项目在新西兰第31届世界遗产大会上获得通过，成为广东第一个世界文化遗产项目。

国、马来西亚、菲律宾、斐济及中国香港、澳门等地,因此侨汇收入还是当地村民的主要收入来源之一。而海外华侨在上世纪初叶至30年代修建的碉楼群落于2007年成为世界文化遗产——"开平碉楼与古村落"的一部分[①],成为当地开发旅游产业的一大资源。近年来,慕名前来观光的游客络绎不绝。

一千个读者就有一千个哈姆雷特。一部《红楼梦》,"单是命意,就因读者的眼光而有种种:经学家看见《易》,道学家看见淫,才子看见缠绵,革命家看见排满,流言家看见宫闱秘事……"[②]我不知道络绎来访的中外游客都从碉楼看到了什么。或许是从古希腊罗马到欧美乃至伊斯兰,各种各样、争奇斗艳的建筑风格,或许是碉楼门楣上精美的巴洛克雕饰与中国楹联文化的和平共处,或许是中国传统的田园风光与西方建筑文化的混搭之美,或许是从羌人的邛笼到福建土楼、江西围屋的迁播遗韵……可我,不知为什么,更多感受到的是它所透出的当年建造者的心酸和无奈,求告无门之后的不得已自保。碉楼是那个时代当局的耻辱柱。

村子里,一座座碉楼并不像通常的乡村农舍彼此相连成排,而像是寒冬里的刺猬,彼此保持一定距离地散落在田野之间。楼高而窗小。四五层高的钢筋混凝土或青砖楼房,每层的墙面上都只有三四个小小的窗户,不仅装上了粗壮结实的铁栅栏,而且还有厚厚的钢板窗门,一旦遇敌来袭,可以迅即锁上,碉楼立刻就成为易守难攻的碉堡。抗战期间,这些碉楼还真成为堡垒。1945年7月,七个抗日壮士据守在赤坎镇南楼,硬是顶住了全副现代化装备的日军七天七夜的攻击,直至弹尽粮绝。

步入碉楼,你在大门口可以看见岭南民居常有,通常被称为"横趟栊"的木栅式防盗门,可是,其他地方的岭南民居,"横趟栊"通常是用

---

① 自力村至今犹存碉楼和庐15座,依建筑年代先后为:龙胜楼(1917)、养闲别墅(1919)、球安居庐(1920)、云幻楼(1921)、居安楼(1922)、耀光别墅(1923)、竹林楼(1924)、振安楼(1924)、铭石楼(1925)、安庐(1926)、逸农楼(1929)、叶生居庐(1930)、官生居庐(1934)、兰生居庐(1935)、湛庐(1948)。

② 鲁迅:《〈绛洞花主〉小引》,《集外集拾遗及补编》,《鲁迅全集》(第八卷),人民文学出版社1981年版,第145页。

经济学不是研究马尾巴功能的?

木头做的,在碉楼,却是用粗大的钢筋焊成。与小窗相媲美的是楼内窄窄的楼梯。整座碉楼,只有一条仅容单人上下的楼梯。正对着它的是楼上的混凝土掩体,枪眼正对着楼梯,一人一枪便守住了梯口,封锁了上楼的通道。与其他民宅不同,碉楼的每一层都有一间厨房,炊具、柴火、水缸、米粮一应俱全。显然,碉楼的建造者不仅构筑了坚固的外墙,在碉楼里设计了步步为营、层层抗击,可以逐步退守的设施,而且考虑到困守楼内居民的多日生活需要。在众多碉楼的顶楼,都可以看到一个硕大的保险柜。碉楼主人之所以不辞辛劳地将如此笨重的保险柜搬到顶楼,用心良苦,不言而喻。碉楼顶层的设计也颇费了一番心思:四五层高的楼房,只有顶楼才有阳台,而且大多用铁栅栏封死,防止劫匪从阳台进入碉楼。顶楼屋顶流下的雨水,并不直接排到楼外,而是流入了阳台里左右两边的水池。平时它可以用来洗涤。一旦遇到外敌攻楼,它可就成了楼内居民的生命之源!顶楼的四边均设有枪眼。有的是在墙壁上开了枪眼,有的是在顶楼的四角设有出挑的"燕仔窝"。"燕仔窝"上开凿对着不同方向的枪眼。碉楼顶上,多设有瞭望台。不少碉楼还装备了火药炮、铜钟、警报器、探照灯等装置。一有匪情,就打钟、拉警报、开探照灯,互相通知,互相支援,使劫匪寸步难行。碉楼之所以并不彼此相连,其实也正是基于防御上的考虑:彼此独立的碉楼在射界上可以相互支援,而相连的碉楼,一座被攻陷之后,极易由此及彼,产生多米诺骨牌效应。

极尽周密的防御功能可谓是碉楼作为民居的最大建筑特色。如今,碉楼已经失去了它往日的功能,但却以其特殊的建筑风格,引起世人瞩目,得以列入世界文化遗产,成为一种文化子遗。它犹如化石,述说着产生它的那个时代。

关于碉楼的缘起,网上有这样的介绍:"开平碉楼的兴起,与开平的地理环境和过去的社会治安密切相关。开平地势低洼,河网密布,而过去水利失修,每遇台风暴雨,常有洪涝之忧。加上其所辖之境,原为新会、台山、恩平、新兴四县边远交界之地,向来有'四不管'之称,社会秩序较为混乱。因此,清初即有乡民建筑碉楼,作为防涝防匪之用。鸦片战争以后,清政府统治更为颓败,开平人民迫于生计,开始大批出洋谋生,经过一辈乃至数辈人的艰苦拼搏渐渐有些产业。到了民国,战乱更为频仍,匪患尤为猖獗,而开平因山水交融,水陆交通方便,同时侨眷、归侨生活比较优裕,故土匪集中在开平一带作案……据粗略统计,1912年至1930年间,开平较大的匪劫事件约有71宗,杀人百余,掳耕牛210余头,掠夺其他财物无数,曾三次攻陷当时的县城苍城,连县长朱建章也被掳去。稍有风吹草动,人们就收拾金银细软,四处躲避,往往一夕数惊,彻夜无眠。华侨回乡,常常不敢在家里住宿,而到墟镇或亲戚家去,且经常变换住宿地点,否则即有家破人亡之虞。……后来,一些华侨为了家眷安全、财产不受损失,在回乡建新屋时,纷纷建成各式各样碉楼式的楼。这样,碉楼林立逐渐成为侨乡开平的一大特色,最多时达3000多座,现存1833座。"[①] 开平市普查资料显示,1900年至1931年开平共建造碉楼1648座,占现存总数的89.9%;其中1921年至1931年共建造碉楼940座,占现存总数的51.2%。[②]

这就是今天我们引以为豪的世界文化遗产——开平碉楼的缘起,一部海外华侨说不尽道不完的内外血泪史!

当年被卖为"猪仔"的海外华工,多年异乡谋生,却因种族歧视,不能在海外成家立业,他们把目光转向故土,不远万里,回乡娶妻置业。[③] 辛

---

① http://baike.baidu.com/view/458060.htm。

② 国家文物局申报世界遗产文本:《开平碉楼》,第23页。这里的百分比是以现存碉楼数为分母计算的。

③ 开平人旅美的历史自1839年(道光十九年)塘口区"塘口村贫苦农民谢社德在香港卖身当'苦力'、被贩运抵美洲当苦役始"。1848年,美国加州发现金矿,以及后来筑铁路、挖运河等,需要大量劳工,乃通过人口贩子,大量拐骗中国贫民前去充当"猪仔华工"。当时,谋生艰难的台山、开平两县农民应招受骗而去的最多。1869年美国中央太平洋铁路和联合太平洋铁路正式接轨通车,美国东部的劳动力不断流入西部,于是开始排华。1882年美国国会通过《排华法案》,禁止华工入境,华人不能成为美国公民,拥有房地产,亚裔妇女不得入境,禁止异族通婚(这一规定直到1948年才解除)。美国的排华运动影响到加拿大乃至澳洲、欧洲等地多国政府的对华移民政策。1923年,加拿大颁布《中国移民法案》,完全禁止华工入境。美、加的排华政策,造成了华侨和侨眷的分离,在客观上促进了开平碉楼的大规模兴建。

经济学不是研究马尾巴功能的？

亥革命后，开平华侨回乡投资更是空前热烈，兴办了大量工商企业及文教事业，并投资交通、通信等基础设施。①地方经济曾经为之一振。然而，国内政局动荡、吏治腐败、土匪遍地、民不聊生，哪里有华侨回乡投资兴业的安定社会经济环境！②意欲回乡置业的华侨不得不先求自保，将相当部分资金用于修造碉楼，购买搬不动、抢不走的田地。开平县长余荣谋1933年主修《开平县志》，注意到了这一问题，叹曰："惟侨民既得此巨资回国，惜不能用诸生产事业，以增物力，徒然为求田问舍之谋。一则增涨田土价值，使贫民益难为生；一则提高生活程度，使风俗日趋浮靡，踵事增华。社会情形顿呈外强中乾之势，此自后无可为讳者也。"

然而，令我不胜惊讶的是：这位余县太爷在批评巨额侨资"不能用诸生产事业，以增物力，徒然为求田问舍之谋"的同时，却不知反躬自问：侨资何以不用诸生产事业而争相兴建碉楼以自保，为什么从美、加等资本主义高度发达的侨居国回来，华侨不扬其所长兴办工商业却要购置田地当土老财？社会治安者，公共产品也，政府职责所在。然而，有司当局税照收，捐照派，却不能提供有效的治安保障；以保境安民为天职的官军不思剿匪安民，却见财起意，勒索不成，竟然纵兵大掠，劫民以自肥。如此政府，如此官兵，华侨求告无门，不得已自费投保，将安全这一本该由政府提供的公共产品转化成为个人出资的私人产品，把政府的责任扛到了自己肩上。县太爷不觉心中有愧，居然还振振有词，大发议论，责人不罪己，真不愧是党国栋梁、政界奇才啊。

开平归来，心情沉重。一路上，脑海里不断叠放着碉楼的各种防盗设施，遥想着当年建造者的心酸和无奈……由碉楼，不禁联想起如今不少城

---

① 开平碉楼研究所谭金花：《开平碉楼与民居鼎盛期间华侨思想的形成及其对本土文化的影响》。开平碉楼网（www.kaipingdiaolou.com）。

② 当时的官军，明为兵，暗为匪。如1923年驻水口的粤军旅长卓仁机部因向振华墟商民索款一万元不遂，而纵兵大掠该墟；同年，桂军军长李耀汉、沈恩甫率队出开平，沿途抢掠……

市居民住宅楼门窗上触目皆是的钢筋（或不锈钢）栅栏、钢板防盗门、高档住宅区作为卖点广而告之的远红外监控设施，电视上频频出现的"盼盼防盗门"之类的广告……① 不知道在经济高速增长年代成功地实现了财政收入超高速增长，通过土地出让"招拍挂"有效地提高了城市房地产价格，为地方财政增加了大量收入的有司当局对此天下奇观有何感想？或许不妨视之为朝阳产业之一？随着城市房地产业的兴盛发达，它还真是水涨船高，既扩大了居民消费，又增加了当地就业，还创造了一笔不可小觑的GDP！然而，统计专业出身的我实在弄不清楚：这笔不可小觑的GDP在国民收入支出统计中，到底应该归入哪一项呢：居民最终消费还是政府公共支出？从实际支出角度看，它实实在在是居民最终消费支出的增加，可是，从其实现的社会职能而言，它好像是政府应该承担的开支，必须提供的社会公共产品呀。这账到底该怎么算呢？

---

① 尤为令人愤怒的是，不少防盗门企业竟然还在产品上广而告之："经国家公安部、省公安厅特发生产许可证××××号"，商家利欲熏心，胆敢借专管社会治安的政府部门的名义给自己进行资质认定，为其产品质量背书，狐假虎威，招徕顾客。为了区区蝇头小利，全然不顾如此将置这些部门于何地？！真是贼胆包天，可恶至极，是可忍孰不可忍也。

经济学不是研究马尾巴功能的?

主雅客来勤[①]

《经济学家茶座》(以下简称《茶座》)创刊十年了。

十年来,承蒙编辑部不弃,我在《茶座》上陆陆续续卖了二十五六碗山野毛茶。舞文弄墨几十年了,可是,在一份杂志上发表了那么多文章,《茶座》还是头一家,说来真是缘分不浅。

与《茶座》结缘,月老是执行主编詹小洪先生。虽然此前我们只有某次学术会议上的一面之缘,可是小洪先生居然记住了这个远在天涯海角之外的海岛上一肚子不合时宜的教书匠。《茶座》创刊之际,不忘给我寄来一份。虽然没有附上只字片言,但言外之意我还是猜到了一二——我只是弄不明白(至今也没有),仅一面之缘,他怎么就觉得我可能是《茶座》的潜在作者呢?不过,我给《茶座》写稿,起因与其说是不拂小洪雅意,不如说更多是拜读欣赏之余的一点儿小算盘:这么精彩的杂志,最好常常可以看到。可是在下既不是编委,又不是学界名人,要小洪先生期期寄赠一份,分明是打秋风,关系没到这个份上,这个口开不了。最好的办法还是易货贸易,设法给《茶座》写点什么。如能侥幸刊发,自然有望获赠样刊,不然,要想再看下一辑,就要自己掏钱了——可是那时在厦门岛上,就是愿意掏钱也未必买得到《茶座》哩。

写点什么好呢?地处边陲,身在海岛,天高皇帝远,孤陋寡闻得很。那些"玉泉山上雕文字,人大会堂审议案,中南海里开讲座,皇城根下出思路,三里河边做规划,勤政殿群儒舌战,内部资料转奏折,直接上疏陈己见"的精彩故事,从来就只有听的份。本校先贤,在国内数得上的如王亚南先生等,我等入学太晚,无缘亲炙教诲,辗转听来的故事,哪里敢随便班

[①] 本文初次发表于《经济学家茶座》2010年第2辑,总第46辑。

门弄斧?多年养成胡乱读书不求甚解的坏毛病,对于"××现象的经济学解释", 尽管不少专家分析得头头是道,而我总觉得这样解释有道理,那样解释也未尝不可。自己尚且首鼠两端,又如何下笔呢?想来想去,无路可走。只好铤而走险出此下策:杀熟。就拿小洪先生开刀。小洪先生的《经济学家不是研究马尾巴功能的》①,本意其实不坏,但我却杞人忧天,担心一个倾向掩盖另一个倾向,物极必反。因此,写了篇《经济学家不是研究马尾巴功能的?》——江郎才尽如此,竟连题目都copy了他的,只加了个问号以示并非抄袭——的翻案文章寄去。②

文章寄出了,自己却后悔了。还是不成熟,一时孟浪,又铸成大错:十来年前③,初出茅庐,不谙世故,曾因某个学术问题与本校一位前辈在《统计研究》上商榷了一回,被摇旗呐喊者定性为"砍旗",一时引为系中大事。系主任、书记轮番上门帮教。可惜性本愚顽,终不能识时务改做俊杰,幡然悔悟,痛哭流涕,觉今是而昨非,居然死死抱定大学要讲学术民主,鼓励百家争鸣,爱真理才是真爱吾师,负隅顽抗,拒不认错。"弄得老先生好几年心情不愉快,严重影响工作",大有阻碍了本单位勇攀世界科学高峰、实现四化势头之嫌,而我则咎由自取,付出更多,最后几至不得晋升职称。这才几年,居然好了疮疤忘了痛,记吃不记打,胆敢商榷起杂志主编来了?可是,驷不及舌,文章已经寄出去了,后悔也来不及了。

谁知不数日,小洪先生竟然打来电话,热情称赞文章写得好,说他因此临时抽下了其他待发的文章,换上这篇并加了编者按,申明《茶座》鼓励百家争鸣,各抒己见,"希望李文溥先生的文章能够成为一个良好的开端"。

主雅客来勤。主编风雅如此,你还能说什么呢?从此结下了与《茶座》的文字之缘。这十年来,但凡接到小洪兄的征稿函,我总是想方设法挤出点

---

① 刊《经济学家茶座》2000年第2辑,总第2辑。

② 文章在《经济学家茶座》2001年第1辑(总第3辑)发表时,编辑改题为《也谈经济学家与"马尾巴功能"》。亦见本书《经济学家不是研究马尾巴功能的?》。

③ 现在已是二十来年前了。

经济学不是研究马尾巴功能的？

什么寄去，用与不用则在所不计矣。

能宽厚地对待批评无疑是难得雅量。但是，在下却以为，办杂志——如非同人杂志——的雅量要更多体现在对不同学术观点和思想的宽容上。没有思想上的充分自由，学术没有前途，杂志也没有生命力。关于这一点，《茶座》可说之事当然不少。这里只想说两件与我有关的文事。

一是《腥风血雨〈教科书〉》。① 我等上大学时，所学的政治经济学，基本理论体系来自署名"苏联科学院经济研究所"但实则是斯大林亲自主编的《政治经济学教科书》。② 这一套理论长期被视为马克思经济学的嫡传、社会主义政治经济学的正宗。但是，当年顾准先生就发现它主观唯意志论盛行，谬种流传，误人子弟；改革开放以来的实践更是一步一步地将它证伪了。尽管20世纪80年代以来，国内不少经济学者绞尽脑汁不断修改，竭尽全力想挽救这一体系，可是却回天无力。它越来越成为一个日益退化的研究纲领，不仅对社会主义经济——无论是计划经济还是市场经济——全无基本的解释与预测能力，而且其所宣传的某些教条，诸如"国有制+计划经济+按劳分配=社会主义"之类，后来竟成为一些"左撇子"反对改革开放的思想武器。在中国最终决定向社会主义市场经济体制转轨后的90年代中期，传统的政治经济学教科书再也编不下去了。可是，奇怪的是：大家只是不学不教不用但却不言不语不去批判清算它。它的影响不断降低但却并未消失。进入21世纪，有资深学者意欲力挽狂澜于既倒，撰文盛赞它基本上是本好书，言外大有建议当局继续以此指导中国经济实践之意。我本来是颇为相信进化论的，后来发现进化论在这里根本不起作用。那些整天在一些网站上呼吁"执

---

① 刊《经济学家茶座》2004 年第 2 辑，总第 15 辑。亦见本书《腥风血雨〈教科书〉》。

② 说斯大林是苏联《政治经济学教科书》真正主编的证据是其最后的著作：《苏联社会主义经济问题》。此书是斯大林指导编写《政治经济学教科书》的指示汇编。世风不古，领导署名主编之事如今多也，但是，那些比斯大林晚 N 辈低不知几多级的领导大多是只挂名不干活，像斯大林这样真干活却不肯署名——按今天的行情，我觉得就直接署"斯大林著"或"主笔"也是不为过的，更不用说区区"主编"了——的谦虚领导，如今怕是再也难找了。

政党,请回到'阶级斗争为纲'来吧,纲举目张,全国人民幸福有望"的仁兄岁数也未必就比我大。因此萌生了要好好啃一啃这颗半个世纪前的陈年酸果——此书在寒斋也摆了三四十年了,因其文字实在乏味,一直没能看完它——的欲望。于是很花了些时间认真学习原著,拜读了苏联《政治经济学教科书》的几个版本,查阅相关文献,了解联共(布)中央决定编写《政治经济学教科书》的缘起。结果惊讶地发现:一向自认为而且也一度被广泛认为接续道统的《政治经济学教科书》,不仅是本派书,而且更是斯大林用来打人的石头,进行党内斗争的思想武器之一。[1] 斯氏在20世纪二三十年代联共党内斗争中,不惜冒天下之大不韪,从动口动手到动刀动枪,不仅血腥镇压了托洛茨基、加米涅夫、季诺维也夫、布哈林等各个持不同意见的派别,而且把整个布尔什维克党不止换了一回血。[2] 腥风血雨地一统天下之后,马上组织编写联共党史、哲学和政治经济学三大教科书,目的是伪造历史,重构马克思主义三个组成部分,为己正名树威立万。《政治经济学教科书》就是他为树立自己在政治经济学领域的教皇地位,论证其20年代与托洛茨基论战时提出的"一国建成社会主义"理论正确,同时鞭尸政敌而编造出来的伪科学体系。大梦醒来,感慨系之,于是有论文《斯大林〈政治经济学教科书〉的政治经济学研究》。承张军教授热情相邀,在复旦大学的一次新政治经济学理论研讨会上宣读了这篇离经叛道之作。令我惊讶的是,不仅与会的中青年学者,而且一些长期从事政治经济学研究的老先生也对它颇为赞赏:还历史本来面目,打破了一个长达半个世纪的偶像。然而,随后的发表之路却甚为崎岖。很长一段时间里,多家学术杂志都拒绝刊登此文。[3] 此时之我,固然已经不太在乎一篇论文发表与否了,但是,年过半百,依然幼稚,就像《皇帝的新衣》里那个不知深浅的小孩,得知了麒麟皮下藏的是马脚,

---

[1] 其次是《联共(布)党史简明教程》和以斯大林亲自为《联共(布)党史简明教程》撰写的第四章第二节"辩证唯物主义与历史唯物主义"为基本框架的哲学教科书。

[2] 有史学者曰:斯大林实际上消灭了列宁时期的布尔什维克党。

[3] 此文后来总算刊出了,时间是三年之后的2006年。

经济学不是研究马尾巴功能的?

急欲一吐为快,却被人捏住了喉咙,心中自然甚为不爽。于是与小洪商量,能否将这篇文章的部分内容改写成随笔,投稿《茶座》?小洪是经济学界的老编辑了,心中自然清楚这是要担点风险的,但却不做声地接受了。《腥风血雨〈教科书〉》在《茶座》发表之后,果然引起国内诸多注意,先后为《文汇读书周刊》等多家报刊媒体转载。尽管至今没有收到一分钱的转载稿费[1],但是,在下心里还是很高兴。毕竟文章有读者才是最重要的呀。

其二,《山高水长路漫漫》[2]。斯大林的《政治经济学教科书》体系既然不行,经济学院系的学生还是要有书读。对中国特色社会主义市场经济实践进行深入系统的研究和理论总结,最终当然会产生以此实践为背景的现代经济学。但是,在此之前,总要先认真学习和研究迄今为止人类文明的重要结晶——世界各国经济学家对市场经济的理论研究成果。应用现代经济学的基本原理,多年持之以恒,认真深入地分析研究中国经济问题,批判扬弃借鉴吸收而后创新,最终方能形成自成体系的一家之说。然而,长期以来,国内有些学者习惯于政治挂帅,按图索骥,歪批三国,以其昏昏,使人昭昭的现象不是个别的。例如,在下做学生时,就曾听某先生在课堂上义愤填膺地批判资产阶级经济学之庸俗:居然用太阳黑子解释经济周期!当时,有哪个学生不认为老师言之有理呢?多年后方才知道,这是关公战秦琼,典型的无知无畏。2004年,一个偶然的机会使我对鄙校经济学院的研究生教育有了一点发言权。一朝权在手,便把令来行。力排众议,推行研究生培养模式改革。首先是经济学院各专业的硕士生、博士生,入学一律统考宏微观经济学,其次是入学之后,硕士生必修"三高"(一),博士生补修"三高"(一)、必修"三高"(二),再次是博士生毕业论文实行双盲评审,评审专家用专用的计算机程序在一个六百余名校外专家组成的全国专家库中随机

---

[1] 《文汇读书周刊》在转载时,经詹小洪先生征得作者同意无偿转载,但是其他报刊的转载,作者事前一无所知。

[2] 此文发表在《经济学家茶座》2007年第6辑,总第32辑。发表时编辑改题为《也谈经济院系三高热》。亦见本书《山高水长路漫漫——我看"三高"热》。

抽选。改革向来是利益调整，本不指望风平浪静，一片叫好喝彩，更何况此举首先得罪的就是那些有权有钱有影响力而且还要来混文凭的官员生、老板生之流以及整天想着开学店卖文凭的既得利益者。数年风风雨雨，个中酸甜苦辣，真是一言难尽。小洪得知之后，却不怕趟浑水，主动前来约稿，要我以厦大的改革实践为例对经济学院系开设"三高"课程发表看法。可是我不想写。毕竟涉及的方方面面太复杂了，只做不说，或能减少点下一步改革的阻力。实践证明，还是毛主席他老人家说得对："景阳冈上的老虎，刺激它也是那样，不刺激它也是那样。"[①] 不过，此是后话了。小洪锲而不舍，多次来信动员——为写此文，我查了一下邮箱，发现仅为此稿，小洪与我的信件来往就达十四封之多——最后算是让步："如果你不方便写，请个博士生写如何？"我无法推脱，只好动笔。

业内人士都知道，小洪是资深编辑，经济学界人脉极广；《茶座》经过七八年经营，已在国内颇有影响，稿源丰富，然而，对于这样一个并不起眼的"矿脉"，却不惜费此时间、心力发掘，不能不说是一份对中国经济学现代化的责任和担当、一份对出版事业的追求、一份今天似乎已经日渐稀少的敬业。

雅量、宽容、责任、担当、追求和敬业，尽管不是一份杂志成功的充要条件，但我相信，它们一定是成功的必要条件之一。"店小二"如此[②]，老板亦可知矣。这样的茶馆，怎不引得各路学人得空就拐来坐坐，高谈阔论？如此《茶座》，生意焉能不欣欣向荣？

[①] 《毛泽东选集》第四卷，人民出版社1960年版，第1478页。
[②] 小洪先生虽为执行主编，但一向自谦是"店小二"。

经济学不是研究马尾巴功能的？

增长的悖论[1]

写下这个题目，心情是颇为复杂的。

因为，近三十年来，我一直自命是一个铁杆的高增长支持者。

高增长情结，或许来自上大学时看过的一本《发展经济学》。在书中，E. E. Hagen写道："无论如何，赶超是一个长过程。增长率的不同只能非常缓慢地缩小宽阔的收入差距。假定一个人均收入为3200美元的国家以2.5%的速度递增，而另一个人均收入为400美元，即前者的1/8的国家以3.5%的速度递增，那么，这两个国家以人均收入比率计算的收入差距会马上缩小。但是，收入水平上的绝对差额将继续扩大长达182年之久。需要过214年加上一个零头的时间，低收入国方能达到与高收入国相同的收入水平。此时的两国人均收入水平是634000美元，在一个多少是个有限的世界里，这几乎是不可能的。"[2] Hagen的结论相当悲观，但是，数字就是如此无情。1977年，时任世界银行行长的麦克纳马拉的另一个计算结果是：假定世界上的工业国家作为一个整体继续以它们历史上的人均收入增长率（而不是20世纪60年代的空前高增长率）增长，而如果每一个欠发达国家继续以其在1950—1975年这25年的增长率增长，在100年内，只有7个国家会赶上工业国家的平均收入水平。后者与其他欠发达国家之间的增长率差距是如此之大，乃至在1000年内，只有另外9个国家能赶上工业国家的平均收入水平。千年为度，现有的一百多个发展中国家，只有16个也即10%左右有望进入发达经济俱乐部。这个数据令我胆战心惊。"十年浩劫"结束之时，中国人均GDP仅166.57美

---

[1] 本文初次发表于《经济学家茶座》2010年第3辑，总第47辑。

[2] Ereret E. Hagen, *The Economics of Development*, Richard D. Erwin, INC., 1980, pp.24-25.

元,全世界倒数第二,是世界上最不发达的发展中国家之一。如此发展水平,要再坚持以阶级斗争为纲,彼此内斗不休,中国真要像某位后来阶级斗争却越搞越起劲的老人在20世纪50年代说的那样,要被彻底开除"球籍"了。

增长情结,或许也来自儿时记忆。自打儿时起,印象深刻的是接连不断的政治运动。先是语重心长的提醒:千万不要忘记阶级斗争。后来则是不容置疑的命令句式:以阶级斗争为纲!当时的理论是:抓革命促生产,大批促大干。年轻时在乡下插队务农。寒冬腊月,村里要农业学大寨,大战山垅田,总要先找个把地富反坏右狠狠批斗一番。第二天,果然全村老小都整整齐齐地在村头集合,一声不吭地破冰下田搞移丘并垅去了。尽管农民心里明白,这么弄,田看起来是整齐大块了,可是熟土却被压到生土下面,来年肯定要减产,而且几年亩产都上不来,可是谁也不敢多说一句。阶级斗争为纲与经济增长的关系,在下当时年少无知,根本闹不明白。可是,一年一年过去,老百姓的住房越住越逼仄,大小商店门口的队越排越长,钱包里的钞票不见涨,各式各样的票证却越来越多,大小机关企事业单位,新增就业机会都越来越少……却是桩桩件件都亲历体验了。到后来,革命革到"宁要社会主义的草,也不要资本主义的苗"的疯狂地步,城里人就连越来越逼仄的那个蜗居也住不成了。先是没毕业的中学生一夜间变成了需要接受工农兵再教育的"知识青年",但却不能在城里接受据说是最先进的工人阶级的再教育,到部队去"大学解放军",只能到农村去接受次先进的贫下中农的再教育了;接着是机关干部、大学教授、科学家、工程师、作家、艺术家都不许在城里当官或做老爷,要到"五七"干校去种地了;再后来,连世代久居城里的市民也成了不务正业的闲汉,要排着队,打起红旗,高喊着:我们也有两只手,不在城里吃闲饭,下乡务农去了。然而,震天响的口号掩盖不了一个悲惨的事实:整日里以阶级斗争为纲,纲举却难以目张。全国学大寨,家家有农民。然而,偌大的中国,85%以上的农业人口却不能为不到15%的非

经济学不是研究马尾巴功能的？

农业人口提供最低水平的口粮供应，不得不在20世纪六七十年代，再度进行一场举世瞩目的人口逆城市化。① "文革"十年噩梦醒来，举目世界，今非昔比，回首中国，满目疮痍，当此之时，能不萌生增长情结、赶超意识？

增长情结，更来自一点小小私心：对自身安全的考虑。以阶级斗争为纲的年代，是一个人人自危的年代。最高指示曰："八亿人民，不斗行吗？"如此年年讲，月月讲，天天讲，也就被教会了彼此斗来斗去，连做梦都想着如何将隐藏在身边的赫鲁晓夫、混进革命队伍的阶级异己挖出来。当你挖空心思，循蛛丝马迹把隐藏在革命队伍中的"阶级敌人"揪了出来，打翻在地，再踩上一脚时，爽则爽矣，然则保不齐哪一天这被揪出来打翻在地再踩上一脚然后送进十八层地狱的厄运突然就轮上了你，那时爽的可就是他人了。因此，看到网站上近来居然有人呼吁："执政党，请回到'阶级斗争为纲'来吧，纲举目张，全国人民幸福有望。"在下不禁感叹：人真是健忘的动物啊。这才安生了几天哪？就有人发出这样的声音来了。这位仁兄不知是少不更事，还是当年只斗过别人还没来得及被别人斗过的左派？雪庵和尚《剃头诗》曰：可怜剃头者，人亦剃其头。夏衍先生是过来人，对"文革"深有感触：请看整人者，人亦整其人。② "文革"十年，多少"左派"，昨为座上宾，今成阶下囚；因嫌纱帽小，致使锁枷扛，乱哄哄你方唱罢我登场的事儿还少吗？因此，只为自保计，也最好别搞什么阶级斗争为纲，随便弄点什么别的也比它安全些。你说是不？

因此，当十一届三中全会决定"全党工作的着重点应该从一九七九年转移到社会主义现代化建设上来"时，曾在全国上下引起多少欣喜！尽管当

---

① 上一次是1958年的"大跃进"之后。1965年，中国城镇人口14%，1971年降至12.1%。直至1979年，亦仅13.2%。

② 前明遗老雪庵和尚有《剃头诗》：闻道头须剃，何人不剃头？有头皆可剃，无剃不成头。剃自由他剃，头还是我头。可怜剃头者，人亦剃其头。夏衍先生"文革"后戏改《剃头诗》为《整人诗》："闻道人须整，而今尽整人，有人皆可整，不整不成人。整自由他整，人还是我人，请看整人者，人亦整其人。"

时,全社会从上到下都不太清楚它将以何种方式进行,但是,仅仅是不再搞政治运动,集中精力进行经济建设的郑重承诺就是一场久旱甘霖。

一晃三十年,以经济建设为中心带来的社会经济巨变,大可不必在下饶舌。你走到哪里,都能看到"发展才是硬道理"这样的巨幅标语。整个中国,就像一个巨大工地。

以经济建设为中心在政府主导型社会中,当然首先是各级党委、政府要以经济建设为中心。GDP据说是牛鼻子。因此,层层抓住不放,务求增长最大化。有朋友告诉我,某地政府年终总结会,下级政府首长的座次是按照各地上年GDP增长率来安排的。高的请到前排坐,低的坐到后排去!树有皮,人有脸,羞耻之心人皆有之。知耻近乎勇矣。更何况,当官不都指望着常常有进步吗?如此这般,各级地方首长能不为GDP而玩命吗?

要实现GDP增长最大化,扩大投资虽然屡受诟病,但却是最为便捷之路。有这么多土地、劳动力闲置,不就是因为资本短缺吗?如今,世间一切事物中,资本是第一宝贵的。只要有了资本,什么人间奇迹都可以创造出来。因此,各级政府无不绞尽脑汁,想方设法引资。招商不仅是职能部门的事,而且是各级政府的第一要务。分解任务,逐级包干,全民皆兵,人民战争,是数十年来行之有效的法宝。工农商学兵,党政工青妇,各部门都下达了招商引资指标,定期评比,限期完成。到地方上调研,当地官员诉苦:任职非经济部门,无缘得识中外客商,引资无门,指标累欠,明年就要被离岗专职招商了。如此一年,再不能完成招商任务,可就要下岗了。在下闻之骇然:岂有如此不分青红皂白的上级,这不是葫芦僧判葫芦案吗?官员苦笑曰:书记、市长的日子也不好过呀。省里最近下文,考核各市投资增长率,年终算账。全省倒数第一者,省委书记约谈,个别辅导;倒数第二者,省委副书记约谈;倒数第三者,省委组织部长约谈。身为下级,能不为之分忧解难吗?只可惜能力有限啊。

各地竞相招商,僧多粥少,资本自然成了香饽饽。奇货可居,待价而沽。各地政府跑马圈地设园区,虚位以待贵人来。前期投入从"三通一平"

经济学不是研究马尾巴功能的?

到"五通一平"再至"七通一平"。① 种下梧桐树,如何引得凤凰来?感情招商,事业留人,固然动人,然而,莫斯科不相信眼泪。先哲百多年前就告知:"资本害怕没有利润或利润太少,就像自然界害怕真空一样。一旦有适当的利润,资本就胆大起来。如果有10%的利润,它就保证到处被使用;有20%的利润,它就活跃起来;有50%的利润,它就铤而走险;为了100%的利润,它就敢践踏一切人间法律;有300%的利润,它就敢犯任何罪行,甚至冒绞首的危险。"② 招商引资,得有干货。技术既定,单位资本的产出就大致是个常数,若能使所雇佣的劳动力、土地、环境与资源价格最低,资本的收益也就最大。

到欠发达地区调查。当地官员告知,开发区用地,征地价格大约3万元/亩,加上各种报批运作费用、土地整理、基础设施投入,扣除不可出售的公共用地,可出让土地的成本约为13万—14万元/亩。国家规定,当地出让价格不得低于6万元/亩。外资仍嫌过高。最后以1万元/亩成交,附带条件是开发区协助建设厂内道路及供电设施等。一算账,能保个零地价转让就不错了。鄙省沿海发达地区情况略好。25万—26万元/亩的成本,大概可以卖个10万元上下。算来算去,出让1亩工业用地,沿海和内地,政府大致都要贴给资本15万元左右。然而,政府财源有限,岂能自掏腰包补贴投资商呢?工业用地上亏掉的,还只能从商住用地上找回来,房价因此腾贵。

资源与环境是上天赐予一方百姓的生生之本、养命之源。然而也被抵押给了GDP。曾应邀到东海某个海湾参观。这个奇特的海湾,湾内海域面积数百平方公里,仅有一个宽两公里左右的出水口与外海相连,号称"海湖",是世界级天然良港、全球唯一的大黄鱼繁殖自然保护区、我国著名的渔场与水产养殖基地。此地开放的历史可以上溯至鸦片战争,然而百余年来,当地

---

① "三通一平"指通水、通电、通路、平整土地;"五通一平"指通水、通电、通路、通气、通信、平整土地;"七通一平"指通水、通电、通路、通邮、通信、通暖气、通天然气或煤气、平整土地。

② 马克思:《资本论》(第一卷),人民出版社1975年版,第829页注。

人竟无下南洋海外谋生的记录。百姓短视,以渔为业,能奉父母养妻儿,自然不思背井离乡寄人篱下讨生活。但是,以渔为业,如何赶得上工业增长?如今农业税全免,当地财政也就捉襟见肘。穷则思变。当地政府多方努力,总算拉来大企业,欲在湾内兴建石化基地。谈及未来增长前景及税收,官员喜形于色,然而问及水质是否因此变化,对当地渔业乃至百姓生计的影响,介绍者支支吾吾,王顾左右而言他矣。

改革开放以来,中国的加工贸易产业迅速增长。占出口的比重从1980—1985年的7.81%上升到2001—2007年的54.17%。加工贸易不仅成为我国最重要的贸易方式,而且是推进经济增长的重要引擎。改革开放之初,中国资本稀缺而昂贵,劳动力、土地充裕而廉价。因此,沿海开放地区引进外资,集中发展加工贸易、贴牌生产的劳动密集型产业。以此推动的虽是典型的粗放型增长,但是优化了资源配置,提高了经济效率,拓展了生产可能空间,扩大了就业,增加了人均收入,不失为因时因地制宜。但是,随着经济的增长、人均收入水平的提高,劳动力再生产费用势必逐渐上升。土地、环境与自然资源也日渐稀缺而昂贵,与此同时,资本稀缺性逐步降低,边际报酬率因之下降。按照常理,经济增长会导致要素禀赋结构从而要素比价变化,引导企业用资本和技术替代劳动和土地,珍惜资源,重视环保,经济增长也就逐渐从粗放转向集约,发达国家当年不也是这么走过来的吗?①但是,1978年至今,中国人均GDP按可比价格算,增长了10倍,经济发展方式的转变却如此缓慢。以鄙省为例,改革开放以来,增长速度始终高于全国平均水平,多年前据说不幸被"高定成分,划入富人俱乐部",但是至今劳动力成本仍不及全国平均水平的80%。2001—2008年,鄙省第二产业的就业弹性系数竟然逼近工业化起步阶段的1979—1985年。时至今日,劳工市场供不应求的还是青工、女工、初中文化程度以下的简单劳动力。求人倍率最大的

---

① 当然,还有劳动者为提高劳动报酬而进行的不懈抗争。工人阶级争取自己在经济增长过程中分享应有收入份额及其增量的斗争,是促进技术进步、产业结构升级、经济发展方式转型的重要力量。

经济学不是研究马尾巴功能的？

工种一直是：鞋帽制作工、纺织针织印染工、裁剪缝纫工、普工、力工。①与此同时，2003年以来，从珠三角到海西区直至长三角，民工荒有增无减。但是，市场法则却不起作用，供给不足并未导致薪酬相应上涨②，逼迫厂商用资本和技术替代劳动，实现生产转型。这不能不引起思考：为追求经济增长及财政收入最大化，当局在营造良好投资环境上不遗余力，是否有意无意地抑制了本地劳动报酬的正常上升？③妨碍了劳资双方工资集体谈判机制的形成？用行政手段直接、间接地压低本地要素价格，致使要素比价并不因经济增长、要素禀赋结构变化而相应调整，这固然有利于招商引资、拉动经济增长，但是是否也因此阻碍了技术进步、产业结构升级和经济发展转型？

通过压低本国的劳动、土地、环境、资源乃至资金价格以创造良好投资环境④，中国成功地降低了工业化成本，成为世界上吸引外资最多、投资率最高的国家之一。高投资不仅促进了高增长，实现了资本高回报，财政收入增长也持续高于经济增长率。1996年起，财政收入占GDP比重不断上升。市场经济不断深化的2008年，财政收入占GDP的比重居然回到了计划经济为主的1986年的比重！⑤然而，居民收入占可支配总收入的比重却从1992年的68.3%降到2007年的57.5%；居民消费占GDP的比重从2000年的46.4%降到2008年的35.3%，其中，占总人口55%的农民只消费了GDP的9.1%！这不能不

---

① 求人倍率 = 需求人数/求职人数。求人倍率大于1，意味着对劳动力的需求大于供给，反之亦反。
② 1995年以来，福建省制造业劳动工资水平是在上升的，但近十年来，制造业的边际劳动生产率提高速度明显快于工资增长率。因此，单位产出的劳动力成本反而下降了。
③ 这是一个真实的故事：内地某县引进了外资，开出的工资竟低到招不到工，当地政府因此给干部分配招工任务。每个干部必须负责为该企业招工8—10人。
④ 20世纪90年代末开始，我国银行存贷款利率差扩大并固化，实际上是迫使储户补贴银行，银行则补贴投资者。
⑤ 1992年到2007年，企业所得占可支配总收入比重从11.7%上升到18.4%。政府收入占可支配总收入的比重从20%上升到24.1%。财政收入占GDP比重，1986年是20.7%，2008年是20.3%。

说是增长的悖论。① 不能不拷问着每一个人：我们为什么需要经济增长？当它导致了收入分配不断地向资本与权力倾斜，日益成为实现政绩及增加财政收入的手段，与提高居民收入、改善百姓福利渐行渐远之时，我们该如何说明它存在的价值、终极意义呢？

也许杞人忧天，但是隐隐觉得，如若不能正视并回答这些问题，诸如"执政党，请回到'阶级斗争为纲'来吧，纲举目张，全国人民幸福有望"之类的呓语或许有一天会成为现实的威胁？

写于2010年5月16日

附记：44年前的此日，中共中央发布了《关于开展无产阶级"文化大革命"的通知》，即著名的"516通知"，标志着"文化大革命"开始。次日，邓拓自杀，一周后，田家英自杀，三个月后，老舍自沉太平湖……

---

① 利用动态一般均衡模型进行模拟的结论是：发展中经济体在经济起飞阶段居民消费率有所下降是难以避免的，但是，近十余年来，我国劳动报酬从而居民收入占GDP的比重、居民边际消费倾向的下降幅度已经超出了应有水平。

经济学不是研究马尾巴功能的?

我的学术之路①

　　创新为学术之魂，学者无不梦寐以求，然而学者的创新之路却不免深深留下时代的烙印。

　　我以学术为业，纯属偶然。恢复高考那年，我已辍学十一年，期间在乡下务农近八年，1976年招工回城，干的还是农活。绿化工程队整日挖坑种树剪树枝，脏累苦险甚于今日农民工，自然希望跳槽换个活干。恢复高考有了机会。可是十年辍学，之前也只读过六年书。理工医农，心向往之，自知差距甚远，不敢问津；文史哲经，前三门也热，只能挑觉得冷门的经济学，而且是其中更冷僻的计划统计专业报考。求学动机不纯昭然若揭：一心只想不再种树，哪里有什么学术追求！

　　留校任教也不是选择而是被选择的结果。业师罗季荣先生是国内著名马克思社会再生产理论专家、首届"孙冶方经济学著作奖"获得者。希望我跟随他研究再生产理论，同时兼教国民经济计划学。若是"文革"前，我的学术之路大概也就如此确定了：认真研读《资本论》，倒背经典如流；规规矩矩教书，皓首穷经做些乾嘉之学。

　　毕竟时代不同了。入学不久就遇上了思想解放运动。当时的大学，学术水平虽因多年摧残较低，但学术气氛之浓厚，学风之活泼，思想之解放，近六十年来仅有。四年大学，对我们的学术基础所赐或许有限，但是，思想解放运动却解放了一代学人的思想，奠定了他们的终身追求。

　　另一幸事是：当初为找出路误打误撞学的经济学，近三十年来却成为国

---

① 本文为《中国社会科学报》约稿，发表在《中国社会科学报》2010年10月21日第17版上。发表时编辑改题为《我的经济学研究创新之路》，文字也有所删改。这里收入的是原稿。

内进步最快的学科之一。因为改革开放的实践不断地将既有教条证伪了。证伪使学科浴火重生;证伪对学者是严重考验:或故步自封,死抱教条不放,沦为挡车螳螂,或在烈火中涅槃,与时代同步前进。

经济学中最早被证伪的可能是"国民经济计划学",20世纪80年代初一度被定名为"计划经济学"。你可以想见它定名之初的骄傲以及在中国市场化进程中的命运。在这一进程中,我逐步抛弃了"计划经济学"的教条,形成了市场经济下政府的经济调控应是系统的经济政策调节的思想,主张用"经济政策分析"取代"国民经济计划学"。这一转向大约在1990年前后完成。之后,学术兴趣转向社会主义政治经济学。"国民经济计划学"的基本范畴和理论来自传统的社会主义政治经济学。前者既然被证伪了,后者又焉能独善其身?

传统社会主义政治经济学理论体系基本来自1954年苏联版《政治经济学教科书》(下)。它长期被视为社会主义政治经济学的正宗。然而,对《教科书》以及相关历史背景材料研读之后,我发现《教科书》不过是苏联20—30年代党内斗争的产物。它与《联共(布)党史简明教程》等都是斯大林消灭了党内各反对派后,1936年以联共(布)中央名义决议编写的,意在树立斯大林新一代马克思主义理论权威地位。《联共(布)党史简明教程》开创了将党史捏造成路线斗争史,唯斯独革的恶劣先河;《教科书》以论证20年代斯大林与托洛茨基论战时提出的"一国建成社会主义"为主线,以苏联式计划经济为社会主义经济唯一模式,以主观意志为客观规律,以图解政策、粉饰现实代替对现实经济关系的科学研究,是一个主观唯意志论盛行的伪科学体系。遗憾的是,这一研究大约犯了忌。尽管论文在全国或国际学术会议上宣读,都颇受重视,但却难以发表,对于已发表的论文,则保持沉默,以此为题材的学术随笔却不胫而走,被广泛转载。

传统社会主义政治经济学既然无法解释现实经济,势必呼唤新的研究范式。在批判传统社会主义政治经济学的同时,我逐渐转向了现代经济学。2004年,我主持厦门大学经济学院研究生培养模式改革,将高级宏微观经济

经济学不是研究马尾巴功能的？

学和高级计量经济学列为必修的基础理论课程，大力推进厦门大学经济学教育的现代化、国际化、规范化以及现代经济学的本土化进程。实践证明，它极大地改变了厦门大学经济学教育的面貌，提高了研究生应用现代经济学理论与方法研究中国现实经济问题的能力。

当然，宏微观经济学仅仅是对市场经济一般的理论概括，世界上没有一个国家的现实经济能与之丝丝入扣。现有的宏微观经济理论多以欧美发达市场经济实践为背景，与中国有更大的距离。这成为一些国内学者拒绝现代经济学的理由之一。但是，实践证明，许多在发达市场经济发生过的正在中国渐次发生。这说明国际范围对市场经济一般原理的研究值得中国经济学界认真学习。在学懂弄通的基础上，用之研究中国问题，是可以逐渐形成中国特色的经济学原理的。遗憾的是，有人闭着眼睛拒绝，似乎中国人可以拒绝人类文明的全部成果而实现理论创新；与此同时，也有人则倾向于全盘接受。亚洲金融危机爆发之后，国内有些学者大谈凯恩斯的需求管理政策，却较少分析时隔六十年，情况有何变化？我最初也是扩大内需的积极倡导者之一。但是，1998年欧洲之行，以及之后对中国扩大内需政策效果的观察，使我逐渐意识到经济全球化对民族经济体宏观经济政策的重要影响。随后的实证研究发现：现阶段的中国经济周期波动，总需求冲击的影响时间较短，只能解释产出波动的33%；相反，总供给冲击的影响较为持久，可以解释产出波动的67%。这说明经济全球化使实行开放政策的经济体的宏观经济环境发生了重大变化。传统意义上适用于封闭经济的凯恩斯主义的扩张性财政和货币政策实施的空间大幅度地缩小。同时，随着中国与主要国家经济联动性增强，中国经济越来越多地受它们经济波动及宏观政策的影响，这些因素都会削弱中国宏观调控政策的确定性。因此，全球化时代，民族经济体的宏观调控应当从凯恩斯时代侧重需求管理转向重视供给管理；从总量调控转向总量与结构调整并重；从重视增长转向重视发展方式的选择；转变发展方式与社会的政治经济结构以及相应的收入分配结构、要素比价结构之间存在密切联系。因此，宏观经济政策选择不仅是一个宏观经济学问题，而且还是一个政治经济学问题。

　　从计划经济学经社会主义政治经济学转向现代宏观经济分析、新政治经济学研究；从侧重理论推理、逻辑演绎到重视经验研究、实证分析，以及在此基础上的价值研究，大体上概括了我这三十年来的学术轨迹。时代加诸的印记可谓历历在目。或问，悔其崎岖多折乎？王安石先生曰：世之奇伟瑰怪非常之观，常在于险远，而人之所罕至焉。① 我想，学术探索之乐，或许尽在于斯？

---

①　王安石：《游褒禅山记》，《王文公文集》，上海人民出版社1974年版，第418页。

经济学不是研究马尾巴功能的？

我看"中国模式论"[①]

这两年，"中国模式论"似乎热起来了。

夏天里，一次学术会议上，听说北京有学者专门成立了中国模式研究院，组织论坛，发表宣言。断言："事实证明，中国模式是客观存在的。""作为中国人，如果以'局外人'心态，对中国模式或者躲躲闪闪，或者不予承认，或者品头论足横挑鼻子竖挑眼，那至少是不明智的态度。"颇有点"谁不和我们站在一起，谁就是我们的敌人"的味道。但是当时并没有太在意：这个行当待得久了，大概也知道一点行里的道道。书生言过其实之论，当不得真的。

但是，不久前又参加了一个官方的马克思主义研究院建设的会。领导指示大政方针之余，郑重提议："中国模式"近年来已经成为马克思主义理论中国化研究的热点，研究院要把它作为近期的研究重点之一。

这就好像有点来头了。

赶紧补课。上网查了一下，"中国模式"还真不是空穴来风。据说邓小平南方讲话之后学界便有所讨论。近五六年来，先是埃及等一些第三世界国家正式使用"中国模式"的概念，紧接着令人眼睛一亮的是连美国的一些政界人物也开始对"中国模式"另眼相看了。当年据说曾经发展出西方世界称颂一时的"俄罗斯模式"的俄罗斯由于经济发展成绩欠佳，因此一向心高气傲的普京先生也在一些内部场合表示，俄罗斯要学中国模式。居移地，养移气，近年久居内地的张五常先生更是把"中国模式"捧到了天上：如今天下大势是欧洲学美国，美国学中国。

如此说来，"中国模式"不但"客观存在"，而且全球第一，放之四海

[①] 本文初次发表于《经济学家茶座》2010年第5辑，总第49辑。

我看"中国模式论"

而皆准。身为中国人,如果还要说声不字,岂止是不明智?套句"文革"语言,那真是丧心病狂,当全党共诛之,全国共讨之也。

惭愧之余,痛感大有下工夫搞清楚什么是"中国模式"之必要。不然,哪天上街,突然被老太太纠察队拦住,当场考问:什么是"中国模式"?张口结舌,岂不丢人?

"模式"一词,这些年常听说,有时自己也用。因为太熟了,一直也没有认真查一下确切含义。还是查一下吧。结果令人失望:翻遍了《辞海》、《辞源》、《简明不列颠百科全书》,居然找不到"模式"!看来,家中藏书和在下一样,都老朽不堪,远远落后于时代了。最后还是上网找到了解释:"模式:事物的标准样式。"此说近似《辞源》对"模型"的解释:"说文:'模,法也。'清段玉裁注:'以木曰模,以金曰镕,以土曰型,以竹曰范,皆法也。'"模式者,乡下农家做月饼的木模也,翻砂车间浇铸用的砂模也。从模里倒出来的,无论是月饼,还是铸件,永远一模一样。模式意味着标准,意味着最优,也意味着不变和僵化,意味着发展的终结。

什么是"中国模式"呢?一种定义是:"中国模式是在中国这片国土上,基于中国的历史、文化和现实国情,经过不断地、反复地实验,能够推进中国经济持续高速增长、社会长期稳定和谐、人民普遍幸福、国力不断增强,而形成的一整套改革开放发展的理论体系和制度构架。"而且据说这已经是一个被事实证明了的"客观存在"。

但是,"中国模式"之有无,还是值得探讨一番。

应当承认,前计划经济国家中,中国的市场化改革,虽非开风气之先,但就目前而论,可能还是比较成功的,尤其在促进经济增长上。中国向市场经济转轨之所以比较成功,在下以为,最重要的经验是根本没有什么"模式",拒绝构建理性主义。尽管改革之初并无充分的理论准备和明晰的路径设计,但是,摸着石头过河,干中学的做法,在认知理念上,却颇为接近哈耶克从人的知识有限性和分散性出发,所得出的关于自生秩序和社会演进的思路。中国的社会经济转轨,从一开始起,有的就只是打破

经济学不是研究马尾巴功能的？

既有思维定势、传统价值观、各种清规戒律的解放思想、大胆探索、不断试验、实践检验。它至今尚未结束。现在的一切，仅仅是不断发展的历史进程中的一个断面，一个向未来过渡的不稳定点。它不能成为月饼模子、翻砂模具，到此为止，不再变化，不再发展。中国社会经济体制改革的目标模式，在过去三十年里，从计划经济为主、市场调节为辅，到有计划的商品经济，再到社会主义市场经济，不是变化多多吗？"从根本上说，社会主义是不断变革的社会，改革将贯穿于社会主义的全过程。"① 中国未来的社会、政治、经济体制会是什么样的，不是谁可以断言的。因为，"历史是这样创造的：最终的结果总是从许多单个的意志的相互冲突中产生出来的，而其中每一个意志，又是由于许多特殊的生活条件，才成为它所成为的那样。这样就有无数互相交错的力量，有无数个力的平行四边形，而由此就产生出一个总的结果，即历史事变，这个结果又可以看做一个作为整体的，**不自觉地**和不自主地起着作用的力量的产物。因为任何一个人的愿望都会受到任何另一个人的妨碍，而最后出现的结果就是谁都没有希望过的事物。"② 如此说来，还什么模式可言呢？

其次，有必要弄出个"中国模式"吗？当然，过去的实践值得总结。经验需要学习，教训值得借鉴。根据既往实践总结出来的改革开放发展的理论体系，固然有益于后来者学习借鉴，但是，它可以固化为"模式"吗？愚意不能。因为，"模，法也"。每一个国家，都有自己独特的国情；每一个时代，都面临着不同的挑战和机遇。无论是埃及、俄罗斯，甚至美国，无论你遇到了什么天大的问题，旁边就算有一个尽美完善的"中国模式"，你总不能不顾一切地跳上"中国模式"的生产流水线，让冲压机上的模具把你哐当一下压成一个Chigypt、Chussian，或者Chimerica吧？

---

① "温家宝深圳讲话公开：经济特区要更特更新"，http://news.xinhuanet.com/politics/2005-09/19/content_3513082.htm。
② 《恩格斯致约·布洛赫》，《马克思恩格斯选集》（第 4 卷），人民出版社 1972 年版，第 478 页。黑体字是原有的。

我看"中国模式论"

之所以倡导"中国模式",潜藏在倡导者心中的一个伟大抱负可能是:达则兼济天下。多少年了,老是有人把我们当做学生,喋喋不休地对我们说要开放,要引进,要改革,要学习,要借鉴。这也太叫人憋气了。老天开眼啊,终于弄出个国际金融危机。这不证明了,什么"美国模式"、"日本模式"、"四小龙模式",统统不行啊。三十年河西三十年河东,如今也该轮到咱用"中国模式"拯救一下被他们弄得一天天烂下去的世界了。天降大任,时不我待,"先生不出,如苍生何"!因此要走出去,传经送宝,弘扬软实力,"做世界猫,抓世界鼠"。可是,在下看来,最不行的恰恰就是"模式论",是"模式"的胡搬乱套。

说来说去,这个准备输出的"中国模式"到底是什么呢?官面上的话固然漂亮:"中国模式是在中国这片国土上,基于中国的历史、文化和现实国情,经过不断地、反复地实验,能够推进中国经济持续高速增长、社会长期稳定和谐、人民普遍幸福、国力不断增强,而形成的一整套改革开放发展的理论体系和制度构架",但却有点像当年胡适先生开出的"好政府主义"药方,让人不着要领。某主管部委网站上一篇题为《国企崛起是"中国模式"优势的重要体现》的文章倒是坦白得可爱,一语道破了天机:"国有企业既是现代企业制度和现代市场经济的本质特征之一(?),又是我党执政的不可替代的重要经济基础和中国特色社会主义或'中国模式'的独特优势所在。历史已经证明并且还将证明,国有企业在改革开放中重获新生、在市场竞争中壮大成长、在国际角逐中集体崛起,而不是被私有化或民营化,正是中国特色社会主义事业或'中国发展模式'强大生命力的重要体现。"①

然而,新加坡的郑永年先生对这个"中国模式"的分析却有点煞风景:"可以把中国这种独具特色的经济模式叫做'国家主义经济模式'(Economic Statism),或者'经济国家主义'。应该明确,它与现代西方的凯恩斯主义、苏联的斯大林体制、北欧模式和中国毛泽东时代的计划经济模

---

① 罗志荣:《国企崛起是"中国模式"优势的重要体现》,《企业文明》2010年第2期。

经济学不是研究马尾巴功能的?

式迥然不同,是地地道道的'中国模式'。所谓经济国家主义,是指国家对经济生活的某些关键领域和环节全面控制和支配,在土地、流通、资源等关乎宏观经济全局的核心领域,以行政权力和政府运作代替市场机制和私营企业。"① 按照郑先生的看法,中国的国家主义经济模式有悠久的历史渊源和浓厚的本土特色,其形成可以追溯到战国晚期的集权国家建构,之后则有西汉的盐铁官营、王莽和王安石的经济改革。近代中国的国家主义经济模式是"危机"催生的,是清帝国和随后的中国历代政权在危机下被迫或者主动选择的、由国家主导的制度变革。20世纪90年代中期"'抓大放小'的改革战略,国家把大部分地方和小型国有企业的命运交予市场,而那些处于垄断地位的全国性企业存留下来,成为庞大的中央直属国有企业集团(央企)。这些在资源、信贷和政策等方面居于有利地位的经济实体成为日益市场化格局下中国国家主义模式的新支柱,也标志着已经存在了两千年的'中国模式'在当代得到了'完美复制'。"②

这个"国家主义经济模式"能否出口挣点外汇,姑且不论,还是先考虑一下它在本土的实践结果吧。政府主导型市场经济与计划经济相比,无疑是巨大进步,但是,近十来年来,我国的政府主导型市场经济越来越以GDP及政府收入增长最大化为目标,在实现了高增长的同时,也导致了要素比价严重扭曲、经济发展方式难以转变、产业结构升级缓慢、国民收入支出结构两高一低严重失衡、居民收入增长缓慢、消费不振、收入分配差距扩大、急剧增长的财政收入及国有经济收益的受益人主要局限于官员和官商等一系列社会经济问题。针对现有体制弊病以及GDP主义的负面影响不断扩大,胡锦涛等中央领导近来一再强调要加快经济发展方式转变③,最近更提出了要

---

① 郑永年、黄彦杰:《中国"国家主义经济模式"何处去》,《中国企业家》2009年第18期。
② 同上。
③ 粗放型经济增长是计划经济、政府主导型经济的必然结果。只要仍然是政府主导型经济,经济发展方式的转变就是根本不可能的。因此,转变经济发展方式与体制变更在某种程度上说,是一而二、二而一的事。

我看"中国模式论"

实现包容性增长。①温家宝总理今年以来多次大声疾呼继续推进经济体制改革及进行政治体制改革的必要性:"经济体制改革如果没有政治体制改革的保障,也不会彻底取得成功,甚至已经取得的成果还会得而复失。**我们政治体制改革最主要要解决什么问题呢?我以为最重要的就是要保证宪法和法律赋予人民的各项自由和权利,就是要调动人民群众的积极性和创造精神,就是要有一个宽松的政治环境,使人们能够更好的发挥独立精神和创造思维,就是要使人能得到自由和全面发展,这应该是民主和自由的主要内涵。**"②颇为令人费解的是,当此之时,前有新近退休之部长级高官以忠臣(!?)自居,大声为央企垄断辩护:没有央企垄断,中国经济早就乱套了!③后有基层官员为县政府强迫拆迁闹出人命而鸣冤叫屈:"有什么样的人民,就有什么样的政府。"治刁民岂能依法行政,"没有强拆就没有'新中国'"!一向乐于帮忙帮闲帮……的秀才们总结经验,理论创新:"中国模式有八大特质、七个理念、四大成就"。可是记者采访,他想起的第一个关键词就是"强势政府"!④

世事纷纷如棋局,叫人百思不得解。子曰:思而不学则殆。还是找点书来看看吧。案头恰有一本《而已集》。翻开一看,一行话跳入眼帘:"曾经阔气的要复古,正在阔气的要保持现状,未曾阔气的要革新。大抵如是。大抵!"⑤嘿,这个鲁迅也太可恶了,都说童言无忌,他老人家都快五十岁的

---

① 包容性增长最早由世界银行提出。根据世界银行的定义,包容性增长是市场驱动型的增长,是给大多数劳动者带来福利和机会的增长,是有显著减贫效果的增长;是促进生产力提高的增长。也就是使每一个社会成员都能得到自由和全面发展的经济增长。

② 凤凰卫视网站 2010 年 9 月 23 日,"温家宝:个人的自由和全面发展是民主的主要内涵"。黑体字是原有的。http://news.ifeng.com/mainland/special/wenjiabao65lianda/content-2/detail_2010_09/23/2612246_0.shtml。

③ 话音未落,那几个号称稳定了中国经济的央企竟然不争气地暴露了一连串腐败窝案,一点儿不给前部长长脸。

④ http://news.ifeng.com/history/special/zhongguojingyan/200909/0923_8129_1361332.shtml。

⑤ 鲁迅:《小杂感》,《鲁迅全集》(第三卷),人民文学出版社 1981 年版,第 531 页。

经济学不是研究马尾巴功能的？

人了，也该知天命所归了，还这么不懂人情世故！难怪1957年有要人说，鲁迅要是活到现在，要么保持沉默，要么就在监狱里待着。难怪今年中学语文课本要来个鲁迅大撤退——教坏了孩子呀！

《海峡西岸发展研究论集》(二)后记[①]

这里结集出版的15篇文章,基本上是厦门大学宏观经济研究中心的研究人员在2009—2010年这两年里,受福建省委、省政府及有关部门、地方政府委托,研究各种福建经济问题的报告。

厦门大学宏观经济研究中心作为教育部人文社会科学重点研究基地,就其主要任务而言,是关注中国宏观经济运行,以中国实践为基础,研究宏观经济理论与政策。中心组建以来,我们做了一些工作,也有所收获。与此同时,我们也十分关心大学所在地区的社会经济发展,愿意做一点研究。这并非不务正业,而是我们认为:

第一,整体是由局部组成的。仅仅根据一个或几个局部的了解,固然不能把握整体,但是,如果连身在其中的局部都不了解或不屑了解,却躲在象牙塔里说什么"秀才不出门,全知天下事",是不知天高地厚的无知无畏。"见微可以知著,一叶可以知秋",因此,对经济学人来说,无论研究宏观、微观、体制、运行或政策,经常地深入基层调查研究,在资讯如此发达的今天,仍然是理解纷繁复杂的社会经济现象重要而且不可替代的方法之一。如何调查研究呢?从所在地区入手,无疑是最为方便而且成本相对低廉,如此也就有利于常年坚持下去,渐次达到深入。了解和把握了所在地区社会经济运行情况,虽非就是宏观,但对我们理解和把握中国特色的宏观经济运行及其背后的因果关系却不无助益。

第二,地方经济发展有此需求。我等居一方水土,吃一方米粮,饮一方清泉,当地但有需求,略尽绵薄,以报桑梓,也是应分之事。古人云:一屋不扫,何以扫天下?说的虽然不是一回事,但意思却是相近的。

[①] 《海峡两岸研究文集》(二)即将由经济科学出版社出版。

经济学不是研究马尾巴功能的？

因此，尽管中心研究人手严重不足，单就宏观经济研究已经不遑应付，但我们还是尽量挤出时间、精力尽可能地满足地方经济建设的需要。我们一向认为，在政府委托的政策研究中，思想自由、学术独立的原则仍然适用，也就是说，尽管研究拿的是政府的钱，但还得说出自己的话，那种"拿人钱财，替人说话"的犬儒心态、师爷作风是最要不得的。我们认为：如欲真正对政策有所咨询，坚持思想自由、学术独立的立场，完全必要，而且也是对预算资金真正负责任的态度。因此，在研究中，我们始终坚持接受委托、独立研究、言之有据、言之有理、文责自负的立场，不为王前驱，不做"遵命文学"。细心的读者会发现，这些研究报告并不都与有关当局的意见完全一致。咨政建言之余，不乏针砭之词、逆耳之声，乃至严厉的批评；有些提法甚至比中央文件更早了许多，有些观点就是现在也未必都"保持一致"。但是，我们一向认为，既然是科学研究，对与不对，无论是当时还是现在以至今后，都无须以与各级文件一致为据，而应以其本身是否言之有据、言之有理、与社会经济发展的趋势一致为依。这就有待历史的检验了。

这些研究报告，除当时提供有关部门使用外，部分篇章已经或将在学术期刊上发表。但我们还是将它们结集出版了。一是给希望了解中心这方面研究的人们一个全貌；二是借此激励研究人员更加认真、更高标准地进行研究；三是立此存照，留待历史检验；四是形成学术积累。中心今后仍会接受邀请，对福建社会经济发展的方方面面做这样那样的调查与研究。把这些研究结果陆续结集出版，久之也就形成了一份学术积累。后来者如能从中得到一点启发，我们的努力也就在资政建言之余更多了一分收获，甚至因此获得了永恒。

本书编辑过程中，宏观经济研究中心的研究生李晓静同志协助主编做了许多编辑加工、数据更新工作，使我们可以腾出手来处理其他工作，在此特别表示感谢。

2010年岁末写于厦门大学北村听风阁

老百姓的学术狂欢节①

这是第二次应邀访问台北的"中央研究院"了。手续基本办好后,主人来信询问:"不知你此次会后是否想去哪里走走?我可以请博士生陪你一起去。烦请告知。"

第一次访问"中央研究院"是数年前的事了。会议之暇,曾多次漫步于南港四分溪畔这座台湾的最高学术殿堂。院区幽静,犹如世外桃源。没有广告,没有标语,没有霓虹灯,也没有台北街头充盈于耳的喧嚣市声。一座座整齐而质朴的研究所楼宇静静地耸立在那儿,整洁的道路上连行人也稀少。漫步于此,你会感到自己浸淫在浓郁的书香里,心情立刻就沉静下来,只想走进图书馆,读三坟五典八索九丘。

上次赴台,会议期间,曾数次路过史语所的历史文物陈列馆。史语所20世纪20年代建于大陆,以安阳殷墟发掘闻名于世。历史文物陈列馆中的殷商文物、居延汉简等是国内独一份的瑰宝。可是那两天恰巧不对外开放。过宝山而缘悭一面,心中遗憾可想而知。主人曰:如此好办,周六恰好是"中央研究院"一年一度的院区开放日(Open House),院内各博物馆、纪念馆整日开放,而且还有各种展览及活动,届时可以领略一下。

受超强台风"鲇鱼"(台湾称为"梅姬"飓风)的影响,开会的那两天,台湾大雨滂沱,苏花公路因此坍塌,一辆满载珠海游客的游览车失踪于泥石流中。一位与会的"中央研究院"研究员对我说,来台湾十来年了,还没见过这么大的雨。我暗暗担心,不知开放日能否如期举行。

---

① 本文初次发表于《经济学家茶座》2011年第2辑,总第52辑。写作过程中,参考了"中央研究院"有关宣传文字。"中央研究院"人文社会科学研究中心瞿宛文教授、孙雅暄小姐以及院总办事处秘书组为我搜集提供了有关资料与数据,回答了我的问题,并对本文初稿提出中肯的修改意见,在此深表感谢,但是本文的观点及可能的疏漏仅由我本人负责。

经济学不是研究马尾巴功能的?

然而天公作美！周六上午不仅滂沱了数日的大雨收了，而且出了太阳。

清晨，走出"中央研究院"学术活动中心，发现平日寂静的学术殿堂一夜之间变成了欢乐的海洋。道路两旁不知何时挂满了各色彩旗，告诉人们今天是"2010年中央研究院开放日"。伴随着初升的太阳，仿佛是从地里冒出来似的，院区里到处是参观的人流。以大中小学生、青年人和带着孩子的父母居多，一个个拿着参观指南，熙熙攘攘地向着心仪的活动场所走去。

顾不得看参观的人群，直奔史语所的历史文物陈列馆。这是一座故宫博物院级别的博物馆。它所收藏的殷墟发掘文物、居延汉简等，连两岸的故宫博物院也没有。馆里，第一层的"考古空间"主要陈列史语所早期考古发掘的文物，内容包括龙山文化、殷墟（含甲骨文）、西周与东周的遗物，第二层的"历史空间"则展出了居延汉简、珍藏图书、内阁大库档案、中国西南民族、丰碑拓片、台湾史料等文物。各个展区先由引介区说明其入藏的经过及研究成果，再通过"桥"引导到各个不同的文物展区。观众可以在"桥"上驻足俯瞰，透过玻璃，俯视一楼的"考古空间"，想象"古墓"的前世今生。历史文物陈列馆与一般历史博物馆的最大不同在于：它的馆藏文物不仅具备了文物本身的历史文化脉络与考古知识的学术研究价值，同时也展示了史语所自1928年以来的学术研究演进历程。

内行看门道，外行看热闹。尽管心仪已久，但是坦率地说，当我走近近五千年前的历史时，除了惊叹，更多的是茫然。久闻大名的甲骨文就在眼前。可是，面对龟甲凹面一排排火炙过的黑点，凸面上的龟裂和甲骨文，除了知道甲骨用于占卜，所刻文字是卜辞外，对于这种占卜方式起于何时，谁用甲骨来占卜，如何占卜，甲骨文主要记载哪些内容，一无所知。所幸今天馆里有好几个义务讲解员。[①] 当一群群的参观者来到各个展区时，他们便义务讲解。于是我跟着一队学生，老老实实地做了一回小学生。一圈下来，总

---

① 瞿宛文教授告知：开放日活动中，事务性工作是由职员担任的，会有一些加班费。不过知识性工作，如演讲、解说等，则由研究人员担任，这是志愿性或也有点义务性的。

算大致弄懂了并不是什么人都可以用甲骨占卜,只有商王有此特权,他可以一天之内反复地占卜,从天气问到后妃的生育乃至战争的胜负!今天展出的甲骨文是有关气候及生育的专展、占卜的过程与卜辞内容的大体结构,等等。回到博物馆前厅,左侧有一群学生围着两个工作人员不知正忙着什么。走近一看,原来陈列馆今天特意为参观者准备了一个DIY:学习如何裱褙字画。一个高中女生在工作人员的指导下,正在学着裱褙一个斗方,另外几个学生在她身边挑选自己心仪的斗方,跃跃欲试。说实在的,若不是赶着去参观另外两个展览,我也真想加入他们的行列,试着学一把……

来"中央研究院"的大陆学者,不少会到附近小山上的胡适墓上去凭吊一番,会去看看就在院内的胡适故居。① 这位大力倡导实证主义研究方法,在中国现代化进程中值得大书一笔的人物,1949年之后,在大陆因为政治风雨,曾经长期没有得到实事求是的评价。"胡适思想批判运动"过去了一个甲子,人们蓦然发现,这位"毒害青年三十余年"的"买办资产阶级知识分子"早在半个多世纪之前就提出并一直坚持"只有实践证明才是检验真理的惟一标准"!② 这原本是一件可以想见的情理之中事,但却成了令人哭笑不得的黑色幽默。今年胡适纪念馆为院区开放日准备的特展是"胡适藏书批注展:热眼旁观——胡适对'胡适思想批判运动'的回应"。不过,瞻仰大师手泽之余,我更感兴趣的是纪念馆鼓励参与的设计:每一个入馆的观众在签到后都发给了一张"胡适新诗《尝试集》连连看",只要答对了,就可以获得纪念馆赠送的小礼品:一套精美的胡适手迹书签。

引起我浓厚兴趣的另一个展览,是台湾史研究所举办的"向左——转!——台湾农民组合与台湾共产运动档案特展"。虽说知道台湾已于1987

---

① 胡适逝世后辟为胡适纪念馆,隶属"中央研究院"近代史研究所。
② 原文出于《胡适自传》,转引自周有光、马国川:《今日中国的大学与大学教育》,《读书》2010年第10期。它与1978年彻底改变了大陆政治经济社会发展进程的那场真理标准大讨论的中心命题——"只有实践才是检验真理的惟一标准"虽然差了两个字,但在意思上却完全是一样的。

经济学不是研究马尾巴功能的?

年解除戒严，民主化进行了二十余年，政党也轮替了两回，左翼言论已被允许发表，但是，在国民党治下，台湾的最高学术机构不仅研究台湾农会及共产运动史，而且在学术开放日举办专场展览，还是颇为令人惊讶的。这岂非大有宣传"赤化"之嫌？可是却由如此高层次的学术机构堂而皇之地举办了，而且从10月23日一直展览至11月10日。开展的当天下午，台湾史研究所还举行了"《台湾共产主义运动与共产国际（1924—1932）研究·档案》新书发表暨座谈会"。不仅邀请了有关学者，而且还邀请了当年台湾农民组合运动的核心人物简吉[①]、20世纪20年代台湾最早一批赴苏俄学习，同时也是台湾共产党最早的党员许乃昌、林木顺以及杨克煌的儿子、侄子、女儿等一批当年左翼人士的家属与会。特展不仅展出了大量的照片、图片和收集到的档案资料，而且准备了精美的特展手册，免费赠送。[②] 一册在手，基本再现了特展内容：1895年台湾沦为日本殖民地。台湾人的反抗运动从初期激烈的武装抗日运动，逐渐转为20年代初期的非武装政治运动。抗日运动从初期在政府体制下争取权益的右翼民族运动为主，逐渐演变为激进左翼的台湾共产党改革同盟。战后初期，民间的共产地下组织活动开始复苏，中国共产党派员来台组建了中国共产党台湾省工作委员会，"二二八"事件的爆发导致当局对共产运动的警觉及镇压。1950年3月中国共产党台湾省工作委员会四名领导人先后被捕，左翼政治运动遭受残酷镇压而告一段落。特展认为：过去的研究较为重视保守的右翼民族运动，较少及于激进、反政府的左翼运动。通过这个展览，引导大众回到过去，了解在那个禁锢的年代，一群台湾人为实践自己的政治理想而奋斗的过程，是大有必要的。诚哉斯言！先哲曰：忘记过去就意味着背叛。左翼运动作为那个时代的一批仁人志士为实践自己的政治理想，争取自由而奋斗的一页历史，是不应该为今天已经获得自由以及正在为争取自由而奋斗的人们忘记的。

---

① 简吉1948年由中共台湾工委委员张志忠介绍加入中国共产党，1950年4月25日被捕，同年遇难。
② 特展也鼓励观众积极参与，同样准备了问卷，向回答者赠送小礼品。

走出展馆，在雨后灿烂的阳光下，看着一队队的观众正在生态讲解员的引导下，走向后山，参观森林生态研究园区的参差多态；地球所门前，人们排着队等候坐上地震体验车①，亲身体验一下地震来临之时的地动山摇；一群群学生如同蜜蜂，从这个实验室匆匆赶到另一个实验室，参观他们感兴趣的实验过程……我不禁长长地舒了口气：天底下再没有比自由生活、自由思想、自由表达更美好的了！

一日之游，所见所闻不过是尝鼎一脔，毕竟有限得很。回到大陆，意犹未尽。于是请"中央研究院"的朋友帮我查了一些关于"中央研究院"开放日的资料。原来，"中央研究院"自建院70周年（1998）以来，每年秋季都举办院区开放参观活动。目的不仅是要拉近民众和学院式研究的距离，而且也希望引发年轻学子对科学研究的兴趣。2010年的"院区开放参观活动"介绍写道：

自1998年以来，"中央研究院"每年秋天皆举办院区开放参观活动，受到年轻学生和一般民众的热情回应。不仅拉近了民众和学院式研究的距离，也激发了青年学生更进一步探索人文社会与自然科学的研究兴趣。

今年的院区开放参观活动定于10月23日（周六）上午9时至下午4时举办，敬邀各界莅临。本次共精心规划了200余场精彩活动，其中特别邀请邢义田院士主讲"古代秦汉和罗马帝国的关系——一个待解的谜"，并安排台湾原声童声合唱团演出2010"原声天籁"。另外也规划了涵盖数理科学、生命科学、人文及社会科学等不同研究领域的活动，并设计了"电脑学习单"与"纪念章戳"集章活动，让参与的民众，有机会获赠限量之纪念奖品。

这些兼具知性与感性、动态与静态的活动，可让莅院参观的民众徜徉在充满学术氛围与科学新知的环境中：或可亲炙大师风范，或可观赏珍贵文物，或可认识平日不对外开放的各类先进的仪器设备，了解最新的研究成果，还可全家共享亲子DIY与有奖益智问答游戏的乐趣。

---

① "中央研究院"的开放日活动得到了台北市政当局的支持，这辆地震体验车就是台北市消防局派来的。

经济学不是研究马尾巴功能的？

这样的活动是否受到台湾民众的欢迎呢？或许历年来的参访人次可以做一个参考。"中央研究院"总办事处秘书组提供的近六年来的参访人数如表1所示。

表1　历年院区开放参观活动参访总人次统计表

年度	人次	备注
2005	19858	
2006	21943	
2007	32521	
2008	43788	"中央研究院"80周年
2009	47409	
2010	42827	前一天有台风

资料来源："中央研究院"总办事处秘书组提供。

人数基本上是逐年上升的，今年尽管前一天有特大台风，但是参与的人数却与前年的八十年院庆开放日差不多。足见这一活动至今还是颇具吸引力的。

另一个数字是：2010年的院区开放参观活动，全院有31个研究所、中心等单位举办了各种活动。一天之内，平均每个单位的参观人次是1380人次左右，参访者最多的约3600人次，少则几百人次。各个学科之间，各个研究单位之间，大体而言，参访人数还是比较均衡的。

阅毕掩卷，不禁沉思：在象牙塔与十字街头之间，学术研究与社会大众的关系上，也许大陆的大学、研究院所等可以向海峡彼岸的"中央研究院"学点什么？让普通民众更多地走近科学和民主，摆脱蒙昧，拒绝专制，激发青年学生更进一步地增强人文社会科学与自然科学的研究兴趣而非读书当官做老板发财的贪欲，不正是大学和研究院所应当承担、当下尤其值得重视的社会责任之一吗？

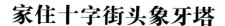

家住十字街头象牙塔
——读姚洋的两本书[①]

  网络促进言论民主的作用,想来是毫无疑问的。在网络上,你可以看到多少报刊、电视、广播等传统媒体上看不到的消息和意见!不少关心民情的党政大员因此都把上网视为体察民情、上情下达的利器,每每亲历亲为。网络语言威力巨大。大学校长这两年来不知是否自惭思想贫血,难以山长之尊与学生分庭抗礼,只好放下身段,在毕业典礼上不惜狂飙"网络体"与学生套近乎。然而,象牙塔里的学者似乎却越来越怕上网触电了。鄙校一位语言学教授因为担忧"神马"、"浮云"、"杯具"之类网络体对中国语言文字的侵蚀,发表了一篇批评文章,被网民们群起攻之,骂得个狗血淋头。一番好意,下场如此。老先生伤心至极,从此不在网上发表意见。无独有偶,不久前,一个学界朋友告知他关闭了自己的博客。问及原因,朋友苦笑:有些帖子思想也太极端了,言语又过于激烈,你无法与之进行正常讨论,可是,打开博客,那些帖子扑面而来,难受。还是关掉省心。中国学者多少受儒家思想潜移默化,大都有一点兼济天下的情怀,有时想从专业角度对社会问题发表一些看法,可是,一言不合,专家就成了"砖家",教授被骂为"叫兽",确也令人心寒。道不行,未必就乘桴浮于海,但躲进小楼成一统,不失为理性选择。结果是有志于学业者大多选择了从十字街头缩进象牙塔中一途,久之,网络上立志做大众喉舌而非社会大脑的"公众知识分子"也就越来越大行其道了。

  网上的意见表达可以视为某种程度的直接民主。直接的民主是否就是真

[①] 本文初次发表于《博览群书》2011年第12期。

经济学不是研究马尾巴功能的?

正的民主,或能实现民主的目的呢?姚洋认为未必。尽管"直接民主具有很诱人的道德感召力,但是,即使是在通讯手段高度发达的今天,事事都由全体国民来投票表决仍然是不可想象的事情"[①]。即使在技术上可行,其"实施也极有可能导致国家为一小撮人所篡夺的结果"。为此,姚洋曾专门分析了有关地方对政府部门工作采取发放匿名问卷、群众测评的做法,指出这种看似民主的做法并不能真正反映民意,相反却"助长了民众的不负责任倾向,也为地方主政者提供了一个偷懒的'民主'捷径,使他们可以逃避真正的民主监督"。因为"民主一定不能是匿名的,否则我们就可能重蹈'文化大革命'的覆辙"。"民主化进程没有捷径可走,完善群众监督只有一条路,这就是加强代议制的人民代表大会制度。"[②]

这种意见当然不像盛夏西瓜,有口皆甜,让人登时拍掌叫好,却有点像橄榄,入口颇感苦涩,但是,认真思考回味之后,你会发现这是在理性人假定下应用经济学分析的合理结论。

《中国道路的世界意义》及《穿行于现实和书斋之间》,是姚洋近十年来所写非专业性文章的近期结集,也可以说是一个象牙塔中人关心十字街头车来人往的意见表达。书分两本,作者认为,前者比较"严肃",属于其专业研究的延伸,后者则不那么严肃。但我看来,两者基本脉络相通,都是一介书生潜心学问的同时,关注社会现实的思考。尽管意见未必讨好,但分析却是耐人寻味的。

近三十年来中国经济的高速增长无疑是世界范围最值得关注的大事之一。1978年中国的人均GDP即使按当时官方高估的汇率计算,也只有224.9美元,世界倒数第二。2010年,中国的人均GDP已超过4300美元,进入中等偏上收入国家行列。中国经济学家现在关注的是如何越过"中等收入陷阱",步入现代发达经济行列了。面对这样的经济奇迹,自然有各种解释。

[①] 姚洋:《中国道路的世界意义》,北京大学出版社2011年版,第157页。
[②] 姚洋:《穿行于现实和书斋之间》,北京大学出版社2011年版,第57页。以下引文,如不另注,均引自上述这两本书。

姚洋的一个解释是："中性政府。" 计划经济向市场经济渐进转轨，势必存在着一个政府主导经济的过渡时期。政府如何行事，当然关系重大。"中性政府"或"泛利性政府"说认为，过去三十年里，中国政府是"一个不偏向任何一个社会集团，也不被任何社会集团所左右的政府"，因此能够采纳正确的经济政策和改革路径。据说此文在《南方周末》连载时，便有不少拍砖扔石块的。"喉舌"、"走狗"之声不绝于耳。批评者当然不无理由：改革开放以来，官倒、腐败，此起彼落，地方政府奉行GDP主义，向资本利益倾斜的倾向日趋明显，怎么可以说是"中性政府"呢？但是，如果你承认中国1949年以来的革命与各种运动确实消灭了既有的社会阶层，形成了一个较为平等的社会结构，尽管它的社会效应未必全部正向，但是长期困扰于印度、菲律宾、印度尼西亚等发展中国家的特殊利益集团对政府政策的操纵与干扰在中国相对不明显，是不争的事实；在相当长的时间里，政府的政策选择基本上还是以经济增长而非某个利益集团的特殊利益为目标；在资本高度短缺的经济起飞阶段，为引进外资而实行优惠政策，固然使资本获利，但是，无论从出发点还是效果看，它都极大地改善了中国的资源配置，促进了经济增长及居民收入提高，"中性政府说"也并非完全无据。当然，"中性政府"不会完全无私，它甚至可能追求自身利益最大化。一定时期里，以自身利益最大化为目标的"中性政府"追求经济增长最大化，可以基本上与社会各阶层的利益一致。但是，"中性政府"是否完全无私？以自身利益最大化为目标的"中性政府"在经济增长逐渐导致社会阶层分化，利益主体多元化之后，能否继续保持其"中性"立场呢？追求经济增长在一定时期内大体上与社会各阶层的利益一致，但未必永远如此，利益差异何时将大到必须对政府的经济增长最大化取向予以适当约束？约束将要求形成何种新的社会政治经济结构，如何深化改革，渐进地实现必要的社会政治经济体制变革？由"中性政府"可以引发的讨论是如此丰富。从《中国道路的世界意义》及《穿行于现实和书斋之间》中可以看出，有些姚洋已经有所思考，甚至有了答案，有些则有待于进一步的研究。

经济学不是研究马尾巴功能的？

坚持独立思考的学者往往都会遇到蝙蝠式的尴尬。"中性政府"说被激烈批评当局者拍砖扔石块。公然对"中国模式"亮出批判大旗，则可能使姚洋又被另一些人视为异己。不少"中国模式论"者不知是以为掌握了绝对真理，还是自恃背后有靠，颇好下断语："事实证明，中国模式是客观存在的。"、"作为中国人，如果以'局外人'心态，对中国模式或者躲躲闪闪，或者不予承认，或者评头评足横挑鼻子竖挑眼，那至少是不明智的态度。"①因为"中国模式是在中国这片国土上，基于中国的历史、文化和现实国情，经过不断地、反复地实验，能够推进中国经济持续高速增长、社会长期稳定和谐、人民普遍幸福、国力不断增强，而形成的一整套改革开放发展的理论体系和制度构架"②。其基本特征和独特优势呢？强势政府+国有企业！③近三十年来，世界范围强权政府由于不适应社会经济发展及民众获得认可的需求而纷纷转型④，"中国模式论"者却把"强势政府"作为"中国模式"的基本特征强调，不仅希望通过"中国模式论"让历史定格，而且期望作为专利出口世界。这确实是一个颇具中国特色的幽默。

书生意气，不识时务。正当"中国模式论"甚嚣尘上之时，姚洋却开展了"中国模式批判"。在姚洋看来，"20世纪的中国革命是世界自启蒙运动以来由古代社会向现代社会转型的一部分"。在中国，它经历了辛亥革命、新民主主义革命及改革开放，至今仍在进行中。1978年以来的中国经济发展奇迹，尽管有洋人捧为"北京共识"，"但是实际上，在过去的三十年里，中国经济准确无误地朝着新古典经济学理论的市场信条迈进"。既有的成功和出现的问题相当程度上都可以从中得到解释。当"中国模式论"者急于向世界推介"中国模式"时，姚洋却更多地关注既有经济发展模式给中国带来

---
① 《中国模式论恒宣言》（2010年6月19日），http://www.chinar-edu.cn/html/lhnews/127.html。
② http://www.hudong.com/wiki/%E4%B8%AD%E5%9B%BD%E6%A8%A1%E5%BC%8F。
③ 罗志荣：《国企崛起是"中国模式"优势的重要体现》，《企业文明》2010年第2期。
④ 参阅福山：《历史的终结及最后之人》，中国社会科学出版社2003年版。

的问题：强势利益集团的兴起和他们对政府政策的影响。"既然GDP和税收是政府的首要目标，官员和强势利益集团的结盟就不可避免。中国在过去三十年之所以取得经济成功，一个重要的原因是政府能够在利益集团之间保持中立，即是一个中性政府，而促成中性政府的社会基础是一个较为平等的社会结构。强势利益集团的兴起打破了社会平等，从而让中性政府失去了赖以存在的社会基础。"政府持续提升GDP增长的努力，不可避免地会侵犯到民众的经济和政治权利，因此呼吁调整经济结构，重启改革议程：政府逐步退出经济领域——不仅仅包括竞争性领域，而且还包括非竞争性领域；建立真正的公共财政，强化政府的公共性质；改革金融体系，向国内民间资本开放金融市场；积极推进要素价格改革和户籍制度改革，实现经济的去国家化和政治过程的民主化。

政治过程民主化是任何一个迈向现代化的国家都无法回避的问题。"世界范围内的经验表明，许多发展中国家（特别是拉美国家）曾经在威权体制加混合经济的模式下实现了一个阶段的高速增长，但最终却陷入了'中等收入'陷阱，其特点是收入分配极度不平等、政治动荡和经济停滞。相反，少数能够较好地完成民主化转型的国家（如韩国）不仅实现了收入的平等分配和政治稳定，而且维持了持续的增长。"

民主以及基于其上的个人自由更是社会主义的基本规定。"马克思对共产主义的设想之一便是人的全面解放。这里的'人'是个人。一个全面解放的人必定也是在政治上具有发言权的人，而民主即是保证这种权利所必不可少的制度安排。"苏联失败的根本原因之一就是限制与剥夺了人民群众的这一基本权利。姚洋批评了一些人否定民主的理由：民主与中国传统不相容，其次，对于像中国这样的发展中国家来说，民主要么不是人民所关心的，要么不具备现实的条件。"民主对于哪怕是非常穷困的人也是有价值的。印度是一个很好的例子；巨变之后的俄罗斯也是一个例子。在那里，人们忍受着巨变之后带来的生活痛苦，在可以选择的前提下拒绝了回到旧体制去，十年来选举结果可以证明这一点。"与此同时，姚洋也注意到民主所固有的缺

经济学不是研究马尾巴功能的？

陷：在缺乏适当的法治和理念制衡的条件下，民主可能导致多数人暴政；由于存在交易成本和外部性，很多人可能放弃投票权利，从而使国家被少数利益集团操纵；由于社会中利益及理念的分散性，民主可能导致一个国家的不可治理性。因此，必须对民主过程进行必要的设计，用法治来克服多数人的暴政以及利益集团的负面影响，用契约形式的政治认同来维持国家宪政。

对于知识界，这些观点并不陌生，也大体可以接受。但是，中国式的民主化道路是一个众说纷纭的话题。姚洋的视角是一个经济学家的视角："增长共识和公民自由的扩大已经或将哺育民主化的力量。"以增长为中心的强势政府在增长名义下对民众权益的侵害，将"导致受害者的反抗以及公民组织的形成。更为重要但却鲜为人知的变化发生在人民代表大会之中，未来回应民众对监管财政收入的呼声，'追踪政府的钱袋子'已经成为人民代表大会的中心议题之一，并有可能成为加强对政府的约束的途径"。"政府最终必须认识到，经济发展不是人民生活的全部，一条兼顾经济发展和其他方面的折中道路是必然的选择。为了达成这一妥协，最好的办法是让普通民众参与政治决策过程，而能做到这一点的只有民主体制。"关于民主的形式，姚洋的观点可能独具一格但不无争议①："民主化不一定需要政党政治，民众对政治过程的参与才是根本性的，'政治过程'就是民众就有关自身利益的公共事务，包括对市场的干预进行辩论和协商的过程。"如何实现它呢？不少政治学家寄希望于正在兴起的中产阶级。姚洋则认为"中产阶级在本质上是保守的，这个阶层在中国现存体制下获得了财富和地位，所以它没有理由成为现存体制的反对者。他们可能有所不满并要求改变，但是绝不会加入从根本上改变现存体制的力量。在威权政体里，中产阶级往往是统治者的盟友，而在民主政体里，他们又变成民主的维护者。……中产阶级不会成为推

---

① 历史已经证明：有形式民主，未必就有实质民主，纳粹上台后的德国是一个例证。但是，如果没有公认的形式民主，实质民主其实是不可能的，而且将沦为一种政治欺骗，苏联是又一个例证。

进中国全面民主化的关键力量"。相比较而言,姚洋似乎更寄希望于新兴的公民社会。此外,执政党的态度也在相当程度上决定了渐进转轨的可能。姚洋认为,"如果中国正在民主化,那么它的标志就是政府可问责性和反应的加强"。"当前政府的问责与回应产生于中国共产党对合法性的追求,而不是执行社会契约所内置的机制。然而,不管是否与其初衷一致,中国共产党对合法性的追求已经不可避免地将中国引上了民主化的道路。"这样,就导致了与其他发展中国家不同的民主化的道路。"中国的民主化道路是'先恋爱后结婚',即先逐步实现实质性民主,后是吸纳形式民主,而其他发展中国家是先'结婚后恋爱',即先有形式民主,然后逐步实现实质性民主。……两种道路都可能引向最终的民主。"希望中国走向现代民主的人们应当理解中国式道路的特殊性,从而有更多耐心。"中国的现代历史决定了中国通往完全民主的道路会是漫长而温和的。"

一个社会仅有民主和法治还是无法正常地运转。维护国家宪政需要政治共识。近三十年来,关注中国社会经济转轨的人无不注意到社会转轨对既有价值观的冲击,以及形成新的政治共识的重要性及迫切性。一夜之间,"国学"从"绝学"变为"显学",连EMBA都以国学班为号召;近年兴起的红歌潮,都是希望通过向既有价值观念的回归和重振以解决市场化带来的礼崩乐坏。然而,"在当今这样道德趋向多元的时代,能够维持中国社会稳定的国民认同只能建立在契约形式的政治认同之上,这意味着新的国民认同不再是一种全面的价值观,而是维持社会存在的基本准则"。

要讨论"维持社会存在的基本准则",姚洋就进入了国内经济学家目前很少进入或者有意回避的社会选择理论领域。其实,这是一个关心社会现实的经济学家无可回避的领域。因为经济学从理论转变为政策,无论愿意与否,自觉不自觉,都要实行某种社会选择。尽管不争论,但是,"在过去的1/4世纪里,我们所秉持的原则是'发展第一,兼顾公平',这实际上是功利主义的原则,即强调总体经济增长,而忽视个体福利的提高"。功利主义的社会选择理论在促进中国经济高速增长的同时也造成了不可忽视的负面影

经济学不是研究马尾巴功能的？

响。近年来其正负效应颇有此消彼长之势。实践证明，转变社会经济发展方式，需要新的社会选择理论指导。与一些学者不同，姚洋毫不掩饰自己的自由主义理念。这不仅因为"自由主义是启蒙运动以来人类思想上的最大成就"，而且，正在和平崛起的中国需要自由主义。因为，"自由民主这个理念是全世界普遍接受的，我们只能在自由主义的核心理念下发展自己的特色，否则，我们很难让世界接受，这也是成为政治、文化强国的必要条件，所以，我们需要自由主义"。

从边沁、穆勒、哈耶克、布坎南、诺齐克到马克思、罗尔斯、阿玛蒂亚·森，自由主义有着极为广泛的谱系，不同自由主义的社会选择大相径庭。① "我的立场自始至终是左翼自由主义。"因此，在自由主义的诸多选择中，姚洋更为青睐阿玛蒂亚·森的社会公正理论。在森的研究基础上，姚洋进一步提出了能力指向的平等是社会主义市场经济应当秉持的维持社会存在的基本准则。"能力平等指的是，社会必须对每个人一视同仁，尽其所能帮助每个人实现他的有价值的目标；换言之，它要求的是个人在自我发展上的平等，因此社会对每个人的帮助都可能是不同的。" "能力指向的平等是针对能力供应物的平等，即社会给每个人提供相同数量的能力供应物。在这里，能力供应物指的是那些对提高或保护个人能力至关重要的东西，如教育、职业培训、医疗、养老保障、失业保障、贫困救济等。"能力指向的平等必然要求对结果进行一定程度上的重新分配，从而降低了一部分人的激励，"但这种损失是较小的，无损于社会整体效率的提高"。与此同时，"（1）能力指向的平等消除加在弱势人群身上的政治、社会、经济和自然的约束，即实现机会面前人人平等，从而提高这些人群实现自我和创造财富的能力；（2）能力指向的平等要求教育的平等，从而提高处于弱势地位的

---

① 国内传统意识形态至今仍极力回避马克思主义就其本意而言是自由主义和个人主义的。姚洋指出："共产主义的目标是造就能动的个人，忽视任何一个人的存在和发展都是对共产主义的背叛——从这个意义上讲，一个共产主义者首先应该，也必须是一个自由主义者。"

人群的教育水平,而教育具有显著的生产性;(3)能力指向的平等尽现今社会之最大可能,消除个人对风险的恐惧,特别是对饥饿、疾病、衰老和失业的恐惧,从而促使个人把精力和财富用于更具生产性的活动上去。"

能力指向的平等,是一种基于每个人的全面自由发展价值观基础上的"一个向往平等社会的改良主义者的现实选择"。毫无疑问,对于姚洋的选择,你可以不认同,也可以质疑其选择的现实性,比方说哈耶克就是其中的一位。但是,如果你还关心中国进入中等偏上收入国家行列之后的发展趋势,关心中国社会经济的现代化转型,姚洋的这些从象牙塔里对十字街头问题的思考,是值得你关注的。因为,它无可回避。

经济学不是研究马尾巴功能的?

海参崴：新砖与旧瓦[①]

2011年7月29日　星期五　哈尔滨晴，海参崴多云

晨4点半起，乘俄航班机去海参崴。8:20分的航班晚至9点余方准备登机。临登机时，空姐突然冲出舱门拦住乘客不让登机。原来飞机尚未加油！此乃多年来乘机首遇。近午到海参崴，飞机逐渐下降，得见远东山河。山峦起伏，森林延绵，针阔混交，不见人迹。遥想150余年前，此地仍属我有。第二次鸦片战争期间，沙俄伊尔库茨克和东西伯利亚总督H. H. 穆拉维约夫乘机胁迫清廷割让黑龙江流域领土100余万平方公里。[②] 咸丰昏聩，奕山怯弱，10%的疆土转眼易手。至今思之，仍令人叹息扼腕。[③]

海参崴机场仍是旧式的，设施大体相当于国内30年前之老机场。所有航班乘客都必须用摆渡车接送。然机场占地面积却比国内大得多，候机楼、停机坪与跑道之间距离遥远，形成哑铃型布局，国内则两者相连一体。

入关手续在机场的一间小屋里办理。仅三个关口，入口处设转动门栏，

---

① 本文初次发表于《经济学家茶座》2011年第4辑，总第54辑。
② 尼古拉·尼古拉耶维奇·穆拉维约夫－阿穆尔斯基（1809—1881），即阿穆尔斯基伯爵，沙俄帝国军人、探险家。因侵吞中国黑龙江流域100万平方公里领土被俄国人认为是民族英雄。1891年，哈巴罗夫斯克在市郊黑龙江边为穆拉维约夫建造了纪念铜像。1929年，该铜像被推倒，代之以列宁像。1992年，穆拉维约夫的遗骸从巴黎迁葬至符拉迪沃斯托克市中心，次年，哈巴罗夫斯克重新在原址树立起穆拉维约夫的铜像。2006年，穆拉维约夫铜像被俄罗斯中央银行用做5000卢布纸币的图案。
③ 奕山（1790—1878），道光帝侄、康熙帝十四子胤禵玄孙。满洲镶蓝旗人、爱新觉罗氏宗室。第一次鸦片战争时期，时任靖逆将军的奕山在广州举旗投降，与义律签订《广州和约》，赔款白银600万两。1851年，时任伊犁将军的奕山与俄科瓦涅夫斯基谈判，一味妥协退让，除喀什通商一事未允外，"接受了俄方的所有提议"。签订《伊犁塔尔巴哈台通商章程》。第二次鸦片战争时期，时任黑龙江将军的奕山受穆拉维约夫胁迫，签订《瑷珲条约》，将黑龙江以北60多万平方公里土地全部划归俄罗斯。

此物国内通常见于景区入口，不意竟在此遇之。此情此景，颇令人感到即将进入的是一个封闭的世界。① 所幸今日入境手续尽管比到他国慢得多，但却比导游事先告知的快一些。同机抵达的不少俄罗斯人手中提着中国产的塑料组合玩具或遥控玩具。想必此类物品在俄罗斯颇受青睐。

机场到海参崴，至今仍是普通公路，而且正在翻修。尘土飞扬，道路起伏，大巴犹如海轮颠簸起伏。50公里左右的路程，跑了一个多小时。路旁不时看见一些俄罗斯人站在简陋的候车牌下，不畏尘土地等车。有人拇指向下，大概是想搭便车。余不禁莞尔：40年前余在闽北上山下乡，也曾如此等车。公交汽车不知是哪年的韩国淘汰货，没有空调，全靠开窗通风。一路风尘，车身乃至车窗玻璃全都溅满了黑泥。令人心旷神怡的是路旁的风光。大片原野，尚未开发，不见庄稼，不见牛羊，森林茂密，国内罕见。沿途居民点稀疏，然车流滚滚。据闻这些多是日韩淘汰的二手车。导游告知，海参崴有全俄最大的日韩二手车市场，两万卢布左右——约合当地一般人一个来月的收入——即可买到。途经哈巴罗夫斯克，此系俄远东第二大城市，正值饭点，客车停一超市外，李莉与导游下车为大家购买点心。我等亦下车入内参观。商品琳琅满目。观价格，水果略贵，然面包、香肠、熏鱼、酸奶、酸黄瓜等俄式食品，价廉物美。售货员态度和蔼可亲。安州买酸奶，问其要吸管，赠以塑料小勺；买酸黄瓜，请代为启盖，亦乐于帮忙，并应其请求赠送塑料叉子。昨晚在哈尔滨秋林·里道斯商店买秋林红肠及喀瓦斯，售货员却颇为倨傲，官商味甚浓。中国舆论每每以改革较早、市场化进程快于俄罗斯而自得，殊不知以俄之基础、资源禀赋，政经改革均已基本完成，我等尚有大关待过，未可轻率以兔笑龟也。

下午两点半，车至海参崴郊外克力几纳大街之港湾酒店（Gavan Hotel）。酒店周围皆居民楼，灰色裸砖的多层建筑。相形之下，酒店鹤立鸡群，然亦不超过国内县级宾馆水平。酒店门口一对石狮，门墙挂中、日、

---

① 这些设施当是苏联时代留下的。

经济学不是研究马尾巴功能的？

韩、俄四面国旗。往昔骄傲的社会主义老大哥如今变身"俄国特色"的资本主义，为招徕买卖，不惜石狮看门，四旗并挂，亦趣事也。旅馆楼道挂满曾下榻此地的名流照片。615房外铭牌，曰朝鲜民主主义人民共和国最高领导人金正日曾下榻于此。以此论之，虽仅二星，已是当地高档宾馆。问房费，令人咂舌：标房每晚约4000卢布，比国内五星级宾馆高近一倍。

宾馆房间不大但整洁。一次性洗漱用具、拖鞋、矿泉水、三合一咖啡、袋泡茶等一应俱全——临行前导游曾告知：俄宾馆不提供拖鞋、牙具。8—10月没有热水，看来并不完全如此——欧美旅馆多不配烧水设备，它却配备了电热水壶。此外付费消费品之多，为余历年仅见：冰箱上三包香烟连带打火机，一包口香糖。冰箱内可口可乐，冰红茶各一，矿泉水两瓶，罐装啤酒两听，还有各式酒水六瓶（沃特加、葡萄酒、瓶装啤酒等）。① 小桌上摆着两种酒瓶起子。抽屉里还有避孕套一盒！难得考虑得如此周到。谁说老大哥没有商业头脑呢？

2011年7月30日　星期六　海参崴阴到多云，微雨

夜来闷热，风扇一夜开到天亮。夜半热醒，探头窗外，夜凉如水。大约屋内闷热，因房间不通透，空气无法对流，浴室热水管道又裸露在外所致。港湾酒店已是海参崴第二高档的酒店，却不安装空调（附近居民楼部分单元已有安装），令人难以理解。

宾馆住宿含早餐。供应水平，以余上次欧游经历看，略逊于比利时，优于在法国、意大利所住的旅馆——然十余年前余游学德国，囊中羞涩，只能下榻当地廉价旅馆，港湾酒店却是当地最好的酒店之一，未可径直比较——只是补充不充分，需及早就餐，睡不得懒觉也。

上午参观海参崴火车站、世界第一长铁路——西伯利亚大铁路起始点、9288纪念柱、海运码头、市政厅中心广场、C-56"二战"潜水艇博物馆等。

---

① 临离开海参崴时服务员查房，发现某同行者曾打开了一瓶矿泉水，被要求付费60卢布，约合人民币15元，挨了温柔的一刀。

建于1912年的海参崴火车站是典型的俄罗斯17世纪建筑风格，至今仍十分精美。难以想象的是百年老站并不像国内一些老站那样早已退役，如不拆除也整修一新，留做参观纪念，它仍在服役运行中。月台上刻有"9288"字样的双头鹰纪念柱，是贯穿俄罗斯的大铁路东端终点标志，表示莫斯科距此9288公里。纪念柱头上一头向东一头向西的双头鹰，是俄罗斯国徽上的图案，然而放在9288纪念柱上，寓意耐人寻味。

火车站对面有一尊列宁铜像。列宁内穿马甲，外着短大衣，大衣下摆被微风轻轻拂起。左手下垂，拎着一顶帽子，右手指向南方，不知意之所在。据说这是目前全俄罗斯仅存的两尊列宁雕塑。其之所以在海参崴被保留下来，有人说是因为当地居民感念列宁当年曾说过："符拉迪沃斯托克虽然很遥远，可它是我们的。"雕塑少有人问津，台阶及花坛已经破损，杂草丛生。四周用铁皮围起来，不再对外开放。雕像上常有海鸥落脚。列宁头上、手上落满了斑斑点点的白色海鸥粪便，久未清洗，令人不胜唏嘘。

市政厅中心广场的远东苏维埃政权战士纪念碑建于1961年，是俄远东地区最大的雕塑群，由三组远东赤卫队员雕像组成。广场今日成了农贸集市，当地小贩开来小型卡车，摆开摊子，前店后车，摆卖各色水果蔬菜，面包、肉制品、糖果等。广场人来人往，一派繁荣商业景象。

海参崴是俄太平洋舰队司令部所在地。司令部在火车站附近，与军港隔路相望。司令部右侧是C-56"二战"潜水艇博物馆。这艘柴油潜水艇在"二战"期间曾击沉德军舰艇10艘，重创4艘。退役后运至海参崴改为潜水艇博物馆。潜水艇博物馆身后是烈士纪念墙，镌刻着卫国战争期间海参崴地区牺牲的12000名烈士的英名。纪念墙右侧是红旗舰队战斗光荣纪念广场。格局类似于柏林勃兰登堡门前的苏军胜利纪念广场。至今仍得到精心维护。余到广场时，正有人喷水清扫。长明火前，新摆了三束鲜花。几对新人正在附近拍照。看来，俄罗斯人至今仍保留了新人结婚时到无名烈士墓献花的习俗。

纪念碑后是金碧辉煌的东正教式凯旋门。凯旋门的右前方不远，一座朴

经济学不是研究马尾巴功能的？

素的白色建筑面前，几门古炮之间，一块中式石碑分外显眼。莫非这就是遐迩闻名的明永宁碑？历六百余年沧桑，碑文多已泐损漫灭，然碑额中永宁等字还依稀可辨。如此珍贵文物，却被随意置之门外，谁知再过几多年，便将毁于风霜雨雪，一代历史见证将随之不存。①

至金角湾乘游艇游览海港。俄罗斯导游弗拉基米尔告知，明天是俄罗斯的海军节。这是海参崴最大的节日，中国海军亦来了两艘军舰。军港里，深灰色的俄舰旁边停靠着两艘浅灰色的中国军舰，与俄舰相比，中国军舰颇显瘦小，不是一个量级。看来，无论是军舰还是港口设施，中国似尚难与俄匹敌。

海参崴建城至今不过150年，然却颇显衰老破败。对照1910年的老照片，建筑基本当年模样。唯有路面由块石改为沥青。城市基础设施及公用事业落后得令人惊讶。市政厅中心广场的人行地下过街通道，入口墙砖不知是自然脱落还是当年铲除苏联痕迹，至今仍是水泥构件裸裎向人，通道地面用碎地砖镶嵌在水泥上铺就。电缆尚未入地，犹如蛛网横街，有些路灯更为潇洒，直接悬挂在电缆上，随风摇曳。火车站、港口、太平洋舰队司令部地处中心市区，但道路多破，不少人行道还是土路。这两天下了些雨，一片泥泞，行人只能踩在临时搭在泥水里的木板上小心前行。走在这样的道上，不禁想起柯切托夫在《叶尔绍夫兄弟》中描写的场景。半个多世纪过去了，光景居然依旧！时间仿佛凝固了。

---

① 1368年（明洪武元年），明朝推翻元政权后，即开始加强对东北地区的统治和治理。至1388年后，除居住在黑龙江下游的少数民族与明政府还没有联系外，东北大部地区已被明朝统一。 为了解决黑龙江地区的完全统一问题，明朝政府于1403年（永乐元年）派邢枢偕知县张斌等人，代表中央政府到达奴尔干地区，对居住在黑龙江下游的吉烈迷等部落进行招抚。次年，邢枢等回朝复命，明廷即决定在该地区设立奴尔干都卫。明朝在黑龙江下游地区建立卫所始于此。1412年（永乐十年）冬，钦差大臣亦失哈再次巡视奴尔干地区，邢枢从行，将携带的大批衣物与粮食，赏赐给当地及海外苦夷（库页岛）居民。于次年秋，在奴尔干西、满泾站左之山上建造永宁寺，寺旁建永宁碑，邢枢"撰文隽碑，使知忠义"。

海参崴：新砖与旧瓦

斯维特兰那大街上的房子从建筑风格、墙面浮雕、柱头样式看，不少建于十月革命前。目之所及，有年份标记的，最早建于1903年。有些虽然没有建筑年份标记，但从墙上镶嵌的名人浮雕生卒年份推算，似乎还应更早。百年建筑对于只有150年历史的城市来说，是一份值得小心呵护的文化遗产。但这些建筑并非因此得以留存，而是城市建设长期投入短缺而超期服役的结果。街面上有座大楼，门楣上的浮雕换成了人们熟悉的男工与女集体农庄庄员形象和CCCP字样，但其他雕饰仍是希腊神话中的人物，柱头是科林斯式的！老楼经历了社会主义改造。幸亏当年当局财力有限，此楼才得以留用至今，否则早已推倒重建矣。1903年的楼房，当年可谓精心结构，豪华装饰。然而，由于多年失修，面街的半圆阳台底座水泥已经崩落，露出了钢筋，铸铁雕花栏杆锈迹斑斑。标记1953年建筑的某政府大楼，较之1903年的那栋，虽然雕饰简单多了，但还算庄重大方。而一座建于1965年的楼房可就草率到不成体统了。它像是临时工棚。裸砖砌就的粗糙墙面，连水泥抹灰也没有！可是这样的建筑居然在1965年出现在中心城区街面上。令人哭笑不得的是临街墙上还砌上了建造年份。建造者定然是黑色幽默天才，诚心要为当局的"全面展开共产主义建设"立此存照，一展"发达社会主义"的风采①，与左近的父祖辈PK一番。还有一些建筑，原先不过两三层，后来又加盖了一到两层。此类风景，多年前余在国内常见，这是计划经济下城市住宅空前紧张的产物。不想30年后，万里之外，竟然他乡遇故知，顿时颇有时间穿越之感，备感亲切：相同体制下的人民的智慧竟然如此相近！

市中心还有一些破旧不堪的木构鱼鳞板三层住宅，与鄙乡20世纪五六十年代的工人简易宿舍颇为类似。难为它们至今仍未退役，在异国他乡为曾被当年我等视为生活在我们的明天美好生活里的老大哥们服务。还有一栋木构简易宿舍已半毁于火，不知为何至今仍未拆除，临街一面用钢架蒙上一张墙面的图画，乍一看去，还真认不出！原来此地也有面子工

---

① 20世纪60年代，赫鲁晓夫认为苏联已经进入"全面展开共产主义建设"阶段，勃列日涅夫上台后，收起了这一口号，代之以建成"发达社会主义"的提法。

经济学不是研究马尾巴功能的?

程,而且就在市中心。

当然,也见到少量现代建筑。在已经被国内千城一面的城市新貌弄得审美疲劳的我看来,是不值一提的小儿科。

装饰一新的是教堂。一路上见到的所有东正教教堂,不知是当年旧有还是近年新建,个个宛如新建。洋葱头式的教堂顶楼金碧辉煌。相形之下,余十余年前在西欧各国所见,无论是科隆大教堂还是巴黎圣母院,抑或西斯廷教堂,倒显得老旧。列宁雕像年久失修,但是纪念沙俄时代开拓远东人物以及日俄战争、卫国战争的纪念雕像,如马卡罗夫将军纪念碑、涅维尔斯科依将军纪念碑等新近都得到了较好的维修。军港附近的山坡上,一尊沙俄时代开疆拓土的将军塑像,周围围起了一大片地,正在紧张施工。

有这些钱,为什么不先整修一下市政厅中心广场的人行地下过街通道呢?

2011年7月31日　星期天　海参崴阴

港湾酒店坐落在居民小区内。周围火柴盒式的居民楼,一般十层以上,数梯连立,一栋的住户大约总在百户以上。楼虽新但建筑标准极低。灰土色或土红色的泥砖外墙,连水泥墙面都没有,更不用说贴墙砖了。这些住宅估计是近十来年里,为解决急剧膨胀的居民住房需求而匆匆兴建的急就章。质量之差,令人难以想象。用砖盖楼,不加粉饰,自有其美。在我国,无论北方的水磨青砖房,还是南方的清水红砖楼,用砖都颇为讲究,楼历百年而弥新。但是,泥砖楼的用砖似乎没有烧透,且多缺损,墙面犹如麻脸。有些墙砖已经破裂,露出了煤黑色的没有烧透的砖心。大楼墙基不知是水泥标号偏低还是泥沙配比不对,部分水泥已开始掉落,墙基像是风雨侵蚀后的泥块,不见棱角。小区只有车道铺了沥青,不知是居民的车多还是沥青太薄、路基不实,道路多已破烂不堪,进出的小车小心翼翼地在接二连三的泥水洼里摇晃前行。供行人行走的可就只剩土路了。导游告知,俄罗斯人对于泥砖楼也颇有怨言，说这些新楼还不如旧的呢。市场上旧房价格——新房约合8万卢布/平方米，当地一般工薪阶层月入不过1.8万–2万卢布左右，不少还是买不起房，只能赁屋而居——甚至高于新房！

泥砖楼之间，有一栋更为陈旧的木构简易宿舍楼，木墙已经损坏，墙面全部包上了油毛毡。窗帘飘起，依稀可见屋内盛开的盆花。一栋三层长条红砖楼，外墙砖饰显示，当年也曾神气过，但从门内木梯和黝黑的走道可以看出，是单身宿舍筒子楼。推想其建筑年代，至少在战前，可是仍住满了人家。看来，海参崴的住房至今仍然短缺。

当然，也见到了少量建筑式样和质量不错，可与国内中档商品房媲美的高层住宅楼。国内常见的独栋、联排别墅，高档住宅楼，尚不见踪影。到处可见的还多是泥砖楼。

市场经济，有什么样的需求就会产生什么样的供给。"瓜菜代"性质的泥砖楼大行其道，原因可能有二：一是长达70余年的计划经济，资源配置向军工倾斜，民生建设多年欠账，一旦转轨，改善居住条件的需求急剧膨胀；二是转轨初期，居民经济能力有限，泥砖楼虽面目可憎、质量堪忧，但造价为居民目前收入所能承担，因而颇有市场。

尽管新建住宅乏善可陈，但也有亮点：每个居民楼下，都有一个小小的儿童游乐场，跷跷板、转转椅、秋千、滑梯、小篮球架、沙坑等。其中设施，有些就是中国制造的。每天傍晚，都可以看见父母们带着孩子在那儿游玩，与邻居们聊天。俄国人对儿童的重视，由此可见一斑。然而国内居民小区，无论多么高档，此类设施却很少见到。

罗肇鸿先生十年前来访，叹息"不见新砖的海参崴"[①]——从1917年到1991年，整整74年，成绩如此，苏联解体，难道还需要什么其他解释吗？十年后的海参崴，泥砖楼如雨后春笋，拔地而起，丑虽丑矣，还是令人欣慰：历史终于迈出了艰难的一步。也许过不了多少年，这些泥砖楼连同残存的木

---

① 罗肇鸿：《不见新砖的海参崴》，《经济学家茶座》2000年第1辑，总第3辑。

经济学不是研究马尾巴功能的？

构简易宿舍、筒子楼又将不见踪影，只是希望取而代之的不是那些闪闪发光但却千人一面的玻璃幕墙高层现代建筑。未来的海参崴应当既是新的而又传承了旧的……

2011年8月1日　星期一　海参崴阴有小雨

余没有机会在苏联时代到过俄罗斯，但对新谷明生等在《苏联是社会主义国家吗？》中以及苏联小说中关于苏联商品短缺、物资匮乏的描写，一直印象深刻。[1]

如今的海参崴，商业已经颇为发达。最大的百货商场与厦门中等的百货商场相类。港湾酒店附近，十分钟路程之内，就有五六家中小型超市。商品之丰富，与德、意、法等国相比，毫不逊色。不仅周六、周日照常营业，而且24小时营业——余十余年前在柏林，那里的超市每周只营业五天半，每天营业十个小时。周六正午12点，教堂钟声一响，一定打烊。周日街上不见人影，想买个面包都不成——顾客悠然，再也不见当年排队的人群。超市对面是一个规模不小的农贸市场。小摊的商品也是明码标价的。西红柿依质量不同，每公斤20、35、50卢布不等，50卢布的在国内也属上品。[2] 黄瓜25—30卢布/公斤，茄子25卢布/公斤，厦门卖7元/公斤的红、黄色柿子椒，此地80卢布/公斤，厦门不见的浅绿色柿子椒，45卢布/公斤，白包菜20卢布/公斤，紫包菜30卢布/公斤，西瓜20卢布/公斤，香蕉60卢布/公斤，柠檬100卢布/公斤，油桃150卢布/公斤，上好的桃子250卢布/公斤，苹果、梨、杏、李的价格也不贵，最贵的是樱桃，350卢布/公斤。摊贩招徕生意，态度殷勤和气，但无国内小贩高声叫卖、拉住不放的那种过分的热情。看来，尽管经历了数代人的计划经济，一旦转轨，商业还是迅速恢复了。以此论之，柳田

---

[1] 该书是日本留苏学生新谷明生、佐久间邦夫、足利成男、原田幸夫的谈话录，先在日本山口县《长周新闻》登载，1969年3月由东京大安书店出版，中文版由香港三联书店1969年12月出版。

[2] 同日卢布与人民的兑换比约为4.26：1。

国男真是杞人忧天也。①

　　漫步于果蔬市场,不由想起当年在柏林比邻而居的俄国访问学者安德烈。这位年轻的气象学家每天煮食廉价的白花菜,整个访问学者公寓因此充盈着水煮白花菜的怪味。问其为何独钟情于此,他笑着说:这是好东西,国内吃不到呀。十年弹指一挥间,不知安德烈此刻身在何处?即使在俄罗斯,想必也不会日日再以水煮白花菜为佳肴了吧?

---

① 柳田国男(1875—1962),民俗学者。日本从事民俗学田野调查第一人。他早期搜集到的日本民间笑话缺少猥亵的笑话,因此曾怀疑日本国民精神的健全性。